Christian Thielemann

Meine Reise zu Beethoven

Christian Thielemann

Meine Reise zu Beethoven

Unter Mitwirkung von
Christine Lemke-Matwey

C.H.Beck

Mit 18 Abbildungen

www.chbeck.de
Umschlaggestaltung: geviert.com, Andrea Hollerieth
Umschlagabbildung: Matthias Creutziger
Satz: Fotosatz Amann, Memmingen
Druck und Bindung: CPI – Ebner & Spiegel, Ulm
Gedruckt auf säurefreiem und alterungsbeständigem Papier
Printed in Germany
ISBN 978 3 406 75765 5

myclimate

klimaneutral produziert
www.chbeck.de/nachhaltig

LvB

Inhalt

Vorwort

Meine Reise zu Beethoven beginnt mit Herbert von Karajan und den Berliner Philharmonikern. Mit ihrem hellen, fast apollinischen Orchesterklang bin ich aufgewachsen. Später kam für mich die Dirigentengeneration vor Karajan dazu – dunkleres Timbre, flexiblere Tempi –, und ich ahnte: Mit Beethoven bist du nicht schnell fertig. So war es auch, so ist es bis heute. Je besser man sein Werk kennt, desto höher schießen die Fragen in den Himmel.

Meine Reise zu Beethoven ist eine Lebensreise, obwohl es natürlich Phasen gibt, in denen ich kaum Beethoven dirigiere, weil andere Projekte im Vordergrund stehen. Trotzdem bleibt er immer präsent. Auch wenn ich an Bach oder Mozart arbeite, an Wagner, Schumann, Bruckner oder Mahler, kreisen meine Gedanken viel um ihn. Auf Beethoven, denke ich, zielt alles hin, von Beethoven geht alles aus. Und jeder wählt seine eigene Reiseroute: Die Geigerin oder der Pianist hat eine andere als der Musikwissenschaftler, die Streichquartett-Spieler eine andere als die Sänger, das Publikum oder die Presse. Meine Route als Dirigent führt hauptsächlich über die Symphonien, die Ouvertüren und Konzerte.

Ein Leben ohne Beethoven kann ich mir beim besten Willen nicht vorstellen. Sein 250. Geburtstag bietet mir die Gelegenheit, meiner Beziehung zu ihm ausführlicher auf den Grund zu gehen. Was fasziniert mich (immer wieder) am Gang durch die neun Symphonien, warum scheue ich mich bislang vor seiner einzigen

Oper *Fidelio*, und was lernt man als Dirigent von den 32 Klaviersonaten?

Interessanterweise ist die deutsche Musik gern Gegenstand widerstrebender Betrachtungen. Dann heißt es, sie sei schwerblütig, (zu) kompliziert, nicht heiter und nicht leicht genug. Sind solche plakativen Begriffe vielleicht auch eine Folge der politischen Vergangenheit? Ein Jascha Heifetz, ein Artur Rubinstein, ein Vladimir Horowitz, Wilhelm Kempff, Edwin Fischer oder der unvergleichliche Wilhelm Furtwängler hätten solche Assoziationen weit von sich gewiesen. Von Zeit zu Zeit kulminiert das Ganze in der Debatte um den sogenannten deutschen Klang, der mich seit Langem beschäftigt. Der deutsche Klang: Das ist nicht nur eine Facette der Interpretation oder eine Frage der eigenen ästhetischen Überzeugung, sondern vor allem ein Stück gelebte, praktizierte musikalische Tradition von Bach bis Schönberg und darüber hinaus. Und der Komponist, an dem sich das alles am besten diskutieren lässt, heißt Ludwig van Beethoven. Weil er, auf den Schultern der Tradition, wie kein Zweiter in die Zukunft blickt. Deswegen steht in der Mitte dieses Buches ein Kapitel zum deutschen Klang.

Ansonsten möchte ich chronologisch durch Beethovens symphonisches Werk gehen, an vier Konzertabenden gewissermaßen, so wie ich auch meine Beethoven-Zyklen dirigiere. Die neun Symphonien sind Herz und Gipfel der symphonischen Tradition und ein Kosmos für sich, den man ein Leben lang erforschen kann. Aber auch das Violinkonzert und die fünf Klavierkonzerte sind aus einem Dirigentenleben nicht wegzudenken. Und ohne die Klaviersonaten und Streichquartette, die späten zumal, wäre mein Beethoven-Bild ebenso wenig vollständig wie ohne die Missa solemnis. In ihr, finde ich, kristallisiert sich der ganze Beethoven.

Beethoven zu dirigieren bedeutet, Farbe zu bekennen. Man bekennt ganz unweigerlich Farbe, indem man sich so intensiv wie bei kaum einem anderen Komponisten mit musikalisch-praktischen Fragen auseinandersetzt: mit Tempi und Metronomzahlen, mit größeren oder kleineren Besetzungen, mit Details der Artikulation, der Dynamik und mit den verschiedenen Editionen. Im Folgenden soll es auch um solche Fragen gehen, gerade um solche Fragen, um einen Einblick in die Werkstatt des Beethoven-Dirigenten zu gewähren. Beethoven entlässt uns nie aus der Pflicht. Das gilt auch für eher lebensweltliche Themen. Ein Musiker, der sein Gehör verliert und weitermacht? Ein Symphoniker, von dem so gut wie keine politische Äußerung überliefert ist – der aber bis heute hochpolitisch rezipiert wird? Das regt die Fantasie an, bei Biographen, bei Interpreten und bei den Zuhörern. Genauso wie die Frage, die mich partout nicht loslässt: Wie soll man Beethoven bloß einordnen? Als Klassiker, als Romantiker? Oder steht er über allen Kategorien?

Für mich ist die Beschäftigung mit Beethoven mehr als die Aufgabe, geniale Noten zum Leben zu erwecken (was schon nicht wenig wäre): Sie ist eine Existenzweise, ein Credo. Davon möchte ich in diesem Buch erzählen.

1

In die Todeszone und immer wieder zurück

Mit Beethoven leben

Beethoven wird mich bis an mein Grab beschäftigen.

Beethoven war mir immer nah, ist mir immer nah. Er ist mir Grundnahrungsmittel wie Bach oder Mozart. Alles, was Beethoven erfunden hat, begegnet uns später wieder. Bei Wagner, bei Brahms, bei Schönberg, bei allen. An Beethoven entscheidet sich alles. Er ist der Orgelpunkt eines jeden Musikerlebens. Mehr als Bach, nein: anders als Bach. Denn Bach wurde in den sechziger Jahren des 20. Jahrhunderts von der historisch informierten Aufführungspraxis gekapert – und aus dieser Haft nie wieder ganz entlassen. So etwas gibt es bei Beethoven nicht. Beethoven gehört allen: den Aufführungspraktikern wie den Romantikern, den Exzentrikern und auch den politischen Exegeten. Das macht ihn modern. Das bringt ihn uns nah.

In meiner Kindheit und Jugend ist mir von allen Seiten vermittelt worden, zu Hause, in der Schule, von meinen Lehrern: Ein guter Musiker ist einer, der Beethoven kann. Beethoven ist die

Nagelprobe. Wenn du ein echter Musiker sein willst, hieß es, musst du auf gutem Fuß mit Beethoven stehen. Das habe ich mir nicht zweimal sagen lassen. Wenn man Beethoven sucht, findet man ihn schnell. Ich habe keinen komplizierten Zugang zu Beethoven gehabt.

Was das Orchester betrifft, war Beethoven für mich der Erste. Bei uns zu Hause gab es eine Platte mit der Egmont-Ouvertüre, die war etwas beschädigt und hatte so eine leichte Ausbuchtung. Das weiß ich noch wie heute. Auf der Plattenhülle war die Nike von Samothrake abgebildet, das war für mich zugleich die erste Begegnung mit griechischer Kunst. Ein wunderbares Cover der fünfziger, sechziger Jahre! Die Egmont-Ouvertüre hat mich umgehauen (obwohl ich gar nicht mehr weiß, wer dirigiert und gespielt hat). Sie ist einer der Gründe, warum ich Dirigent geworden bin. Da war ich ganz jung, sechs oder sieben. Seither begleitet mich der Beginn dieser Ouvertüre durch alles. Gar nicht einmal das erste Forte-F, sondern die dunklen Farben, das f-Moll. Ich weiß nicht, warum mich dieser Klang so fasziniert hat. Es war wohl die Gewalt, die davon ausging, so düster und echt. Beethoven strotzt hier förmlich vor Kraft. Und er weiß oft nicht, wohin damit, daher die vielen Sforzati in den Noten, dieser vehemente Nachdruck.

In der Egmont-Ouvertüre macht uns die erste Note bereits zur Schnecke. Und dann diese Stretta – ich wusste damals gar nicht, was eine Stretta ist, aber dass das am Schluss dieses kurzen, kaum zehnminütigen Stücks so losgeht, mit Hörnern und Piccoloflöte, dieser Jubel, dieser Allegro-Sieg über Kampf und Finsternis, das hat mich unglaublich ergriffen. Als mir irgendwann die Furtwängler-Aufnahme in die Hände fiel, war es endgültig um mich geschehen. Das war für mich die Bestätigung des Dunkelgrundierten, sofern es die noch gebraucht hätte. Fehlt das Dunkle bei einer

Beethoven-Interpretation, wird es herausgefiltert, warum auch immer, dann ist mein Genuss «getrübt» (wie die Gräfin in *Capriccio* von Richard Strauss sagt). Beethoven kann auch ohne das Dunkle sehr schön dirigiert sein, zweifellos, aber man bleibt ihm etwas schuldig. Er hat in seiner Musik etwas Erdiges. Ich denke mir manchmal, vielleicht ist er ja sechzehn oder siebzehn Mal in Wien umgezogen, weil er so gerne Wurzeln geschlagen hätte.

Für mich hatten seine Symphonien früh Farben. Die Vierte ist grün, die Dritte hat ein helles Orange. Wobei das keine spezifischen Beethoven-Farben sind, sie richten sich mehr nach den Tonarten. A-Dur ist blau, As-Dur lila, c-Moll ist schwärzlich oder grau.

Die nächste Beethoven-Erinnerung habe ich an die fünfte Symphonie, die ich als Kind sehr oft gehört habe, vor allem, weil mich der Schluss so fasziniert hat, diese acht Akkorde! Das hört gar nicht mehr auf, aufzuhören! Die Fünfte hat für mich so etwas, das in die Tiefe der Beine fährt. Wie bei lauter Popmusik, die hat auch einen Rhythmus, eine Art Stampfen, dem man sich nicht entziehen kann. Auch zur Missa solemnis bin ich sehr früh gekommen, über eine Karajan-Aufnahme mit den Berliner Philharmonikern, da muss ich zwölf oder dreizehn gewesen sein. Die Missa hat mir sofort eingeleuchtet und gefallen, und im Gegensatz zu vielen von mir hoch verehrten Kollegen habe ich später nie gefunden, dass sie uns dirigentisch vor unlösbare Probleme stellt. Meine erste Missa habe ich mit dem Chor und dem Orchester der Deutschen Oper Berlin im Schauspielhaus am Gendarmenmarkt dirigiert (wie es damals hieß). Und schon da dachte ich: Die Missa ist kein unbezwingbarer Berg. Inzwischen habe ich sie an die fünfzehn Mal dirigiert. Vielleicht darf man vor diesem Typen mit der grimmigen Miene und den wilden Haaren einfach keine Angst haben. Jedenfalls ist und bleibt die Missa solemnis mein absolutes Herzensstück.

Auch am Klavier bin ich früh mit Beethoven in Berührung gekommen. Als Erstes gespielt habe ich die erste Sonate, Opus 2 Nr. 1, wieder f-Moll. Technisch ist das für einen Elf- oder Zwölfjährigen gut zu bewältigen. Schnell bin ich auch zur Pathétique gekommen, die gar nicht so schwer ist – sie klingt nur schwer. Opus 10 Nr. 3 ist schon ein anspruchsvolleres Stück. Und dann die späten Sonaten natürlich: Opus 109 und Opus 110 habe ich sehr genau studiert – und mit Opus 111, Beethovens letzter Sonate, hatte ich gerade angefangen, da wurde ich Korrepetitor an der Deutschen Oper Berlin und habe irgendwann aufgehört, Klavier zu üben. Ob ich Beethoven damals verstanden habe? Aus heutiger Sicht würde ich das bezweifeln. Es ist ein Unterschied, ob ich mit den Fugati in Opus 109 keine Probleme habe, weil ich schnell auswendig lerne, oder ob ich strukturell wirklich begreife, wie Beethoven hier die Form unterläuft. Das gilt auch für Beethovens Bagatellen für Klavier, die merkwürdigsten aller Gebilde überhaupt.

Was die Kammermusik angeht, hätte ich eigentlich gerne Bratsche im Streichquartett gespielt, aber man ließ mich nicht, einfach weil ich am Klavier besser war als auf der Bratsche. Also musste ich Klaviertrio spielen.

Ein Schlüsselerlebnis hatte ich mit Helmut Roloff, meinem damaligen Klavierlehrer. Ein Erlebnis, das weit über Beethoven hinausweist. Es ging um den Variationensatz der Sonate Opus 109, der E-Dur-Sonate, *Andante molto cantabile ed espressivo*, «sehr sangbar und ausdrucksvoll». Ich dachte, ich muss hier doch irgendwas *machen*. Roloff aber sagte: Machen Sie einfach ein paar Takte wenig, fast nichts – und gehen *dann* auf, fangen *dann* an zu singen. Dieses *und dann* war für mich eine existenzielle musikalische Erfahrung. Eine Zeit lang mit Ausdruck ohne Ausdruck zu spielen, auf einen Ausdruck oder Höhepunkt hin, das habe ich bei Roloff gelernt. Das gilt übrigens auch fürs Dirigieren. Nichts zu machen mit *Intensität*, wenig zu machen mit voller Intensität, das ist der Schlüssel zu vielem. Der langsame Satz der Eroica ist dafür ein absolutes Paradebeispiel: 2/4-Takt, *Marcia funebre*, Trauermarsch. Wenn das gut dirigiert wird, kommen die Sargträger von weit her, was nicht nur eine Frage der Dynamik ist. Es bedeutet vielmehr, dass die Streicher anfangs etwas distanzierter spielen sollten, mit weniger Vibrato – aber nicht ohne Vibrato! Nur so stellt sich die leichte Ermattung und Depression ein, die dieser Satz braucht.

Von Anfang an hat mich der späte Beethoven besonders beschäftigt. Ein Streichquartett wie Opus 131 in cis-Moll ist im Grunde ja der helle Wahnsinn. Sieben Sätze – und keiner stimmt! Das Scherzo steht an der falschen Stelle, einen richtigen langsamen Satz gibt es auch nicht, alles scheint sich aufzulösen, ist bloß mehr Rezitativ. Ähnliches gilt für die späten Klaviersonaten. Ist die Auflösung der Form die Konsequenz aus den Freiheiten, die Beethoven sich als Komponist nimmt – und auch seinen Interpreten zugesteht?

Solche Fragen haben mich fasziniert. Man hat als Jugendlicher ja so eine Phase, in der man besonders das vermeintlich Entlegene, die Verrücktheiten liebt. Diese Phase kam bei mir relativ früh, und Beethoven besaß irgendwie auch den Reiz des Verbotenen. Jeder erwachende Mensch sucht nach Extremen, macht Drogenerfahrungen. Meine Droge war die Musik, und Beethoven stellte für mich ein ähnliches Erlebnis dar wie Wagner. Auch Konzertabende von Maurizio Pollini und Daniel Barenboim mit späten Beethoven-Sonaten zählten dazu. Schwere Kost für einen Schüler, sollte man meinen, aber das Extreme war mir bald geläufig, ich bin ja auch mit Wagners *Tristan und Isolde* bedenklich früh in Berührung gekommen. Beethovens musikalische Sprache hatte für mich von Anfang an etwas unmittelbar Vertrautes. Ich habe es nie verstanden und verstehe es bis heute nicht, dass viele Menschen mit dem späten, tauben, ach so verrückten Beethoven ein Problem haben. Bei mir war es eher so, dass ich den jungen, frühen Komponisten nicht begriff, ich dachte, da interessiert Beethoven mich nicht, weil er noch so harmlos ist. Was natürlich nicht stimmt. Und dann habe ich versucht, das Werk von hinten aufzudröseln, und habe beim frühen Beethoven vieles gefunden, was mich an den späten erinnerte. In der Klaviersonate Opus 10 Nr. 3 zum Beispiel entdeckt man, wenn man genau hinhört, gewisse Dinge aus der Missa solemnis! Also kann ich eigentlich jedem Interpreten nur raten, fangt mit dem späten Beethoven an!

Auch weil Beethoven viel verträgt. Der geht nicht so schnell kaputt. Insofern sollte man möglichst früh ran als junger Dirigent und Pianist: ran an die Neunte, um an ihr zu scheitern, ran an Opus 111, um festzustellen, was für ein Klaviervirtuose Beethoven gewesen sein muss. Als Dirigent habe ich mit der vierten Symphonie begonnen, eher aus Zufall, in Italien, das war eine Frage der Orchesterbesetzung. Dann habe ich mir relativ schnell die Dritte vorgenommen und bin krachend gescheitert – eine wichtige Erfahrung! Als junger Generalmusikdirektor in Nürnberg habe ich einmal ein Programm mit der Eroica und den *Metamorphosen* von Strauss dirigiert. Das fand ich absolut genial – war's aber leider nur auf dem Papier. Erst kam die Eroica, dann die *Metamorphosen*. Ich kann mich gut erinnern, dass ich überhaupt keinen Plan hatte, wie ich den ersten Satz der Eroica innerlich gliedern sollte. Seither weiß ich: Diese Symphonie gehört ans Ende eines Konzerts.

Beethovens Musik scheint so weit über allem zu stehen, dass man sich für seine Person oder sein Leben kaum interessiert. Zumindest kann ich das von mir so sagen. Ein eigensinniges, stilles Wunderkind soll er gewesen sein. Am Klavier konnte er improvisieren, mit vierzehn tritt er in die Bonner Hofkapelle ein, spielt Orgel und Bratsche, mit achtzehn übernimmt er die Vormundschaft für seine beiden jüngeren Brüder (die Mutter stirbt an Schwindsucht, der Vater ist Alkoholiker). Anfang zwanzig übersiedelt er endgültig nach Wien und geht bei den Besten der Besten in die Schule: bei Haydn, Albrechtsberger und Salieri. Kurz darauf beginnt seine steile Karriere: Er konzertiert (als Klaviervirtuose und Improvisator) und reist, als überzeugter Bürger sucht er die Nähe zum europäischen Adel, findet dort Gönner, komponiert immer mehr und hat Erfolg. Mit Ende zwanzig aber bemerkt er, dass er schlecht hört, zwei Jahrzehnte später ist er komplett taub. Beethoven gilt allgemein als Willensbolzen und «faustisch Suchender». Von Goethe wird der interessante Ausspruch überliefert, es käme ihm so vor, als sei Beethovens Vater ein Weib und seine Mutter ein Mann gewesen. In der Liebe hatte Beethoven kein Glück. Die Seneca-Losung «per aspera ad astra» («durch Nacht zum Licht»), die als Motto für die Fünfte ebenso taugt wie für seine einzige Oper *Fidelio*, für die Missa solemnis wie für die Neunte, wächst ihm als Kompositions- und Lebensprinzip zu. Selbstüberwindung zum Heil der Kunst? Was für eine romantische Vorstellung!

Dazu kommt das sogenannte Politische, das bei Beethoven eigentlich immer das Menschliche war. Seine anfängliche Begeisterung für das napoleonische Zeitalter und die Ideale der Französischen Revolution, die politische Ernüchterung in der Metternich-Ära – darüber wurden Romane geschrieben, die *Appassionata* heißen, und Kinofilme gedreht wie *Eroica* von 1949 mit Ewald Balser in der Rolle des Komponisten. All das besitzt einen gewissen Unterhaltungswert. Auch weil Beethoven nicht nonkonformistisch war, um nonkonformistisch zu sein – er *war* wirklich so. Das macht

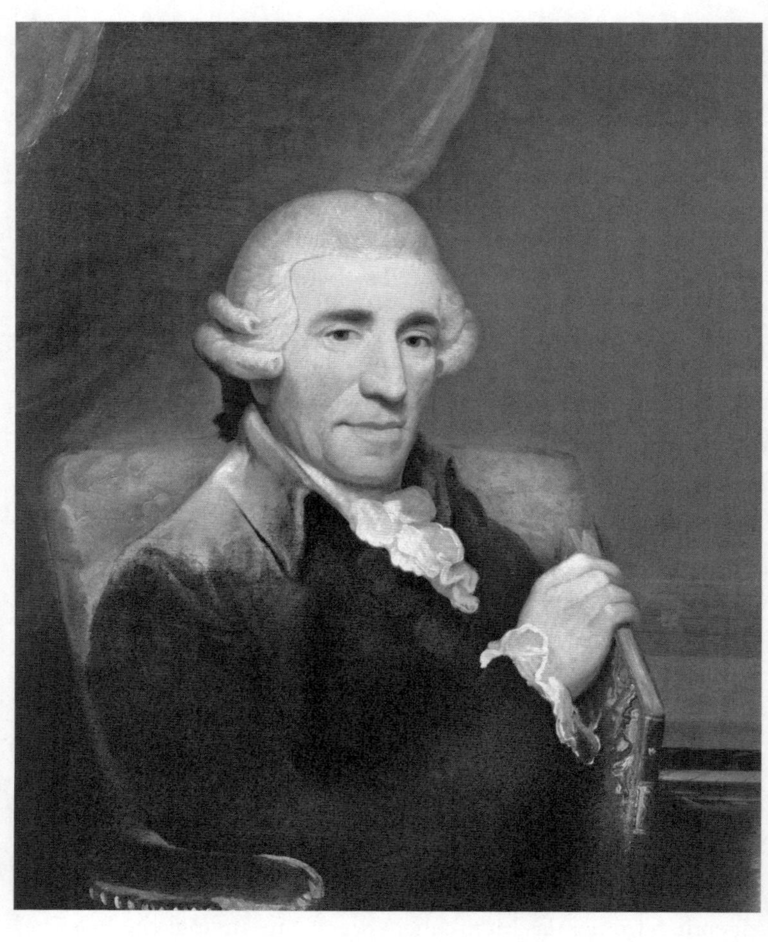

Joseph Haydn, 1792 porträtiert von Thomas Hardy.
Im selben Jahr siedelte Beethoven nach Wien über

ihn mir sympathisch. Beethoven hat aufbegehrt, er hat zum Ausdruck gebracht, wenn ihm etwas gegen den Strich ging. Er musste aus sich nichts machen, das war einfach sein Genie. Und das hat man akzeptiert.

Beethoven ist so populär, weil bei jedem irgendwann das «Schicksal an die Pforte pocht» (so soll er auf Nachfrage das Vier-Ton-Motiv am Anfang der fünften Symphonie erklärt haben). Wir alle finden uns in ihm wieder. Das gilt natürlich auch für andere Komponisten. Doch Bach war ein Kraftkerl, spielte toll Orgel und riss sich hin und wieder die Perücke vom Kopf. Mozart war ein Kind, Haydn hat viel gelacht und besaß ein sonniges Gemüt. Beethoven aber war ein Solitär und als solcher schwierig. Solitäre reiben sich oft an den Umständen, den sozialen wie den politischen oder ästhetischen. Sie können sich schlecht einfügen. All das hören wir in Beethovens Musik. Und dafür muss ich nicht unbedingt wissen, was für ein grauenerregender Untermieter er gewesen ist oder wie viele Flaschen fuseligen Wein er pro Tag trank. Trotzdem frage ich mich: Wie konnte er persönlich so ungebärdig sein und so organisiert arbeiten?

Mit Beethoven muss man leben als Musiker. Und immer wieder neu kämpfen. Ich halte gar nichts davon, sich erst im vorgerückten, reiferen Alter die Gipfelwerke des Repertoires zuzutrauen. Flapsig formuliert: Mit Mitte fünfzig ist bei Beethovens Neunter der Zug abgefahren! Die Reife dafür erwirbt man, indem man sich von dieser Symphonie gleichsam berieseln lässt und viele, viele Jahre lang weder ein noch aus weiß. Das muss man aushalten. Denn nur so beginnt es in einem zu reifen. Viele junge Dirigenten wollen heute vor allem Mahler dirigieren. Ich würde den Spieß umdrehen: Für Beethoven muss man jung sein, an Beethoven sollte man sich so früh wie nur irgend möglich die Pfoten verbrennen. An Mahler verbrennt man sie sich ohnehin, damit kann man auch noch etwas warten. Beim einen wie beim anderen muss man lernen, die Dinge mit Abstand zu sehen – und nicht in jede Falle zu tappen. Mahler stellt uns eine Falle nach der anderen; Beethoven ist eine einzige Falle. Im Grunde ist er unüberwindbar.

Deshalb muss Beethoven über Jahre und Jahrzehnte in einem gären. Sobald ich eine Beethoven-Partitur zur Hand nehme, trete ich in einen Dialog mit mir selbst: Immer hast du an dieser Stelle ein Ritardando gemacht – jetzt machst du es einmal nicht. Oder: Diesen oder jenen Satz hast du immer sehr schnell genommen, nimm ihn doch einfach langsamer! Solche Kopfgespräche mögen banal klingen und nach Willkür, aber sie setzen die vollkommene Kenntnis der jeweiligen Partitur voraus – und die ist nie banal. Jede kleine Entscheidung hat Konsequenzen, alles strahlt durchs ganze Werk hindurch. Von Furtwängler gibt es eine Auflistung seiner gesamten Konzerte, aus der zu ersehen ist, wie oft er in seinem Leben allein die Fünfte dirigiert hat. Das geht in die Hunderte! Da wundert man sich dann nicht mehr, warum er so gut war. Man hört es auch an gewissen Details, an der Fugato-Stelle aus dem Schlusssatz der Neunten etwa, die im Übergang sehr heikel ist. In drei verschiedenen Aufnahmen meistert Furtwängler diese Stelle auf drei verschiedene Weisen. Ich darf also auch nicht denken, dass mir, wenn ich etwas anders mache als sonst, gleich ein Zacken aus der Krone bricht. Das Gesamtbild stimmt möglicherweise trotzdem.

Als junger Dirigent hat man für Beethoven entschieden zu viel Kraft – wie für Wagners *Tristan* oder eine Bruckner-Symphonie. Man brettert los, man brettert durch und stellt in der Wirkung der Musik, im Ergebnis bald erste Abnutzungserscheinungen fest. Plötzlich steht die Ökonomie-Frage im Raum. Jedenfalls war das bei mir so. Man hat die Kraft, die Musik ist irre intensiv – und trotzdem ist man nicht zufrieden mit sich. Die richtige Ökonomie für Beethoven habe ich letztlich bei Wagner gelernt. Ich habe meine Wagner-Erfahrung auf Beethoven appliziert und vom Großen aufs Kleinere geschlossen, in einem reziproken Prozess. Durch das Wagner-Dirigieren, würde ich denken, ist mein Beethoven besser geworden. Wer wie ich die typische Kapellmeister-Laufbahn absolviert, geht von der Oper her auf Beethoven zu. Da legt man dann andere Maßstäbe an die Flexibilität des Musizierens im Moment, am Abend an, nicht nur in Sachen Tempo. Denn in der Oper geht es einfach nicht ohne Flexibilität. Auch daraus hat sich mit der Zeit mein Beethoven-Bild geformt.

Heute sehe ich in einer Beethoven-Partitur, wenn ich sie zur Hand nehme, vor allem, was ich darin bisher *über*sehen habe. Und ich erinnere mich an meine Fehler. Ich habe Beethoven lange als sehr monumental empfunden. Doch da lag ich falsch. Und gerade am Anfang habe ich ihn sicher *zu* monumental interpretieren wollen. Ich hatte gute Absichten, aber wahrscheinlich habe ich erst jetzt das Maß gefunden, mich an gewissen Stellen zurückzuhalten, um das Monumentale an anderen besser ausspielen zu können. Karajan zum Beispiel hat die Eroica mit acht Kontrabässen spielen lassen, mit der größten Streicherbesetzung. Da denkt man als junger Mensch, das muss so sein, das gehört so, außerdem ist es schön. Auch Furtwängler war kein Feind des vollen Saftes, wenngleich er oft viel filigraner (und schneller!) musiziert, als man ihm das unterstellt. Und was macht man dann, wenn man – endlich – selber darf? Man versucht, das, was man bewundert, noch zu übertrumpfen, und das geht natürlich schief. Es geht schief, weil sowohl Furtwängler als auch Karajan die Grenzen des Möglichen bereits überschritten hatten, auf ganz verschiedene Weisen.

Nachdem ich die Alten gehört hatte, die Romantiker unter den Interpreten, die die Höhepunkte setzen konnten und zu denen auch Furtwängler zählt, konnte ich Beethoven besser einordnen. Mit den Nur-schnell-Seienden, Alles-richtig-machen-Wollenden bin ich von Anfang an nicht zurechtgekommen. Toscanini ist von seinen Tempi in einer Weise überzeugt, dass man sich der Wirkung kaum entziehen kann. Gefallen hat mir sein Beethoven nie – oder sagen wir: selten. Aber seine innere Überzeugung, Beethoven so und nicht anders dirigieren zu müssen, die hat sich mir sehr stark mitgeteilt.

Der Nachkriegsgeneration unter den Dirigenten wurde vielfach unterstellt, sie lege zu viel Wert auf Äußerlichkeiten. Ich bin mir nicht sicher, ob das wirklich stimmt. Karajan habe mit der Kommerzialisierung der Musik begonnen, heißt es, mit seinen Beethoven-Filmen, seinem Jetset-Leben, Schulter an Schulter mit mächtigen Agenturen wie Columbia Artists. Sicher brachte Karajan für das Mediengeschäft ein Talent mit. Er war fotogen, und wenn er sich seine Haare richtig föhnen ließ, dann sah das toll aus. Aber es gab auch den anderen Karajan. Den, der in seiner Garderobe im Sessel lümmelte und von seiner Zeit in Aachen erzählte. Ganz unprätentiös und normal. Neben Karajan war Leopold Stokowski so eine schillernde Gestalt. Überhaupt ist der amerikanische Einfluss auf den Musikmarkt Mitte des 20. Jahrhunderts nicht zu unterschätzen. Auch Leonard Bernstein hatte ein «Image», wie man damals sagte, mit Silberlocke und rotem Einstecktuch. Trotzdem galt er als authentisch. Das ist interessant. Bernstein wurde als Gesamtkunstwerk wahrgenommen. Er war das Bindeglied, wenn man so will, zwischen den Alten und den vermeintlichen Jüngern des Kommerzes. Bernstein war sexy, er hatte ein bisschen etwas Amerikanisch-Gelacktes, aber künstlerisch war er wahrhaftig. Diese

Mischung vermissen wir heute. Gerade als Beethoven-Dirigenten schätze ich Bernstein sehr.

Auf der Suche nach dem eigenen Weg lernt man allerdings auch, Meinungen zu achten, die einem *contre coeur* gehen. Für mich sind das oft die britischen Kollegen Roger Norrington oder Simon Rattle, bei denen es grundsätzlich rhythmischer zugeht. Überhaupt: Man wird gelassener. Und erkennt, dass ein Forte vor 50 oder 250 Jahren ganz anders klang als heute.

Ich gelte gemeinhin als Stimmungs- und «Instinktmusiker», und ganz falsch ist das nicht. Wobei ich selbstverständlich nicht ohne Idee vor Beethoven stehe, ebenso wenig wie die Kolleginnen und Kollegen «Konzeptmusiker» ohne ein Gefühl für Stimmungen, für Atmosphäre auskommen. Darüber hinaus gibt es viele Unwägbarkeiten, das macht sich das Publikum oft nicht klar. Die Nachmittage vor einer Aufführung oder vor einem Konzert können wirklich quälend sein. Mal habe ich einen leichteren Herzschlag, mal bin ich so müde, dass der Orchesterwart mir einen Espresso bringen muss. Manchmal fühle ich mich aber auch müde, gehe aufs Podium – und bin total wild. Dem allen darf man sich natürlich nicht restlos ausliefern. Auch davor schützt einen die Erfahrung. Im entscheidenden Augenblick geht im Kopf eine rote Lampe an, die sagt: Achtung! Das geht zu weit! Andererseits darf man gerade bei Beethoven seine Unschuld nicht verlieren, das ist ganz wichtig. Es wäre ja furchtbar, wenn man nur noch als alter Sack zum Pult schlurft und denkt: Ich weiß sowieso alles. Das wäre das Ende der Musik.

Mit Beethoven muss man Qualen erleiden, wie gesagt. Halbwegs zufrieden mit «meinem» Beethoven war ich erst in Wien, beim Zyklus aller neun Symphonien mit den Wiener Philharmonikern

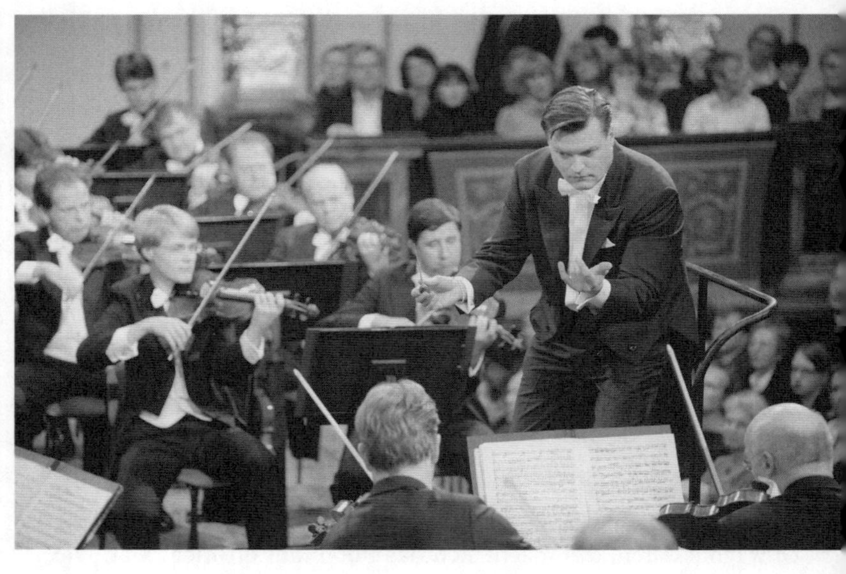

Mit den Wiener Philharmonikern 2008
bei der Aufführung von Beethovens neunter Symphonie
im Goldenen Saal des Wiener Musikvereins

von 2008 bis 2010. Ich sage halbwegs, weil mir manchmal noch der Puls in der Musik abhandengekommen ist und ich mich zu sehr habe übermannen lassen von den Ausbrüchen der Musik. Zufrieden war ich vor allem wegen des Orchesters und seines Konzertmeisters Rainer Küchl. Ein guter Konzertmeister inhaliert die Temperatur des Abends, dann stimmt das Tempo, dann stimmt das Vibrato, dann stimmt alles. Mit Küchl habe ich mich nie über Details wie Vibrato-Fragen unterhalten müssen. Das Vibrato muss einfach *angemessen* sein, diesen schönen Satz hat sein Kollege Matthias Wollong von der Dresdner Staatskapelle geprägt. Damit ist alles gesagt, mit beinharten Regeln kommt man da nicht weiter.

Ich kenne die Beethoven-Partituren in- und auswendig. Trotzdem frage ich mich: Dirigiere ich besser ohne Partitur oder besser mit? Ich lerne sehr schnell auswendig, zumindest wenn mir etwas musikalisch logisch erscheint. Anders ist es, wenn das nicht der Fall ist und ich die Noten regelrecht mathematisch pauken muss. Dazu habe ich meistens keine Lust. Und dann gibt es immer wieder viele Stolperfallen. Wie viele Schlussakkorde hat Beethoven am Ende seiner Symphonien noch gleich notiert? Ein Alptraum wäre es, einen wegzulassen oder, noch schlimmer, alleine weiterzudirigieren, während das Orchester bereits fertig ist. Alles schon passiert in der Musikgeschichte. Auch Generalpausen muss ich mir immer wieder anschauen, manche sind nur dann in meinem inneren Bauplan verankert, wenn sie sich für mich aus dem natürlichen Fluss der Musik ergeben. Es gibt Kollegen, die wissen so etwas einfach, weil sie ein untrügliches fotografisches Gedächtnis besitzen. Ich finde nicht, dass es ein Sakrileg ist, Beethoven mit Partitur zu dirigieren. Man darf nur nicht zu viel reingucken.

Die Tempi bei Beethoven sind ein neuralgisches Thema, schon wegen der aberwitzigen Metronomzahlen, die er hinterlassen hat.

Aberwitzig heißt in den meisten Fällen: aberwitzig schnell, an der Grenze der Spielbarkeit (oder darüber hinaus). Sollen wir diese Schlagzahlen wörtlich nehmen oder mehr als «Hinweise» verstehen auf einen bestimmten Musiziergestus? Ich denke, jede Tempovorgabe ist eine Momentaufnahme – und so wollte Beethoven es auch verstanden wissen. In Zwickau gab es 2017 eine herrliche Ausstellung: «Robert Schumann und das Metronom». Da ging es um die damals noch neuartigen Apparate von Mälzel (dem Erfinder), Härtel oder von Collin. Die meisten liefen nicht rund, vor allem lieferten verschiedene Bauweisen und Typen jeweils verschiedene Ergebnisse. Im Rahmen der Schumann-Gesamtausgabe hat Clara sich die «Neumetronomisierung» der Werke ihres Mannes vorgenommen – und wurde darüber schier verrückt: «Denken Sie, ich gebe das Metronomisiren auf», schrieb sie 1878 an den Komponistenfreund Heinrich von Herzogenberg. «Gott, ist das eine Qual! heute fixire ich ein Tempo, morgen fände ich es unrichtig – das ist ja zum Verzweifeln. Ich lasse es – wer die Tempi's nicht selbst findet, mag ganz von den Werken bleiben.» Genauso hat Beethoven das auch gesehen. «Weshalb ärgern sie mich, indem sie nach meinen Tempi fragen?», schreibt er in einem Brief. «Entweder sind sie gute Musiker und sollten wissen, wie meine Musik gespielt werden sollte, oder sie sind schlechte Musiker und in dem Fall wären meine Hinweise nutzlos.» Furtwängler hat dieses Zitat gerne benutzt.

Und was macht die Postmoderne daraus? Sie erklärt die Metronomzahlen zur Bibel! Und alle Interpreten, die sich nicht daran halten, zu Geschichtsklitterern. Das finde ich nicht nur falsch, sondern absolut unbeethovensch. Beethoven war so ein sensibler Zeitgenosse, ein Seismograph, warum hätte er seine Musik für alle Zeiten festklopfen wollen?

Ich habe vor allen darstellenden Künstlerinnen und Künstlern einen Heidenrespekt, vor *allen*. Helene Fischer, die Wildecker Herzbuben, Herbert Grönemeyer – wissen wir, wie verzweifelt die vor einem Auftritt in ihren Garderoben sind? Nein, das wissen wir nicht. Ich habe weltberühmte Pianisten gesehen, die vor Nervosität so eiskalte Hände hatten, dass sie sie unters heiße Wasser halten mussten. Ich habe Sängerinnen erlebt – da erwacht in mir als Dirigent der Beschützerinstinkt. An manchen Tagen frage ich mich aber auch: Wer beschützt mich eigentlich? Niemand. Es kann ein wirklich böser Beruf sein.

Was mich immer wieder fasziniert: Das Publikum hat ein untrügliches Gespür für Atmosphäre, für Ausstrahlung. Wir auf der Bühne müssen die Leute bannen, das ist unsere Aufgabe. Als junger Mensch war ich einmal in einem Konzert von Günter Wand in der Berliner Philharmonie, Block C, Reihe 1, auf dem Programm stand Schuberts Unvollendete. Man saß so zurückgelehnt da – und während der ersten beiden Takte beugt sich plötzlich die ganze Reihe nach vorne. Da passierte etwas, da füllte sich der Raum! Wie schaffe ich diese Atmosphäre? Das ist die Frage, immer wieder. Allerdings: So schwierig Beethoven ist, sosehr er mich in vielen Stücken quält, so stark spüre ich doch auch – wenn ich meine, ihn verstanden zu haben –, wie er mir die Hand reicht.

Jeder Dirigent hat seine Rituale. Zu meinen Ritualen gehört es, dass ich um Punkt halb acht nach meinen Manschettenknöpfen greife. Später höre ich die Musiker auf dem Podium einstimmen, im Saal kommt die Ansage zu den Telefonen, dann sagt der Inspizient: «Wir können. Toi toi toi» – und ich gehe raus. Mal bin ich nervöser, mal weniger nervös, mal verspüre ich eine Unsicherheit oder Ungriffigkeit, mal überhaupt nicht. Das hängt auch mit dem Beginn des ersten Stückes zusammen, grundsätzlich tue ich mich mit schnelleren, rhythmisch stabileren Sätzen leichter. Da muss ich nicht gleich mit dem ersten Schlag so furchtbar darauf achten, dass das Orchester wirklich zusammen ist. Und das ist Beethovens Art, mir als Dirigent zu sagen: Komm, ich helfe dir. Die Fünfte schaffst du. Und die Eroica beim nächsten Mal auch.

2

Ein Septakkord, viel Theaterlärm und ein zweifelhafter Triumph

Die Symphonien 1 bis 3

Alle Neune: Der Zyklus

Fangen wir bei den Anfängen an: Jede der neun Symphonien beginnt anders. Neun verschiedene Charaktere, Stimmungen, Instrumentierungen und Tempi. Die Erste setzt unkonventionellerweise gleich mal auf der Dominante ein, einem Spannungsakkord. Als würde Beethoven seinen Zeitgenossen zurufen, na, ihr seid doch bestimmt neugierig, was *jetzt* kommt! Der Rest der Symphonie ist dann weniger revolutionär, abgesehen von ein paar Details. Bei der Zweiten sagt Beethoven sich und uns: Jetzt zeige ich mal, was ich mir bei Haydn so alles abgeguckt habe. Die Zweite wird gerne unterschätzt, schon dadurch, dass sie mit der Ersten oft in einem Atemzug genannt wird. Das finde ich falsch. Bei seiner dritten Symphonie, der Eroica, sagt Beethoven dann: Adieu, liebe Tradition, ich schätze dich, ich kenne dich, aber jetzt geht es auf zu neuen Ufern. Die Vierte steht dazu in krassem Gegensatz. Wieder ist der

Anfang der Symphonie spektakulär – der Anfang als Nicht-Anfang, wenn man so will, ein langsames, tastendes Gestaltannehmen von Musik –, ehe das Stück dann in ein vermeintlich konventionelles *Allegro vivace* abbiegt.

Die Fünfte ist die Fünfte, die brettert durch und bleibt ziemlich stabil dabei – im Gegensatz zur Eroica übrigens, die sich zwischendrin immer wieder beruhigt. Die Sechste präsentiert sich wieder ganz anders: als Pastorale, als ein Stück Programmmusik vom «Erwachen heiterer Gefühle bei der Ankunft auf dem Lande». Spannend ist die Siebte, die fängt sieghaft an und kann im Grunde nur in einem Sieg enden. Tut sie das? Und bevor Beethoven schließlich zur Neunten schreitet, dreht er uns eine lange Nase mit der Achten. Die wirkt klein, wie die geringfügig ältere Schwester der Vierten, ein Tänzchen im 3/4-Takt, das allerdings so seine Widerborstigkeiten hat. Außerdem lässt Beethoven den langsamen Satz hier einfach weg. Mit der Neunten nähern wir uns 1824 bereits Anton Bruckner: *Allegro ma non troppo e un poco maestoso* steht über dem ersten Satz, 2/4-Takt, der Anfang *sempre pianissimo*, Tremolo in den Streichern, Zweiunddreißigstel-Vorschläge wie kleine Blitze.

Neun Symphonien so dermaßen unterschiedlich zu beginnen ist unglaublich. Und ohne Vorbild. Das findet man weder bei Haydn noch bei Mozart.

Auch die Enden der Symphonien sind aufschlussreich. Die Siebte zum Beispiel kann buchstäblich nicht aufhören, da kommt immer noch eine Steigerung und noch ein Anlauf und noch einmal hymnisch jubelnde Hörner. Oder die Vierte: Hier spielt Beethoven regelrecht mit den Erwartungen des Publikums, als würde er vertonen, wie die Leute schon ein bisschen unruhig auf ihren Stühlen herumrutschen. Die Fünfte endet mit Aplomb, mit den berüchtigten acht Schlussakkorden, die Achte besiegelt, was wahrscheinlich nicht zu besiegeln ist, und die Neunte hat den «Götterfunken» und jede Menge Tschingderassabum im Finale, Piccoloflöte, Becken, Pauke! Die einzige Symphonie, die unspektakulär endet, ist die Pastorale, die Sechste: *sotto voce, dolce*, mit Dämpfer zu spielen. Beim Schlussakkord muss man fast ein bisschen aufpassen, dass man das Publikum harmonisch nicht zu sehr im Ungewissen lässt. Auch wenn, möchte man sagen, ihr vielleicht nicht mehr recht daran glaubt: Das ist das Ende!

Rainer Küchl, der frühere Konzertmeister der Wiener Philharmoniker, hat mich einmal schwer schockiert. Vor einem Konzert kam er zu mir in die Garderobe, legte seine Geige auf dem Flügel ab und fragte mich ein bisschen scheinheilig: Haben Sie eigentlich mal geschaut, wie viele Schlussakkorde die erste und die zweite Symphonie haben? Da musste ich sagen: Um Gottes willen, nein! Beim Dirigieren stellt man sich solche Fragen nicht, weil man die Antworten im kleinen Finger (oder eben die Noten vor sich liegen) hat. Aber so auf dem Trockenen, kalt erwischt? Besonders gemein ist die Frage natürlich, weil die Erste und die Zweite wie gesagt gerne in einen Topf geworfen werden. Ich habe dann sofort nachgeschaut: Die Erste hat sechs Schlussakkorde, die Zweite fünf.

Heute kann man seine Karriere als Dirigent machen und bis in höchste Ämter vordringen, ohne alle neun Beethoven-Symphonien dirigiert zu haben. Ich finde diese Entwicklung nicht begrüßenswert. Vor dreißig oder vierzig Jahren wäre das unmöglich gewesen, und das hatte nichts mit der Unbeweglichkeit des Kernrepertoires zu tun oder mit der Fantasielosigkeit von uns Interpreten. Vor dreißig oder vierzig Jahren hätte sich ein großes Orchester auf der Suche nach einem Chef gefragt: Was ist für uns wichtig? Ein bestimmter Kanon von Werken natürlich. Der kann sich mal mehr hierhin neigen und mal mehr dorthin. Ohne Beethoven aber geht es nicht. In der Musik geht zu vieles auf Beethoven zurück, als dass man ihn ruhigen Gewissens entbehren könnte. Ein Orchester also, das einen neuen Chef sucht oder eine neue Chefin, sollte die Kandidaten bitten, eine Beethoven-Symphonie zu dirigieren. Fast egal, welche. Leider passiert das seit Längerem nicht mehr. Ich finde das bedauerlich. Mehr noch: Ich finde, man hört es vielen Orchestern an, dass sie den Kontakt zu Beethoven verloren haben.

Als ich bei den Wiener Philharmonikern mit meinem Beethoven-Zyklus begonnen habe, hatte ich das große Glück, dass ich die Beteiligten seit vielen Jahren kannte. Wir haben also nicht viel reden müssen, sondern mussten nur während der Proben gewisse Details klären. Überhaupt stellt man sich bei einem solchen Mammutprojekt ja nicht hin und erzählt denen etwas. Das mögen Orchester generell nicht. Nein, man fängt eben an. Wobei ich mir von Anfang an das ganze Gebirge vorgestellt habe. Ich hatte immer das Gefühl, dass ich es bei Beethoven nicht viel anders anstellen muss als bei Wagners *Ring des Nibelungen*: Beim ersten Es-Dur-Funkeln im *Rheingold*-Vorspiel denke ich an das Ende der *Götterdämmerung*. Auf Beethoven übertragen heißt das: Die Spannung der Septakkorde mit Auflösung in die Subdominante oder Dominante in den ersten Takten von Beethovens Erster reicht bis zum Schluss-Prestissimo der Neunten. Relevant wird das, wenn man den Zyklus der neun Symphonien als Zyklus dirigiert, an fünf Tagen hintereinander. Dann wird es richtig spannend, denn dann muss man sich einen Plan machen. Ich bin ein großer Verfechter der chronologischen Reihenfolge. Warum? Weil die Musiker und das Publikum nur so begreifen, ja begreifen können, wie die einzelnen Symphonien aufeinander aufbauen. Es mag Verwandtschaften geben, interessante Bezüge zwischen 1 und 3 oder 4 und 6, gewiss. Der innere Spannungsbogen aber wird so nicht deutlich. Ich denke mir oft, was Beethoven in der Oper fehlt, das hat er in seinen Symphonien: Die folgen einer perfekten Dramaturgie. Die Beethoven-Symphonien sind ein Wagnersches Musikdrama in neun Akten. Dieses dramaturgische Prinzip setzt sich auch in den einzelnen Symphonien mit der Gewichtung ihrer einzelnen Sätze fort.

Chronologisch also, das heißt: Am ersten Abend spielt man die Erste, Zweite und Dritte (ein mörderisches Programm!), am zweiten Abend die Vierte und die Fünfte, dann ein Tag Pause, am vierten Abend kommen die Sechste und die Siebte und am letzten die Achte und die Neunte (wieder mörderisch). In fünf Tagen alle Beethoven-Symphonien: Da stellt sich wie von selbst eine gewisse Ökonomie und Hygiene ein. Ich muss haushalten, um in der Wahl meiner dirigentischen Mittel erstens durchzuhalten und zweitens glaubwürdig zu sein. Wenn ich mein Pulver beim allerersten Ausbruch in der Ersten verschieße, dann kriege ich in der Reprise vom Kopfsatz der Neunten ein echtes Problem, und nicht erst da. Ganz ähnlich ist es mit den langsamen Sätzen: Wo fließt mein Herzblut hin? Reicht es für alle schönen sanglichen Stellen bei Beethoven? Oder sollte ich damit geizen? Ich bin sehr dankbar dafür, dass heute noch Wiener Philharmoniker zu mir kommen und schwärmen, wie schön der langsame Satz der Neunten seinerzeit war. Das ist für mich ein riesiges Kompliment. Denn natürlich gibt es Sätze, die mir immer besonders wichtig waren, vielleicht weil ich sie immer als besonders schwierig empfunden habe und bis heute empfinde. Das sind, vor allen anderen, der Trauermarsch aus der Eroica und das *Adagio molto e cantabile* aus der Neunten.

Ich bin davon überzeugt, dass Beethoven beim Symphonien-Schreiben eine Art inneres Reißbrett vor Augen und Ohren hatte. Er hat gewusst, was er an musikalischem Material bereits verbraucht hatte und was noch nicht, welche Tonfolgen, welche Harmonien, welchen Ausdruck. Wir haben es in den Symphonien mit neun mal vier plus eins Sätzen zu tun (weil die Sechste fünf hat) – das macht 37. Und kein Satz gleicht dem anderen. Was hatte dieser Komponist für ein Formgefühl! Nie hat man bei ihm den Eindruck, jetzt könnten wir gut springen, jetzt wäre eine kleine Kürzung angebracht. Nie. Keine Note zu viel, keine zu wenig.

Schaut man sich die Autographe (nicht nur) der Symphonien an, bemerkt man, dass Beethoven eine unglaubliche Krakelschrift besaß. Sind ihm seine Ideen beim Komponieren einfach so zugeflossen, frage ich mich? Hat er, wie Mozart, nur aufgeschrieben, was in seinem Kopf längst fertig war? Beethoven komponierte wild durcheinander, er arbeitete sich nicht säuberlich durch einzelne Gattungen, sondern schrieb in der Zeit seiner ersten Symphonien auch Klavierkonzerte, die Streichquartette Opus 18 und Sonaten. Beim Arbeiten soll er sich eher schwergetan haben. Es scheint ein zähes Ringen gewesen zu sein, das heißt, er hatte eine Idee und fing dann an daran herumzupuzzeln, auszuprobieren, zu sortieren. Seine Skizzenbücher belegen das. Er hat erstaunlich assoziativ gearbeitet, hat immer wieder abgeklopft: Welches Potenzial hat dieses oder jenes Motiv, wozu taugt es, wie weit kann ich es treiben? Dabei sind Beethovens Einfälle meistens gar nicht besonders spektakulär, im Gegenteil. Für sich genommen mutet das *Ta-ta-ta-taa* der Fünften eher banal an. Und es *ist* banal. Doch was macht er daraus!

Die Endfassungen der Symphonien sind die Endfassungen. Das ist ein interessanter Aspekt. Die Arbeit daran war zwar zäh, aber wenn die Partituren fertig waren, waren sie fertig. Vom Klaviervirtuosen Beethoven hingegen ist überliefert, dass er seine Sonaten fast nie so gespielt hat, wie er sie notiert hatte. So gesehen ist auch die einzelne Partitur nie fertig. Beethoven konnte aber mit einem Werk offenbar abschließen, sobald er das nächste bereits konzi-

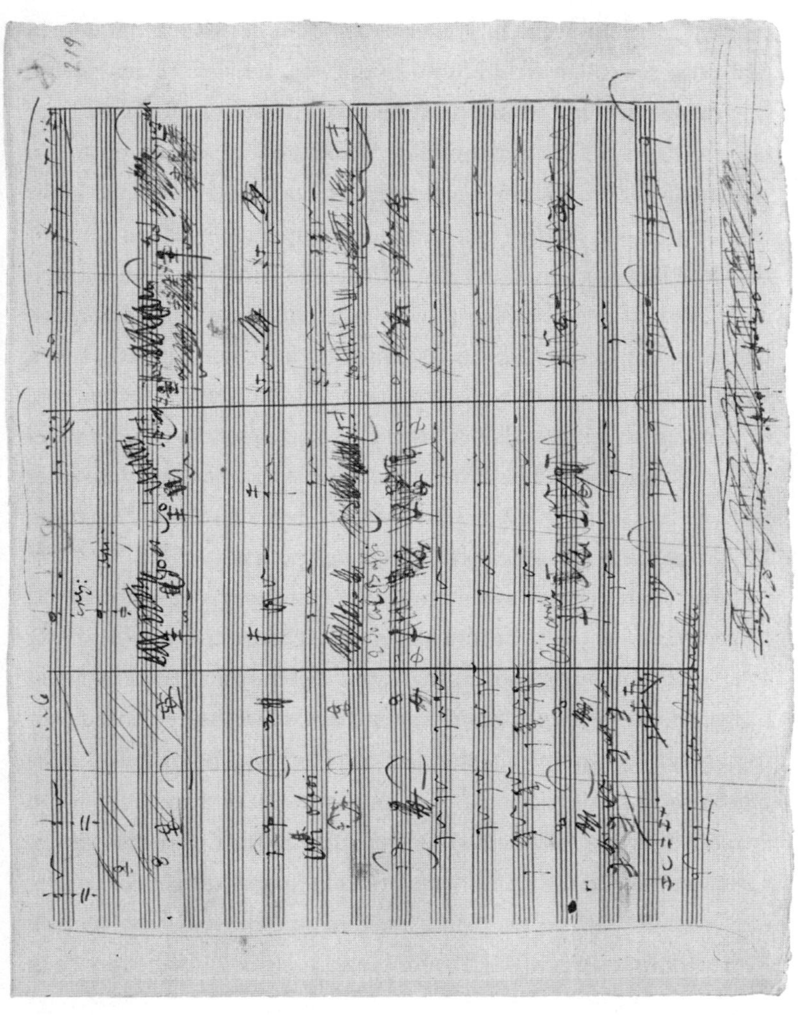

Autograph von Beethovens fünfter Symphonie,
Seite aus dem vierten Satz

pierte. «… allein Freiheit, Weitergehen ist in der Kunstwelt, wie in der ganzen großen Schöpfung Zweck …», schrieb er am 29. Juli 1819 an seinen Freund und Gönner, den Erzherzog Rudolph. Später, im Alter und mit zunehmender Taubheit, fiel ihm dieses «Weitergehen» nicht unbedingt schwerer, aber er quälte sich noch mehr mit dem Zu-Papier-Bringen. Andere Komponisten haben oft über die Drucklegung einer Partitur hinaus noch redigiert und korrigiert, die konnten überhaupt nicht loslassen. Felix Mendelssohn ist dafür ein Paradebeispiel. Und Mendelssohn ist, wie wir noch sehen werden, für die Beethoven-Rezeption von eminenter Bedeutung, als Persönlichkeit wie als Dirigent. Ein anscheinend so heiteres Gemüt, ein solches Glückskind hat eine Beethoven-Partitur sicher ganz anders dirigiert als ein zerklüfteter, mit sich selbst ringender Dunkelmann. Aber ich möchte nicht vorgreifen.

Der Weg, den Beethoven braucht, um sich von der Tradition zu lösen, von dem, was ihn musikalisch-künstlerisch umgibt, dieser Weg erscheint mir wahnsinnig kurz. Beethoven hat früh angefangen seine eigenen Möglichkeiten auszuschreiten, eigentlich sofort, gleich mit dem ersten Akkord in der ersten Symphonie. Es gibt Stimmen, die sagen, Mozart hätte so weiterkomponiert, wenn er nicht so früh gestorben wäre. Der späte Mozart wäre also gewissermaßen der frühe Beethoven gewesen – und umgekehrt. Oder der späte Haydn sei der frühe Beethoven. Ich halte von solchen Konstruktionen nicht viel. Denn man hört bei Beethoven doch gleich: Es ist etwas anderes, er setzt eigene Akzente. Gemessen an Haydn oder Mozart mutet der frühe Beethoven unglaublich schräg an, ja fast ein bisschen verrückt. Schönes Zitat: «Jeden Tag gelange ich mehr zu dem Ziel, was ich fühle, aber nicht beschreiben kann.» Das schreibt er 1801 an seinen Jugendfreund, den Mediziner Franz Wegeler.

Was ihn außerdem von den meisten Komponisten seiner Zeit unterscheidet: Er will kein Melodiker sein. Beethoven schreibt im Verhältnis nur wenige Lieder – den Zyklus *An die ferne Geliebte*, Lieder nach Gellert und Goethe, schottische Volksliedbearbeitungen –, und generell scheint er an der menschlichen Stimme nicht sonderlich interessiert zu sein. Er denkt instrumental, selbst wenn er denn einmal für die Stimme schreibt, im *Fidelio* oder in der neunten Symphonie. Da müssen sich die armen Sängerinnen und Sänger prompt unglaublich quälen, weil es in den Noten vor Zumutungen und Unmöglichkeiten nur so wimmelt. Die Missa solemnis mit ihrem lateinischen Messetext stellt hier eine Ausnahme dar. Das dichterische Wort aber hat Beethoven offenbar mehr behindert als inspiriert. Eine Konsequenz daraus ist, dass die repräsentativste Gattung, die Oper, ihm weitgehend verschlossen bleibt. Die Kämpfe und Krämpfe rund um seinen *Fidelio*, die verschiedenen Fassungen, das misslungene Libretto, die vier Ouvertüren – all das spricht Bände. In der Oper waren es zu Beethovens Zeit nach Mozart erst die Italiener, die reüssierten, Rossini, Donizetti, und dann Carl Maria von Weber mit dem *Freischütz*. Auch Schubert und Mendelssohn hatten auf der Opernbühne keinen Erfolg (wenngleich aus anderen Gründen). Beethoven war also nicht allein.

Das *Fidelio*-Umfeld liefert uns ein brisantes Zitat. Immer habe er «das Ganze vor Augen», schreibt Beethoven 1814 an den Dramatiker Georg Friedrich Treitschke, der an der dritten Fassung der Oper beteiligt war. Das «Ganze» meint hier nicht das Ganze der Oper oder des Theaters, sondern bezieht sich auf die Instrumentalmusik. Vielleicht kann man sich das wie bei einer russischen Matrjoschka vorstellen: Die kleinste Einheit (ein einzelner Sonaten- oder Symphoniesatz) gilt ebenso als Ganzes wie die äußerste Puppe – und die kann eine Sonate oder Symphonie sein oder auch alle neun Symphonien zusammen oder die Rolle von Beethovens Musik in der Welt. «Das Ganze vor Augen»: Das muss auch ein guter Beethoven-Dirigent haben. Sonst tappt er ewig im Dunkeln.

Tempofragen, Satzbezeichnungen, Spielanweisungen

Das Beethovensche «Ganze» aber will erarbeitet sein. Was das heißt, möchte ich ein wenig erklären, bevor wir beginnen, den Zyklus der neun Symphonien imaginär zu durchwandern. Wie ein Dirigent konkret arbeitet, dürfte für viele Menschen schwer vorzustellen sein. Aber die praktischen Fragen und mein Beethoven-Bild lassen sich für mich nicht trennen.

Ich greife hier einmal den Beginn der Eroica heraus, einfach weil ich darüber so viel nachgedacht habe und mich damit auch lange schwergetan habe. Was steht in den Noten? Zwei Akkorde, zwei Viertel, jeweils mit Punkt darüber, also kürzer zu nehmen. Oder kurz? Hätte Beethoven es kurz gewollt, hätte er auch Achtel schreiben können. Hat er aber nicht. Weil er darauf nicht so geachtet hat? Falsch! In der siebten Symphonie – und hier kommt das «Ganze» ins Spiel – schreibt er Achtel und Sechzehntel mit Punkt. Und sogar Achtel mit einer Sechzehntel-Pause. Also will er es immer ein bisschen anders, er differenziert. Für die Eroica bedeutet ein solcher Seitenblick, dass die ersten beiden Akkorde eben nicht ganz kurz sein dürfen, sondern einen (gedachten) Moment lang gehalten werden sollten. Es gibt nicht wenige Kollegen, die setzen an dieser Stelle zwei Ohrfeigen, klatsch, klatsch. Das ist sicher auch eine Idee, das ist dann deren Interpretation, aber ich persönlich möchte hier lieber texttreu sein. Dieser Beginn muss eine irre

Spannung haben, da steht das ganze Orchester auf dem Zehnmeterbrett, aber eben mit Gewicht, mit Griff! Hinter solchen Details stehen nicht bloß Geschmacksfragen. Dahinter steht der ganze Beethoven.

Weiter im Notentext: *Allegro con brio*, «mit Lebhaftigkeit», lautet die Satzbezeichnung, punktierte Halbe = 60 sagt das Metronom. Und schon habe ich das nächste Problem. Welches Tempo wähle ich? Mit der originalen Metronomzahl wird es rasend schnell, geradezu verhetzt. So verhetzt, dass es mir nicht nur nicht gefällt, sondern innerlich widerstrebt: Das kann Beethoven nicht gemeint haben! Was also tue ich, setze ich mich über den Meister hinweg? Ich halte mich gern an die Geschichte des britischen Dirigenten Sir George Smart, der in England viele Beethoven-Erstaufführungen leitete und 1825 nach Wien reiste, um Aufschluss über die richtigen Tempi zu erhalten. Beethoven spielte sie ihm am Klavier vor, wieder und wieder, Smart fuhr nach Hause und befand, so sei die Musik «totally impossible». Was für ein Dilemma! Punktierte Halbe = 60 ist jedenfalls nicht meine Eroica.

Was tue ich? Ich kann Sekundärliteratur wälzen, von Czerny und Schindler über Rudolf Kolischs berüchtigten Aufsatz von 1942/43 (der Geiger behauptete, durch Tempo- und Charaktervergleiche der metronomisierten Werke Beethovens auch für die nicht-metronomisierten zweifelsfrei die richtigen Tempi bestimmen zu können) bis zu den jüngsten Befeuerungen dieses Dauerstreits. Wirklich klüger werde ich dadurch nicht. Ich kann Aufnahmen hören – die einen peitschen das Tempo durch, andere nehmen es so langsam, dass von *Allegro con brio* absolut nicht mehr die Rede sein kann. Auch nicht gut. Oder ich kann den verehrten Richard Strauss zitieren, der in seinen *Zehn goldenen Regeln für den Dirigenten* von 1922 sagt: «Wenn du glaubst, das äußerste Tempo erreicht zu haben, so nimm das Tempo noch einmal so schnell.» Vielen Dank, Humor hilft mir hier leider auch nicht weiter.

Wer über Tempi redet, muss auch über Deutlichkeit sprechen. Ich finde, das Tempo des ersten Eroica-Satzes entscheidet sich spätestens an der Stelle, an der die ersten Sechzehntel kommen (Takt 35). Die müssen deutlich artikuliert werden (so notiert sie Beethoven) und dürfen auf keinen Fall verhudelt werden, nur weil das Grundtempo überzogen schnell ist. Technisch bewältigen können das viele Orchester, jedenfalls bis zu einem gewissen Grad – nur höre ich dann keine einzelnen Noten mehr, sondern bloß eine Art Rauschen, ein Brausen. Und das läuft fehl, obwohl es unglaublich brillant sein kann und zunächst zu einer großen Spannung beiträgt. An solchen Fragen, bei denen immer auch das Ganze auf dem Spiel steht, entscheidet sich die eigene Interpretation.

Andererseits: Hört man sich eine der Furtwängler-Aufnahmen an, klingt das anfangs sehr langsam und gemächlich, fast zu langsam. Mit einem Mal aber kriegt es eine Art inneren Zug, so ein *brio*, dass alle Zweifel verfliegen. Inneres *brio* hat nichts mit äußerem *brio* zu tun. Oder wie schreibt Schumann über Mendelssohns Interpretation von Beethovens vierter Symphonie (in der ihm das Scherzo zu langsam war)? Das schnellere Allegro eines «Kalten» klinge stets träger als das langsamere eines «Sanguinischen».

Ein weiterer interpretatorischer Knackpunkt in der Eroica ist das dritte Thema im ersten Satz. Ist es nicht unerhört, dass in einer Beethoven-Symphonie überhaupt ein drittes Thema vorkommt? Also mache ich, unmittelbar bevor es eintritt, ein Ritardando. Als Kunstgriff sozusagen, um die Bedeutung des Augenblicks zu unterstreichen. Noch dazu erklingt dieses Thema in e-Moll, mitten in einer Es-Dur-Symphonie. Das ist extrem seltsam und darf, nein: es sollte durch eine kleine Tempofluktuation unterstützt werden. Andere Kollegen finden das nicht, aber jedes Mal, wenn ich die Stelle ohne Ritardando höre, erscheint sie mir verschenkt. Ähnlich geht es mir mit der C-Dur-Episode im Trauermarsch der Eroica. Da würde zunächst jeder sagen: Um Himmels willen, wieso wird der denn da langsamer, das steht ja gar nicht in den Noten! Richtig. Aber wenn in einem Moll-Satz mit einem Mal ein C-Dur erstrahlt, sollte man sich dazu nicht etwas überlegen? Ich könnte es auch einfach durchziehen, und derjenige, der merkt, was hier passiert, der merkt's halt. Das ist mir offen gestanden aber zu langweilig. Also mache ich etwas Besonderes an der Stelle – und finde mich von Beethoven förmlich dazu ermutigt. Ist man durch die Interpretationsschule aller 37 Sätze seiner Symphonien gegangen – das ist meine Selbstbeobachtung –, wird man immer freier und Beethoven immer treuer zugleich. Wundersame Beethovensche Dialektik.

Ein anderes Beispiel, das ich hier erwähnen will, sind die dritten Sätze der Symphonien. Auch für sie gilt: Keiner ist wie der andere, auch von der Metronomisierung her nicht. Nehmen wir die erste und die zweite Symphonie: Das Scherzo der Ersten ist *innerlich* etwas gemäßigter, die Zweite rast generell mehr. Das heißt: Ich darf in der Ersten nicht übertreiben, sonst stimmt die Balance der Symphonien nicht. In der Ersten lautet die Satzbezeichnung *Menuetto/Trio – Allegro molto e vivace*. Ein Menuett, ein höfischer Tanz, angeblich ganz, wie es der Konvention entspricht! Das ist wichtig, und das Gespreizte, sich Spreizende, das will ich hier hören. Außerdem, und selbst wenn es paradox klingt: Der Zusatz *e vivace* schwächt das *Allegro molto* im Folgenden etwas ab. *Vivace* meint lebhaft, lebendig und nicht atemlos oder geschwind im Sinne von *con fretta*. Beethoven ist hier sehr genau. Über dem Scherzo der Zweiten steht dann ein oder zwei Jahre später nicht mehr *Menuetto*, sondern *Scherzo* – wir befinden uns im Reich der absoluten

Musik – und außerdem *Allegro*. Objektiv betrachtet ist dieser dritte Satz etwas langsamer als sein Vorgänger, was auch die Metronomzahlen nahelegen (100 zu 108), die vielen Keile über den Noten aber, die Sforzati bedeuten uns: Hier geht es vom Charakter her schrundiger zu, weniger lieblich.

Neben Metronomzahlen und Satzbezeichnungen hätten auch die Spielanweisungen bei Beethoven ein eigenes Kapitel verdient. Mit zunehmendem Alter häufen sich die Sforzati in den Partituren, die «Sforzato-Krone» trägt meinem Gefühl nach die Missa solemnis. Aber auch in der Neunten schreibt Beethoven vieles mit Nachdruck, mit Schärfe, als zweifelte er daran, richtig verstanden zu werden. Das kann aber auch mit seiner Taubheit zusammenhängen. Sforzato (abgekürzt «sfz» oder «sf») heißt, dass die jeweilige Note betont werden soll, stark hervorgehoben. Die etwas schwächere Variante wäre das Fortepiano («fp»), also stark und gleich darauf wieder leise. Beide Bezeichnungen kommen bei Beethoven schon in der ersten Symphonie vor, er liebt diese Akzente und ihre Ausdifferenzierungen. Um ihren Gebrauch zu überblicken, ist es ratsam, die neun Symphonien in ihrer chronologischen Reihenfolge zu dirigieren. Nur dann fällt einem zum Beispiel auf, dass der zweite Satz der Zweiten, ein *Larghetto* in 3/8, einen volkstümlich-mozartisch-mendelssohnösen Duft atmet. Da kommt eine völlig neue Farbe ins Spiel, die gab es in der Ersten so nicht, und so ganz traut man ihr vielleicht auch nicht über den Weg. Ich habe mir einmal den Spaß gemacht und die Sforzato-Stellen in diesem Satz in der Urtext-Ausgabe von Jonathan del Mar durchgezählt. Es sind fast zwanzig, in einem langsamen Satz, der keine 300 Takte umfasst! Das ist viel.

Beethoven, der Meister der scharfen Kontraste, zeigt sich also bereits früh. Diese Kontraste führen zu dem heroischen Bild, das wir von ihm haben. Beethoven ist für uns derjenige, der «dem Schicksal in den Rachen» greift, und so etwas kommt ja nicht von ungefähr. Das Zitat stammt aus einem Brief an Wegeler von 1801, während der Arbeit an der zweiten Symphonie, und hat eine Fortsetzung: «ganz niederbeugen soll es [das Schicksal] mich gewiß nicht.» Uns Interpreten aber auch nicht, würde ich gerne hinzufügen! Als Interpret muss man um die verschiedenen Hinweise des Komponisten wohl wissen, aber nicht sklavisch daran hängen.

Der erste Abend

Wenden wir uns in unserem imaginären Beethoven-Zyklus dem ersten Abend zu, den Symphonien 1, 2 und 3. Die Frage, die ich mir bei diesen ersten drei Symphonien immer gestellt habe, ist eine, mit der man vielleicht nicht sofort rechnet: Wo beginnt das Romantische? Wo genau setzt sie ein, die romantische Atmosphäre in der Musik, die uns Interpreten zu so unterschiedlichen Exzessen treibt, die einen zu unglaublichen Rubato-Spielereien, die anderen zu revolutionärem Gewühl? Natürlich tut uns der Symphoniker Beethoven nicht den Gefallen, hier eine klare Linie zu ziehen, so nach der Art: Die Erste und die Zweite sind noch hübsch klassisch und gesittet, und in der Dritten geht die Post Richtung Zukunft ab. Genau so ist es nämlich nicht, und das macht für mich das Faszinosum dieses ersten Abends aus. Sicher lässt Beethoven in der Eroica die romantischen Zügel stärker schießen als in den beiden Symphonien davor. Doch dieses Romantische fällt nicht vom Himmel, das bereitet er sorgfältig vor. Denke ich die Sache vom Ende her, also von der Eroica aus, dann sehe ich womöglich, dass alles bereits in der Ersten angelegt ist. Aber subkutan, ex negativo, mehr als

Verweigerung des Romantischen. Beethoven tastet hier noch. Wenn man etwa richtig hineinhört in die Einleitung des langsamen Satzes, merkt man, da pocht etwas, da liegt etwas unterm Tisch. In der Zweiten wird das noch evidenter, allein durch das dauernde Hin und Her zwischen Forte, Fortissimo und Sforzato. Würde man das wörtlich nehmen, wäre es kaum zu spielen – oder nur so, dass keine rechte Musik mehr dabei herauskommt.

Um den Unterschieden besser gerecht zu werden, lasse ich die ersten beiden Symphonien gerne mit einer etwas kleineren Besetzung spielen (zwölf erste Geigen) und lege ab der Eroica bei den Geigen nach. Die Kollegen, die von der musikalischen Rhetorik und von der historisch informierten Aufführungspraxis her kommen, gehen da einen anderen Weg, die bleiben grundsätzlich bei einer kleinen Besetzung. Sie setzen auch von Anfang an nicht so auf Klang und Homogenität, und auf schönen Klang gleich gar nicht. Da darf ein Fortissimo auch mal gehackt und gerissen werden. Vielleicht habe ich ein blödes romantisches Ohr, das mag schon sein, aber ich glaube sehr wohl, dass Beethoven auf Klang Wert gelegt hat. Nicht auf Schönklang um des Schönklangs willen, aber auf Klang als Ausdrucksmittel. Dafür gibt es viel zu viele Stellen, die wahnsinnig gut klingen, als dass ihm das egal gewesen sein könnte. Aber es ist spannend, verschiedene Interpretationen nebeneinanderzuhalten. Die einen schert es nicht, wenn es nicht klingt, die wollen es gerade so machen, um zu zeigen, dass bei Beethoven nichts «gemütlich» ist; und die anderen freuen sich, wenn sich die grimmige Miene doch mal etwas lichtet. In diese Fraktion gehöre ich.

Es funktioniert übrigens nicht, die erste Symphonie zu «romantisieren». Dafür ist sie in ihrem Tempomuster zu klassisch. Beethovens Schüler Carl Czerny berichtet zwar, als Interpret eigener

Werke habe Beethoven oft fünf verschiedene Tempi in einem Satz angeschlagen, aber das bezog sich bestimmt nicht auf den jungen Komponisten, nicht auf die Erste. Gleichwohl bestärken mich solche Zeugnisse. Hat jeder Mensch nicht einen individuellen Pulsschlag, und variiert der nicht über den Tag verteilt? In der Zweiten scheint es sogar so zu sein, dass der pochende, stehende Rhythmus des ersten Satzes alles Romantische offensiv zu verhindern versucht. In der ganzen Symphonie gibt es signifikante Einbrüche von außen, aber noch bleiben die als solche außen vor. Das ändert sich erst mit der Dritten, der Eroica, die ästhetisch einen mächtigen Satz nach vorne macht. Ich weiß nicht, ob Beethoven mit meinen Tempofluktuationen in dieser Symphonie einverstanden wäre. Aber vielleicht wäre das für ihn auch gar nicht die Frage. Czerny schrieb 1842 über den Kopfsatz der Hammerklaviersonate, die Hauptschwierigkeit liege in dem vom Komponisten vorgegebenen «ungemein schnellen und feurigen» Tempo. Beethoven selber sah das pragmatisch. Die Metronomzahlen würden vor allem für die ersten Takte eines Satzes gelten und sollten helfen, seinen Charakter zu bestimmen; ein starres Im-Tempo-Bleiben sei gar nicht beabsichtigt – denn, so die interessante Begründung, «die Empfindung hat auch ihren Takt». Was für ein schöner Satz.

Symphonie Nr. 1 C-Dur Opus 21

Als er seine erste Symphonie schrieb, war Beethoven knapp dreißig Jahre alt und für damalige Verhältnisse keineswegs mehr blutjung. Zum Vergleich: Mozart – nun gut: Mozart! – wagte sich erstmals als Achtjähriger an die Gattung Symphonie, Schubert tat es mit sechzehn, Mendelssohn mit fünfzehn Jahren. Was man erwartete,

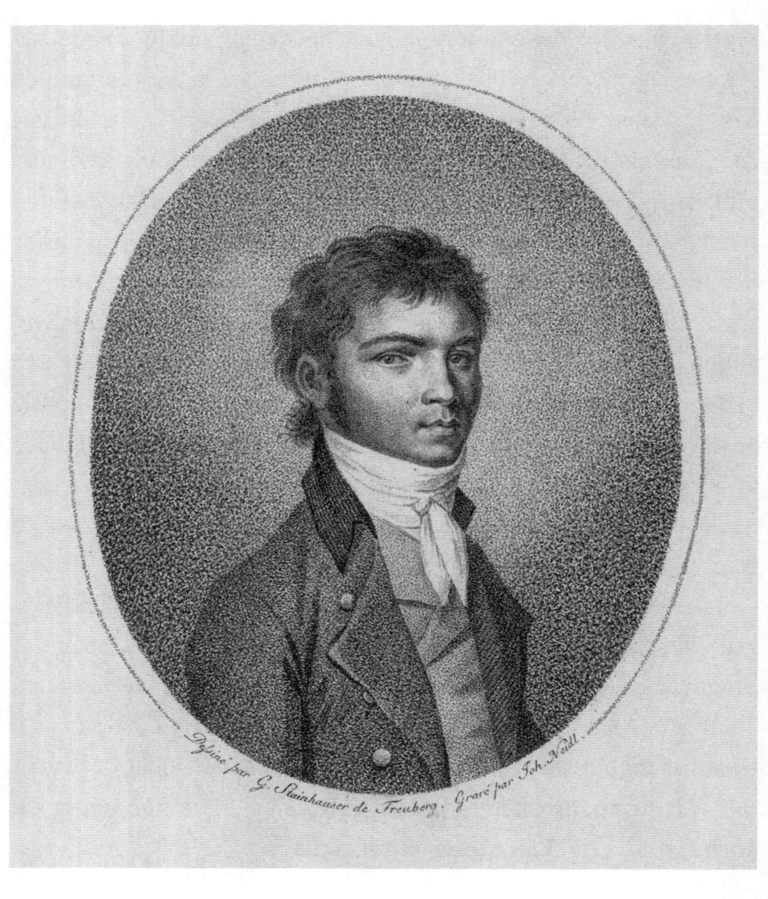

Beethoven im Jahr 1801

was Beethoven vielleicht auch selbst von sich erwartete, war eine Symphonie auf der Höhe der Zeit – sprich: eine Komposition auf Augenhöhe mit Mozarts Jupiter-Symphonie. Dass er die nicht lieferte, wird gleich mit den ersten Tönen klar, schon von der Instrumentierung her, mit zwei Klarinetten: Da will einer mehr, da will einer etwas anderes! Und er setzt von Anfang an Widerhaken. Ich bin mir nicht ganz sicher: Setzt er die Haken als Haken, will er der Stachel sein im Fleisch der Tradition – oder war er einfach so, konnte er nicht anders?

Ein Komponist, der seine erste Symphonie nicht mit einem Akkord auf der Grundtonart beginnt, in diesem Fall auf C-Dur, sondern auf der Dominante, präsentiert sich gleich mal als schräger Vogel. Einerseits steht C-Dur für Klarheit und Neubeginn, eine glänzende Tonart, das harmonische Feld ist gewissermaßen bereinigt. Andererseits aber macht Beethoven Folgendes: Er setzt einen C-Dur-Septakkord mit Auflösung nach F, in die Subdominante; er setzt einen G-Dur-Septakkord mit Auflösung in die Tonika-Parallele a-Moll; und er setzt einen Septakkord auf d mit Auflösung nach G, in die Dominante. Mit dieser Dominante nimmt die Einleitung ihren Lauf. Mehr inszenierter Beginn, würde ich meinen, geht nicht. Da betritt einer die leere Bühne und sucht das Scheinwerferlicht. Sehr bestimmt und völlig uneitel, das ist das Großartige. Es kann nur so und nicht anders sein, von den allerersten Takten an!

Die Einleitung selbst klingt vielleicht ein bisschen à la Haydn, vielleicht aber auch nicht. Wie sich daraus das erste Thema entwickelt mit seinem pochenden Rhythmus (endlich C-Dur!), so unmozartisch, unschubertisch, das hätte Haydn auch machen können. Nur nicht in dieser Instrumentierung! Beethoven wählt von Anfang an eine dunklere Instrumentierung, und je weiter die Symphonien fortschreiten, desto dunkler werden sie. Auch in den Tonarten der ersten drei Symphonien wird er immer wärmer. C-Dur hat noch etwas Helles, D-Dur, das ist fast gelb, und bei Es-Dur bewegen wir uns schon im Orangen. Für die Lage gilt das Gleiche, Beethoven bevorzugt oft die Bratschen-Cello-Lage, also die etwas tiefere, hohe Geigen hingegen kommen bei ihm nicht so oft vor. Seine C-Dur-Symphonie hat nichts Gleißendes wie die Jupiter-Symphonie. Da schürft einer von Anfang an in der Tiefe, er will an den Grund und setzt dem Jubel eher etwas entgegen, als dass er mitjubelt.

So geht es weiter. Der zweite Satz steht in F-Dur, im 3/8-Takt, und ist ein merkwürdig überbetontes, stilisiertes Menuett, jedenfalls kein richtiger langsamer Satz. Erwartung wieder enttäuscht! Der dritte Satz heißt zwar *Menuetto*, ist in Wahrheit aber ein Scherzo, das alles Höfische wegfegt mit seinen vielen fratzenhaften dynamischen Wechseln. Hier fehlt überdies ein rechtes Thema. Der vierte Satz, *Adagio/Allegro molto e vivace* (Letzteres wie im dritten!), halb Sonatensatz, halb Rondo, dient schließlich als Kehraus, voller Witz und Energie. Unterm Strich aber bleibt: Alle Erwartungen, die man hätte hegen können, erfüllt der junge Beethoven nicht. Tut er das mit Absicht oder passiert ihm das so? Streckt er der Musikwelt die Zunge heraus, von wegen: Mein symphonisches Werk beginne ich erstens mit einer fetten Dissonanz und zweitens auf der falschen Stufe? Schaut euch doch mal um, die Welt ist schon lange nicht mehr die, für die ihr sie haltet! Ist es das, was er uns zu verstehen geben will?

Es gibt solche Spekulationen, aber offen gestanden finde ich sie etwas zu weit hergeholt. Ich würde es simpler formulieren. Beethovens Erste stellt Fragen: Soll ich so komponieren? Bin ich auf dem richtigen Weg? Hin und wieder findet sich nämlich auch eine fast rührende Unsicherheit. Natürlich weiß er, was er da tut und dass er etwas wagt, aber gefestigt ist das nicht. Noch braucht er die Tradition, um sich zu vergewissern. Er weiß, wie er eigentlich komponieren müsste, wahrscheinlich ohne es im Ernstfall zu können. Er hat noch nicht Fuß gefasst, auf geniale Weise nicht Fuß gefasst. Und das könnte in der Tat heißen: Es befindet sich gerade mächtig viel im Umbruch. In der Welt, im postrevolutionären napoleonischen Zeitalter, wie auch in Beethovens Kopf. Vielleicht hat beides ja miteinander zu tun.

Symphonie Nr. 2 D-Dur Opus 36

Applaus, kurze Verschnaufpause, Stühlerücken im Orchester – weiter geht es im Programm: mit der Zweiten. Gleiche Besetzung, andere Tonart (und also eine andere Stimmung in den Bläsern). Der Schritt von der ersten zur zweiten Symphonie ist beträchtlich, und vielleicht sollte man sich psychologisch einmal in Beethovens Lage versetzen. Er hat Erfolg mit seiner Ersten, setzt sich zu Haydn und Mozart in Beziehung und zugleich von ihnen ab, er unterläuft die Erwartungen – und fragt sich jetzt natürlich: Was kommt als Nächstes? Ruft die erste Symphonie nach Bestätigung? Ist ihr untergründiges Potenzial stark genug, um den eingeschlagenen Weg weiterzugehen?

Bis heute wird Beethovens Zweite unterschätzt. Weder fällt ihr die dankbare Rolle des Erstlingswerks zu, noch ist sie so aufsehenerregend revolutionär wie die Eroica. Sie steht dazwischen. Das macht es nicht leicht, aber interessant. Die Zweite strahlt einen unbändigen Optimismus aus, eine überschäumende Vitalität und Lebenslust. Woher nimmt Beethoven so viel gute Laune? Die Frage klingt lapidar, ist es aber nicht. Denn ein halbes Jahr nach der Zweiten legt er Anfang Oktober 1802 sein Heiligenstädter Testament nieder, das erschütternde Dokument eines Menschen, der weiß und begreift, dass er sein Gehör verliert und vor dem Leben wie vor der Musik ein «Verbannter» ist. Suizidgedanken plagen ihn, «selbst der hohe Mut – der mich oft in den schönen Sommertagen beseelte – er ist verschwunden», schreibt Beethoven und sehnt sich nach einem «reinen Tag der Freude». Diese «Freude», dieser «hohe Mut» sprechen aus der Zweiten. Was nicht heißt, dass diese Symphonie keine Haken hätte. Schon die Zeitgenossen stießen sich an ihren Eigenheiten.

In den ersten beiden Jahren des 19. Jahrhunderts komponiert Beethoven nicht nur Symphonien, sondern auch Sonaten (unter anderem die drei Klaviersonaten Opus 31 und die Kreutzersonate für Klavier und Violine). Und er schreibt die sehr erfolgreiche Ballettmusik zu *Die Geschöpfe des Prometheus*. Er experimentiert, probiert sich aus, er weiß, dass er sich auf der Höhe der Zeit bewegt. Und will doch mehr und weiß nicht recht, was und wie. Dieses Mehr-Wollen zeigt sich vor allem an den Dimensionen der D-Dur-Symphonie, alles ist hier stärker, schwerer, dunkler, akzentuierter. Beethoven erfüllt die Form und weitet sie gleichzeitig aus. Wie experimentell er dachte, zeigt sich daran, dass er den Kopfsatz ursprünglich wohl mit einem einzigen Thema bestreiten wollte. Diesen Plan hat er dann wieder verworfen, wie sollte das jemals zusammengehen mit dem Konzept bzw. Korsett einer klassischen Symphonie? Sechs Jahre später, bei der Fünften, weiß er, wie das geht.

Zeitgenössische Kritiken attestierten der Zweiten «Tiefe, Kraft und Kunstgelehrsamkeit», sprachen aber auch von einem «merkwürdigen, kolossalen Werk», in dem vieles «seltsam» sei. Das Trio im Scherzo beispielsweise: Was ist das für eine merkwürdige Antwort, die die Streicher da auf diese schlichte Holzbläser-Melodie geben? Unisono, Fis-Dur und wie von einem anderen Stern kommend. Ist Beethoven hier auf Konfrontation aus? Solche Stellen haben dazu geführt, dass man der Zweiten gerne etwas Opernhaftes, Theatralisches gibt (vor allem im Finale). Schon Harry Goldschmidt fand, die Symphonie sei eine «Kontrafaktur» von Mozarts *Zauberflöte*. Ich bin mir nicht sicher, ob hier nicht einfach die Verlockung zu groß war zu sagen, Beethoven hatte ab 1803 eine Wohnung im Theater an der Wien, unten auf der Bühne werkelte der Theaterdirektor Emanuel Schikaneder (Mozarts Librettist) an einer Neuaufführung der *Zauberflöte* – also atmet auch die neue Symphonie, die dort am 5. April uraufgeführt wurde, einen zauberflötenartigen Geist. Man hat solche direkten Bezüge zwischen Leben und Werk immer gern. Die Wahrheit ist meistens komplexer.

Für mich hat das Finale der Zweiten vor allem etwas Manisches. Beethoven wollte, wollte unbedingt und wusste nur noch nicht genau, was. Solche Kontraste jedenfalls – fortissimo, pianissimo, fortissimo, pianissimo – hat vor ihm niemand geschrieben.

Die Pause, die nun folgt, haben sich alle redlich verdient. Wasser trinken. Den Frack kurz ausziehen. Entspannen, den Kopf leer machen. Dann führe ich mir kurz die heiklen Stellen der Eroica zu Gemüte: das Tempo des ersten Satzes und auch das Tempo des Trauermarsches, bei dem ich schon oft das Gefühl hatte, ich bin da zu langsam oder zu ausdrucksvoll. Beim nächsten Mal, das habe ich mir irgendwann vorgenommen, werde ich den Trauermarsch so zurücknehmen wie den letzten Satz aus Gustav Mahlers dritter Symphonie: Die Sargträger sollen wie auf Samtpfoten daherkommen, so leicht ermüdet und von weit hinten. Und dann denke ich manchmal noch an die langsame Stelle im letzten Satz, *Poco andante* steht da, Achtel = 108. Diese Zahl hat mich immer geärgert, weil das Tempo viel zu schnell ist. Selbst Herbert von Karajan, den man für einen modernen Beethoven-Interpreten hält, nimmt das zwar relativ flüssig, aber bei Weitem nicht so schnell. Ganz anders Arturo Toscanini. Der ist gnadenlos, den schert die Atmosphäre nicht. Wenn sie an der Stelle flöten geht, geht sie eben flöten, scheint er zu sagen. Dann ist das eben ein Bruch, den Beethoven so gewollt hat. Hat er das wirklich?

Symphonie Nr. 3 Es-Dur Opus 55 (Eroica)

Komponiert wurde sie 1802/03, uraufgeführt 1804 im Wiener Palais Lobkowitz. Die Besetzung ist die gleiche wie in der Ersten und Zweiten, erweitert um ein drittes Horn. Die Widmungsgeschichte ist verwickelt und reicht von Napoleon über den preußischen Prinzen Louis Ferdinand bis zu Prometheus, dem Feuerbringer und Titanen der griechischen Mythologie. Am Ende steht über der Erstausgabe «Sinfonia eroica, composta per festeggiare il sovvenire di un grand'uomo» («heroische Symphonie, komponiert zur feierlichen Erinnerung an einen heldenhaften Menschen»). Das klingt pompöser, als es gemeint ist. In jedem Fall gibt es hier erstmals so etwas wie ein Programm, eine Idee, die mit der Musik über die Musik hinausreicht. Ich würde das allerdings nicht zu konkret politisch verstehen wollen. Beethoven selbst ist die Realität, und er ist größer als jede Realität.

Vier Sätze, ein langsamer, ein Scherzo, alles scheinbar wie gehabt. Und doch ruft jeder Satz eine Welt für sich auf.

Bei den beiden Orchesterschlägen, die das *Allegro con brio* eröffnen, fängt es an (siehe oben). Keine langsame Einleitung! Dafür die Grundtonart, Es-Dur. Und forte. Und die besagten Punkte über den Vierteln. Was man als Dirigent hier, aber auch an anderen Stellen lernt, ist, wie schlecht Beethoven sich diminuieren lässt. Das ist oft bei der Einstudierung der Eroica ein Thema. Orchester spielen gerne diminuendo (leiser werdend), wenn die Energie nachlässt, auch wenn kein Diminuendo in der Partitur steht. Nun ist hoffentlich kein Orchester schon bei den ersten beiden Akkorden der Eroica erschlafft, historisch informierte Dirigenten-Kollegen aber phrasieren diese Akkorde gerne ab. Auch das steht nicht in der Partitur. Es sind zwei harte Schläge, und sie müssen hart klingen, *bah – bah*. Wenn man das abphrasiert, also innerhalb der Akkorde leiser wird, klingt es harmlos. Das darf es nicht. Auf YouTube kann man oft in die Gesichter der Kollegen sehen, unmittelbar bevor sie zum ersten Schlag ansetzen – lieblich schaut da keiner drein.

Die Schläge ersetzen die Einleitung nicht, sie sind die Einleitung und katapultieren das Publikum mitten hinein ins Geschehen. Was für ein filmischer Beginn! Das Verrückte daran ist: Es muss in diesen beiden Akkorden alles schon da sein, die ganze Atmosphäre, ja die ganze Symphonie. Wie um alles in der Welt mache ich das? Muss ich es nur denken? Habe ich es im kleinen Finger (oder eben nicht)?

Diese Tuttischläge sind ein Fanal: Der Vorhang hebt sich, und er tut dies über einer Cello-Kantilene, die dann durchs Orchester wandert und das erste Thema des Satzes bildet. Das heißt nicht, dass die Tuttischläge damit verschwunden wären. Immer wieder mischen sie sich ins Satzgeschehen ein, halten durch Synkopen dagegen, wie Pfeiler in einem immer reißender werdenden Fluss. Für mich bedeutet das: Ich muss die Struktur halten, ich darf mich diesem romantischen Reißen und Fließen (noch) nicht hingeben.

Zur Tempofrage habe ich mich schon geäußert. Die Sechzehntel ab Takt 35 sind da der Gradmesser, wie gesagt, bedenken und vorbereiten aber muss ich das im Grunde schon in Takt 3, bei den Achteln in der zweiten Geige und der Bratsche, *bi-bi-bi-bi-bi-bi*, die will ich hören. Im Umkehrschluss bedeutet das leider nicht, dass man mit deutlichen Achteln allein schon das ganze *Allegro con brio* in der Tasche hat. Es gibt etliche Aufnahmen, die machen alles richtig und sind doch leer, unerfüllt. Und ich höre immer wieder Wilhelm Furtwängler und frage mich: Warum ist er eigentlich der Beste? Wie schafft er, was kaum einer schafft, dass dieser Beginn einen Puls hat, Atmosphäre und völlig unsentimental ist dabei? Die Furtwängler-Aufnahme von 1944 etwa ist einen Tick langsamer als die Karajan-Aufnahme mit den Berliner Philharmonikern von 1977 und nicht ganz so getragen wie Daniel Barenboim mit der Berliner Staatskapelle 2000 (beide Aufnahmen schätze ich sehr). Manchmal bildet man sich ein, der «Fu» ginge ein bisschen zurück, und trotzdem bleibt er im Tempo. Bei ihm habe ich das verdammte Gefühl, dass die Beethoven-Tempi immer stimmen – selbst wenn sie oft langsamer sind, als man es korrekterweise erwarten würde. Die Art, wie das Orchester auf ihn reagiert und antwortet, ist einfach zwingend. Man darf sich gegen sein gemächliches Tempo natürlich nicht sträuben, man muss sich darauf einlassen; aber man wird dafür belohnt. Das Orchester, in der genannten Aufnahme die Wiener Philharmoniker, füllt dieses Tempo aus.

Beim ersten Satz der Eroica besteht zweifellos die Gefahr, dass man zu langsam wird, dann hängt die Spannungskurve durch, und das Ganze wird lahm. Was man aber bei Furtwängler hören kann, ist, wie sich ein Orchester Note für Note an der Musik förmlich auflädt, wie eine Batterie, die *rechargeable* ist – bis eben das Ganze aufgeladen ist. Mich erinnert das an die unfassbar langsamen Bayreuther *Parsifal*-Dirigate von Hans Knappertsbusch, bei denen man – obwohl oder weil es so quälend langsam ist? – hinterher auf Wolke sieben schwebt. Schon weil das, was man da gehört hat, eigentlich gar nicht möglich ist.

Interpretation ist eine Frage der Persönlichkeit, und dass Furtwängler oder Knappertsbusch herausragende Persönlichkeiten waren, steht außer Frage. Wir heutige Dirigenten leben in einer ganz anderen Zeit, aber wir tun gut daran, finde ich, uns von ihnen inspirieren zu lassen. Was ist die ganze Diskussion über musikalische Objektivität, frage ich mich oft, gegen solche Überzeugungstäter?

Bekanntlich bin ich kein Freund der historisch informierten Aufführungspraxis, schon der Begriff suggeriert ja, alle Nicht-Aufführungspraktiker seien «uninformiert». Von Überzeugungstätern aber wimmelt es in diesen Reihen, und das gefällt mir durchaus. Dann klingt Beethoven mal ein bisschen nach Belcanto, was soll's! Dann kommt vor lauter Phrasieren eben kaum eine Linie zustande, bitte schön! Ich muss das nicht mögen und nicht richtig finden, vor der Leidenschaft der Argumente aber habe ich Respekt.

Und vor Beethoven gibt es nichts Schlimmeres als Unentschiedenheit. Da schreibt sich einer die Seele aus dem Leib, reißt die Grundfesten der Musik ein, wird taub und halb wahnsinnig darüber, gesellschaftlich die reinste Zumutung – und wir wissen nicht, was wir damit anfangen sollen? Wir trauen uns nicht? Das geht nicht. Prompt schlägt Beethoven zurück. Er verzeiht keine Unklarheiten, er verzeiht es nicht, wenn man sich seiner nicht annimmt. Einfach nur von allem ein bisschen weniger, ein bisschen weniger erste Geigen, weniger Vibrato, weniger Homogenität im Klang oder auch weniger Aufführungspraxis, weniger Artikulation, das endet an der Supermarkttheke. Und da gehört Beethoven nicht hin.

Der Trauermarsch ist *das* Bekenntnisstück der Eroica. Alles düster, dunkel, alles lastend, wie selbst bereits gestorben. Ich finde nicht, dass der Marsch in einem durchgehen muss, wir sind hier ja nicht beim Militär. Er kann durchaus mal etwas anziehen und dann wieder nachgeben. Vielleicht fällt einem der Sargträger etwas herunter, und er hebt es auf und hat plötzlich wieder mehr Zuversicht. Die Zwangsläufigkeit liegt nicht in der Konstanz des Tempos, sondern im Ausdruck, und der sollte so fahl wie möglich sein. Ich fange meist langsam an, und wenn die Fugati kommen, werde ich innerlich etwas schneller. Um die Steigerung schön plastisch herauszuholen. Und ich sage dem Orchester immer: Spielen Sie, als käme die Musik aus dem Stimmzimmer. Zeigen Sie mir *nicht*, was für tolle Töne Sie haben. Kleben muss es, jedenfalls fast, und es muss indirekt gespielt werden. Das ist mir bei meiner Aufnahme mit den Wiener Philharmonikern, ehrlich gesagt, nicht wirklich geglückt, an der Beschwerlichkeit, am Gewicht muss ich noch arbeiten. Da liegt ein dicker Kerl im Sarg, wir schwitzen, es ist heiß, und langsam reicht's.

Die große Frage ist: Wie halte ich über diese siebzehn Minuten die Spannung? Das wird sehr unterschiedlich gelöst. Bei manchen Kollegen von der historischen Aufführungspraxis klingt der Trauermarsch regelrecht lustig, als freute man sich darüber, dass der Kandidat oben im Sarg endlich tot ist. Oder als wär' die Musik sarkastisch, eine sarkastische Rossini-Arie. Dass es so wirkt, liegt am Abphrasieren, am Zergliedern und Zerpflücken der Phrasen. Auch das ist ein interessantes Stilmittel, keine Frage, aber mindestens so interessant ist, was fehlt, wenn man es so macht. Man gewinnt einen gewissen Drive, würde ich sagen, man verzichtet ganz dezidiert auf jede Bedeutungshuberei – aber man verliert Atmosphäre, das innere Mysterioso. Letztlich ist Spannung eine Frage des Haltens: Eine Spannung hält man, indem es weiter, weiter, weiter, weiter und immer noch weiter geht, es geht immer noch, weiter, weiter, weiter. Mit musikalischer Rhetorik allein ist das meiner Ansicht nach nicht zu bewerkstelligen.

Als Bewegung war die historisch informierte Aufführungspraxis, als sie sich in den sechziger Jahren des 20. Jahrhunderts formierte, eine Bewegung *dagegen*: gegen den kommerzialisierten Musikbetrieb, gegen den vermeintlich klangsatten, kompakten, fein abgeschliffenen «Sound» eines Herbert von Karajan. Karajan diente überhaupt gerne als Feindbild, aber wie er einen im Trauermarsch den Puls spüren lässt und trotzdem so frei agiert, das macht ihm kaum einer nach. Karajan hat die Beethoven-Symphonien mit den Berliner Philharmonikern dreimal eingespielt (1963, 1977, 1984), und das Verhältnis zu Furtwängler, seinem Vorgänger im Amt, spielt dabei eine wichtige Rolle. Wie setze ich mich bei diesem Orchester durch, so muss er sich gefragt haben, wie forme ich *meinen* Klang? Auf welche Elemente der Tradition will ich bauen, auf welche nicht? Im mittleren Zyklus, 1977, musste er Furtwänglers Schatten nicht mehr fürchten – und rückte mehr in dessen Nähe als 1963. Das gefällt mir. Das Orchester hat in dieser Aufnahme eine Kernigkeit im Klang und spielt trotzdem weich. Die haben Struktur *und* Atmosphäre, fantastisch. Denn das ist das Schwerste.

Die Gegenüberstellung – hier die Karajan-Fraktion, da die «Informierten» – hatte lange etwas Ideologisches. Es war eine Frage der Weltanschauung, ob man mehr zu den einen oder mehr zu den anderen gehörte. Ich bin froh, dass die Gräben heute nicht mehr so tief sind. Ganz ideologiefrei aber lässt sich Beethoven offenbar trotzdem nicht betrachten. Niemand kann zeitlich aus seiner Haut, wir alle werden von den politischen, gesellschaftlichen, ästhetischen Umständen geprägt, in denen wir leben. Das gilt für Beethoven wie für Willem Mengelberg, Nikolaus Harnoncourt oder mich heute. Wogegen ich mich allerdings verwahren möchte, ist, dass man bestimmte musikalische Interpretationen aufs rein Lebensweltliche reduziert. Furtwängler dirigierte Beethoven mit einem gewissen Pathos – und weil er das auch während der NS-Zeit tat, soll sein Beethoven politisch für immer kontaminiert sein? Das halte ich für einen Kurzschluss. Wenn wir so denken, verlieren wir den Blick und das Gehör dafür, dass er vieles vom musikalischen Inhalt her genau richtig erfasst hat.

Wenn ich mir alte Aufnahmen anhöre, versuche ich, für mich einen Extrakt daraus zu ziehen. Wer von den Alten hat den Charakter dieser oder jener Stelle am besten erfasst? So treffe ich meine Wahl, und vielleicht probiere ich das eine oder andere dann aus, nur um festzustellen, dass es für mich nicht in Frage kommt, obwohl es mir so gefällt. Natürlich höre ich mir vor einem Konzert nicht den Furtwängler an und versuche, das dann nachzudirigieren, damit könnte ich nur im Abseits landen. Am Abend muss ich spontan sein, und eben das konnten viele der alten Dirigenten so bewundernswert gut. Die haben sich auch mal hinreißen lassen, die waren nicht so kalkulierbar. Bei Furtwängler weiß man nie, wie er's machen wird. Bei vielen anderen ist das von vorneherein klar (oder nach den ersten Takten): So ist es, das bleibt so, das ist «konsequent». Konsequenz ist für mich in der Musik oft ein Anlass zur Langeweile. Ich will mich überraschen lassen.

Zum Scherzo der Eroica habe ich bereits etwas gesagt. Zunächst: Es ist kein Menuett! *Allegro vivace*, ein 3/4-Takt, den man als solchen kaum erkennt, die Streicher spielen *sempre pianissimo e staccato.* Das Ganze ist ein bisschen irrlichternd und mendelssohnös. Wohin dieser Satz will, erfährt man länger nicht, erst in Takt 93 erklingt das Thema in der Grundtonart Es-Dur im ganzen Orchester – um anschließend auf der Stelle zu trippeln. Die drei Hörner im Trio haben dagegen etwas Statuarisches, als drohten sie uns mit dem Zeigefinger: den Interpreten, dass sie nicht zu übermütig werden; dem Komponisten, dass er es nicht übertreiben soll. Ich nehme diesen dritten Satz gerne zunächst flott im Tempo, um nach dem Trio etwas ruhiger zu werden. Durchsichtig und glitzrig muss er sein und darf trotzdem die Bodenhaftung nicht verlieren.

Finale! Es gibt eine Stelle, an der sich dieser Satz für mich entscheidet, das ist die «Tränenstelle» ab Takt 348, *Poco andante*. Ein Innehalten. Jetzt schauen wir uns das Material noch einmal ganz genau an und sehen das Hauptthema (verwandt mit einem Motiv aus Beethovens Ballett *Die Geschöpfe des Prometheus*) wie unterm Vergrößerungsglas: *Piano* schreibt Beethoven und *con espressione*, die Oboe übernimmt die Führung, von den übrigen Holzbläsern gestützt. Dann treten die Streicher hinzu, zwei herrliche Solo-Kantilenen, Klarinette, Oboe, und die ersten Geigen fangen an, das Thema in Singspiel-Manier zu variieren: Die Klarinette begleitet in Triolen, Flöten und Fagotte streuen kleine Seufzer hinein. Ich mache das immer furchtbar langsam. Für mich ist das so eine Stelle wie Leonores «O Gott! Welch ein Augenblick» im *Fidelio*. Das geht nicht ohne volle Subjektivität. Vielleicht ist es frech, dass ich Beethovens Metronomzahl nicht beachte (die schrecklichen Achtel = 108), aber es ist zumindest eine Haltung.

Das Ganze verdichtet und steigert sich dann kontrapunktisch, bis sich in Takt 381 das gesamte Orchester im Fortissimo wiederfindet. Jetzt führen die Hörner, und das klingt ganz schön pompös. Ernsthaft pompös? Ich meine, Beethoven glaubt nicht an diesen Pomp. Vielleicht will er es oder wollte es einmal, aber es klappt nicht. Dieser ganze Kehraus am Schluss, das Triumphale bleibt letztlich Geste, bleibt uneigentlich. Den Zweifel daran baut Beethoven nämlich mit ein. Wieder so eine herrliche Stelle! Nach dem Hörner-Fortissimo-Thema tändelt die Musik so dahin, fast richtungslos, würde ich sagen, und irgendwann begreift man: Was da so tändelt und dahintreibt, ist der Zweifel. Da nagt etwas! Ganz toll ab Takt 407/408, da schraubt sich die Musik über tastende viertel und halbe Noten in entlegenste Harmonien hinein, und man fragt sich, wie kommt er da jemals wieder raus? Kommt er natürlich: Sechzehntel-Pochen hier, Sechzehntel-Pochen da, *decrescendo, pianissimo*, nichts ist mehr, nichts geht mehr – und dann die Coda: Wir wollen es doch, das triumphale Ende, wir wollen es unbedingt, große Fanfaren, heroisches Es-Dur!

Das Singspielartige, das den ganzen Satz durchzieht, verstehe ich als Augenzwinkern. Wer es immer noch nicht kapiert hat, sagt Beethoven, dass ich es nicht ernst meine, dem zeige ich es jetzt unmissverständlich. Ich zeige euch den Triumph und ich zeige, dass er gebrochen ist. Deshalb die vermeintliche bürgerliche Harmlosigkeit, der Anklang an *Fidelio*, an Jaquino und Marzelline. Das ist die andere Seite der Medaille. Und sogar da ist das Motiv des Pochens mit eingewoben. Am Anfang geht es an einer Stelle nach Moll, nach es-Moll und g-Moll und absolut waghalsig über die Dominante zurück nach Es-Dur. Völlig verrückt!

Das Uneigentliche an diesem Schluss kann man dirigieren, indem man ihn wirklich ganz groß aufzieht. Als Dirigent kann man keine «kritische» Haltung zu diesem Pomp einnehmen, indem man sich einfach verweigert. Es nützt nichts und ist auch falsch, sich zu sagen: Ich mache hier nicht mit. Schließlich ist das beste Mittel gegen Ideologie, den Teufel gewissermaßen mit dem Beelzebub auszutreiben. Beethoven beim Wort nehmen! Als ich diesen Schluss zum ersten Mal in einer Furtwängler-Aufnahme gehört habe, dachte ich: In diesem Moment bleibt einem die Spucke weg! Das hat etwas Heiliges, die Musiker spielen mit Griff, aber nicht hässlich. Man darf hier bloß nichts machen, man muss nur laut sein, aber nicht übertreiben. Der Schluss entlarvt sich selbst, das ist das Großartige. Zweifel werden gesät, und der Triumph ist längst nicht so nah, wie wir glauben. Wir sind im Niemandsland, wir tappen im Dunkeln.

Presto notiert Beethoven über der Coda, damit tritt etwas Brutales in die Musik, ein Muss. Er will zu Ende kommen, möglichst schnell, sonst hört diese Symphonie nie auf. Über dreizehn Takte hinweg schreibt er nichts anderes als Schlussakkorde. Dadurch, dass man etwas so oft wiederholt, wird es allerdings auch nicht überzeugender. Das weiß er, das wissen wir. Jeder schlechtere Komponist hätte es beim Jubelschluss bewenden lassen.

In seiner Dritten war Beethoven kein ganz junger Mensch mehr, als Symphoniker aber war er noch jung. Die Zweifel, die er hier anmeldet, hat er später nicht mehr. Die Fünfte feiert den Sieg, die Siebte rast sich in einen Rausch hinein, die ist wie besoffen von sich selbst, und die Neunte zergrübelt das ganze Konzept der Symphonie. Beethoven durchmisst den Raum. Was beschäftigt ihn dabei? *Auch* außermusikalische Fragen, das ist das Unerhörte an der Eroica. Da steht der Prometheus-Mythos Pate (ein Thema seit der besagten Ballettmusik von 1801), der Titan als Rebell und Menschenfreund, als großer Leidender. Setzt Beethoven ihm ein Denkmal? Oder Napoleon, dem er die Partitur anfänglich widmen wollte? So wie Beethoven von Napoleon abfiel, als der sich selbst zum Kaiser krönte, so fallen im Finale der Eroica die Herrschergesten in sich zusammen und münden in diesem brutalen, seltsam erzwungenen Schluss. Komischerweise fand ich ihn von Anfang an erzwungen.

Ich frage mich, ob es einem als Musiker wirklich hilft, bei Beethoven an die Napoleon-Geschichte, überhaupt an die Zeitgeschichte, die Nachwehen der Französischen Revolution, an Metternich und all diese Dinge zu denken? Ich höre doch, was in der Eroica passiert! Es-Dur ist Napoleon und c-Moll das aufgeklärte bürgerliche Individuum? Das wäre mir zu eindimensional. Wenn jemand in einer Symphonie einen Trauermarsch komponiert, sagt das eigentlich schon alles.

Beethoven kann man auf viele Zeitläufte projizieren und applizieren – und missbrauchen. Das funktioniert in Nordkorea bei Bedarf genauso gut wie in Russland und im Dritten Reich nicht schlechter als in der DDR oder beim Fall der Berliner Mauer. Spricht das jetzt für oder gegen die Musik? Es spricht gegen diejenigen, die Beethoven missbrauchen! Neo Rauch hat etwas Tolles gesagt, als wir in Bayreuth zusammen den *Lohengrin* gemacht haben: Wir betreiben hier auch immer eine Form von Exorzismus. Wir treiben die bösen Geister der Vergangenheit aus. So ist auch die Eroica viel zu vielschichtig, als dass sie einzig auf Napoleon gemünzt sein könnte. Vielleicht hat Beethoven Napoleon Bonaparte als eine Art Vehikel benutzt, er fühlte sich von ihm inspiriert, aber in der Partitur bietet er uns das ganze komplexe Bild. Das macht ihn so bedeutend. Eine Musik von dieser Genialität ist nie eindeutig konnotierbar. Oder doch: Sie ist konnotierbar – aber auf 1000 verschiedene Weisen.

Fürs Ambivalente braucht man Ohren. Und Propaganda funktioniert nur, wenn man das, was die Propaganda stört, herausfiltert. Eine Beethoven-Partitur aber lässt sich nicht selektiv lesen. Im Gegenteil: Beethoven macht tolerant, er sensibilisiert uns für die Widersprüche. In der Eroica zeigt er uns einen Sieg, der kein richtiger Sieg ist. Er macht, dass wir uns fragen: Wann ist ein Sieg ein Sieg? Gibt es den überhaupt? Die Eroica sagt, wir mögen uns des Triumphes sicher sein und uns des Triumphes vielleicht sogar erfreuen, aber wir wissen gleichzeitig, was er uns gekostet hat. *Das* zeigt Beethoven uns. Ganz banal ausgedrückt hieße das: Wo viel Licht ist, ist mindestens so viel Schatten. Das ist die Eroica.

Die Vielschichtigkeit der Dritten haben – um den Bogen zurückzuschlagen – Beethovens erste und zweite Symphonie nicht. Man hört, wie er darauf zusteuert, mit nicht erfüllten Erwartungen und gewissen Harschheiten. Er testet aus, wie weit er gehen kann. Die Erste könnte man als eine Art Haydn-Persiflage sehen, teilweise macht er sich über den großen Alten ja fast lustig. In der Zweiten zeigt er uns die Rasanz seiner Entwicklung, schnelle Läufe, Haken und Ecken. In der Dritten aber sprengt er den konventionellen Rahmen und betritt symphonisches Neuland. Dabei lässt sich das sogenannte Utopische in der Eroica auf die politische Lage genauso wenden wie aufs Ästhetische. Wenn die Symphonie als Gattung die Welt abbildet, wie sie ist, dann schickt Beethoven sich in der Eroica an, mit der Gattung ein Stück Welt zu verändern. Interessanterweise folgt dann in der nächsten Symphonie, der Vierten, etwas ganz anderes. Ein Sich-Sammeln, ein Kräfteschöpfen – und gleich mal eine nie dagewesene, gestaltlose Einleitung. In der Fünften knallt es wiederum, dass einem die Ohren abfliegen. In der Sechsten schreibt er fünf Sätze, von denen auch noch welche ineinander übergehen. Der Mann hat Humor! Das fällt einem schon in der Ersten auf. Beethoven war humorvoll und total verschroben. Außerdem chaotisch, aufbrausend und wahrscheinlich ungepflegt. Der war alles Mögliche. Nur bösartig war er nicht.

Eigenartigerweise basiert unser Beethoven-Bild jedoch im Wesentlichen auf den Symphonien 3, 5, 7 und 9. Und auf der Missa solemnis. Die letzten Quartette lassen wir lieber weg, da war er sowieso schon taub. Bei den Quartetten gehen wir maximal bis zum f-Moll-Quartett Opus 95, und dann ist gut. Bei den Klaviersonaten schaffen wir es bis zur Sonate in A-Dur Opus 101, die letzten drei sind uns viel zu abstrakt. Andererseits passen aber auch die sechs frühen Quartette Opus 18 nicht ins Bild, weil sie so entzückend heiter und gar nicht grimmig sind. Wenn das kein selektives Bild ist …

Als Dirigent versuche ich, mich vor dem typischen Beethovenschen Grimm zu hüten. Im Grunde ist es doch viel leichter, jemanden durchgehend als grimmigen Berserker und mit furchterregendem Haupthaar darzustellen. Ich aber freue mich auch auf die achte Symphonie unbändig, gerade weil sie nicht ganz so populär ist. Das gilt für alle Beethoven-Interpreten: Ein seriöser Pianist sollte sich unter den Sonaten auch nicht nur die fünf Knaller heraussuchen, darunter die Appassionata und die Hammerklaviersonate. Oder überhaupt nur die letzte spielen, Opus 111, als *opus summum*. Das geht nicht, dabei geht jede Vielgestaltigkeit verloren.

Vielleicht wollen wir ganz einfach nicht, dass Beethoven auch nett, gesellig und lustig sein konnte (nach allem, was wir wissen). Die Frage ist: Wie sehen wir bestimmte Persönlichkeiten? Das ist bei Beethoven nicht anders als bei Interpreten, die von sich reden machen. Karajan vorm Porsche mit der schicken Eliette, ein Küsschen im Privatflugzeug – das wollten damals alle. Und er hat dieses Bild natürlich maßgeblich mitgeprägt. Vielleicht war es für ihn eine Art Schutzschirm. Karajan zu Hause im Bademantel mit abstehenden Haaren, das wollte niemand sehen, und solche Bilder gab es prompt auch nicht. Karajan, der misslaunig nach Hause kam, weil die Probe schlecht war oder die Sängerin nicht singen konnte, nein danke. Manchmal kommt es mir so vor, als trüge auch Beethoven eine Art Schutzschirm – nur dass er sich den nicht selbst ausgesucht hat. Das hat die Rezeption besorgt, den haben wir ihm verpasst. Einen Schutzschirm aus ungeraden Symphonien und berühmten Klaviersonaten. Alles andere wird ja eher geduldet. So etwas wie die sechste Symphonie zum Beispiel, bisschen programmatisch, bisschen pittoresk. «Erwachen heiterer Gefühle bei der Ankunft auf dem Lande», zwischendrin kracht es ordentlich, und die Kuh macht Muh. Und zum Schluss sind alle froh und trinken ein Gläschen zusammen. Eine solche Symphonie passt überhaupt nicht ins Bild. Im Grunde passt die Hälfte der Symphonien nicht in unser Beethoven-Bild. Ein denkwürdiger Befund.

Die Ohren und der Wein

Die Frage klingt lapidar: War Beethoven trotz oder wegen seiner Taubheit als Komponist so genial? Eine verlässliche Antwort darauf gibt es nicht. Nur Spekulationen. Musste sich Beethoven um nichts mehr scheren, um keine Konvention, keine gesellschaftlichen Regeln – und konnte deshalb ganz seinen Visionen folgen? Wurde er durch nichts mehr gebremst, durch keine Erwartungen, keine Niederungen des zeitgenössischen Musiklebens? Ich glaube, er hat sich sehr wohl um vieles geschert. Die Freiheit, die er meinte, war nicht nur eine Freiheit von etwas, sondern auch eine Freiheit zu etwas. Beethoven wollte musizieren, wollte arbeiten, Klavier spielen, dirigieren. Er hat negiert, solange er konnte, dass beim Dirigieren einer hinter ihm stand und den Takt *richtig* schlug, was er selber nicht mehr konnte, weil er nichts mehr gehört hat. Und er hat sich bitter über das Nachlassen seines Gehörs beklagt. «Nur meine Ohren, die sausen und brausen Tag und Nacht fort», schreibt er am 29. Juni 1801 an seinen Arztfreund Wegeler. «Ich bringe mein Leben elend zu. Seit zwei Jahren meide ich alle Gesellschaften, weils mir nicht möglich ist, den Leuten zu sagen, ich bin taub. Hätte ich irgend ein anderes Fach so gings noch eher, aber in meinem Fach ist es ein schrecklicher Zustand. … Die hohen Töne von Instrumenten und

Singstimme höre ich nicht, wenn ich etwas weit weg bin, auch die Bläser im Orchester nicht. Manchmal auch hör ich den Redner, der leise spricht, wohl, aber die Worte nicht, und doch, sobald jemand schreit, ist es mir unausstehlich.»

Schwerhörigkeit also mit Tinnitus, mit Hochton- und Sprachverständlichkeitsverlust sowie einer Überempfindlichkeit für gewisse Frequenzen, ausgelöst von einer Lähmung der Gehörknöchelchen – so kann man das heute nachlesen. Bedřich Smetana hatte übrigens ein ähnliches Schicksal. Im Finale seines e-Moll-Streichquartetts («Aus meinem Leben») spielt die erste Geige ein viergestrichenes hohes E – schrill wie ein Tinnitus. Das tut weh. Schlechtes Sehen trenne den Menschen von den Dingen, hat Kant einmal gesagt, schlechtes Hören aber trenne von den Menschen.

Weil er die Nachwelt noch postum wissen lassen wollte, warum er taub wurde, ließ Beethoven sich obduzieren. «Der Ohrknorpel zeigte sich groß und regelmäßig geformt, die kahnförmige Vertiefung, besonders aber die Muschel derselben war sehr geräumig und um die Hälfte tiefer als gewöhnlich, die verschiedenen Ecken und Windungen waren bedeutend erhaben», heißt es im Obduktionsbericht. Anderes sei «verdickt», «ausgewulstet» oder «verengert». Die Hörnerven aber seien «zusammengeschrumpft und marklos». Der Gehörgang des Komponisten wurde sorgfältig extrahiert, wenig später verschwand die Reliquie für immer. Die moderne Medizin hat also kein Anschauungsmaterial mehr, um das Rätsel um Beethovens Taubheit zu lösen.

Beethoven wurde 56 Jahre alt, im Vergleich zu Schubert (der mit 31 starb) war das alt, im Vergleich zu Goethe (82) war es jung. Sicher spielte sein fehlendes soziales Leben dabei eine Rolle. Einsame Menschen sterben früher. Außerdem war seine Ernährung mangelhaft, und er trank zu viel. Schon sein Vater war schwerer

Alkoholiker, auch die Großmutter soff. Das lag in der Familie. Beethoven trank vor allem Wein, wie man weiß, Wein, der mit allerlei Bleiverbindungen versetzt war, damit er nicht sauer schmeckte (das machte man seit der Antike so). Auch die Rohre, durch die das Wasser floss – wenn er in seinen Wiener Unterkünften denn fließendes Wasser hatte –, waren Bleirohre. Man kann also davon ausgehen, dass er sich sukzessive vergiftet hat. Die These ist allerdings umstritten (ebenso wie die einer Syphilis). Die Obduktion erbrachte, dass sich in der Bauchhöhle des Komponisten vier Liter einer «graulich-braunen trüben Flüssigkeit» fanden, die Leber war auf die Hälfte ihres Volumens zusammengeschrumpft, «lederartig fest, grünlichblau gefärbt und an ihrer höckerigen Oberfläche … mit bohnengroßen Knoten durchwebt». Milz und Bauchspeicheldrüse waren doppelt vergrößert, der Magen stark aufgetrieben. Das klingt alles schrecklich.

Heute haben sich Medizinhistoriker im Wesentlichen darauf geeinigt, dass Beethoven neben einer Otosklerose (Verknöcherung) des Innenohrs an einer chronischen Entzündung der Bauchspeicheldrüse und einer Leberzirrhose litt. Im Grunde war er fast sein ganzes Leben schwer krank. Dass er trotzdem die Energie aufbrachte, nicht nur so viele Werke zu komponieren, sondern Werke zu schaffen, die die Musik grundstürzend verändert haben, das hat das Bild von ihm als Berserker früh gefestigt. Beethoven ist derjenige, der seine Kunst dem Leben abtrotzt. Mir ist das bei aller Ehrfurcht vor seinem Schicksal zu klischeehaft und romantisch, da passt alles Nicht-Abgetrotzte, da passen all die geraden Symphonien schon wieder nicht hinein.

Es gibt einen Holzstich von 1810, der zeigt Beethoven im Profil. Er sieht aus wie ein romantischer Dichter des 19. Jahrhunderts, fast wie Joseph von Eichendorff, nur mit lockigem Haar. Von titanenhaften Zügen jedenfalls keine Spur. Die Musikwissenschaft sagt, dies sei das authentischste Bild, das von ihm überliefert ist. Zeitgenossen wiederum beschreiben den Komponisten weniger vorteilhaft: als klein und unattraktiv, pockennarbig, mit rotem Gesicht, breiten Schultern, derbem Nacken und stark gewölbter Stirn. Die Nasenwurzel sei tief eingezogen gewesen, die Brauen buschig, die Augen klein und geistreich.

Brauchen wir überhaupt ein Bild von Beethoven? Offenbar.

1825 schreibt er aus Baden einen Brief an seinen Arzt Anton Braunhofer, in dem er zunächst alle möglichen körperlichen Symptome schildert. Der Brief schließt mit einem vierstimmigen Kanon: «Doktor sperrt das Tor dem Tod/Note hilft auch aus der Not». Ist das Ironie? Sarkasmus? Verzweiflung? Bloß ein Spiel mit Worten und Tönen?

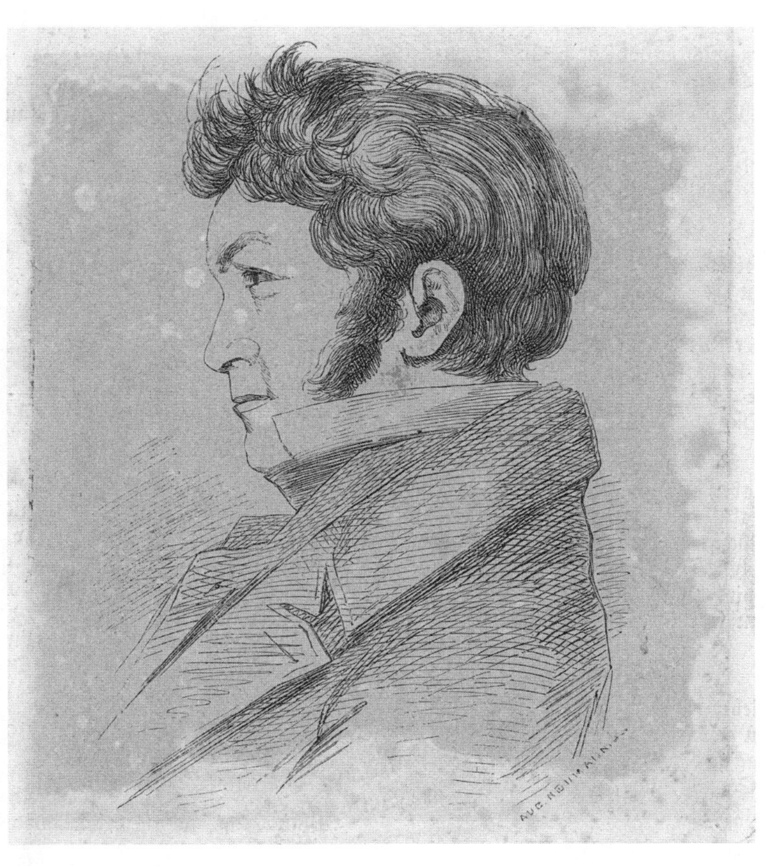

Beethoven im Jahr 1810

3

Heiter bis heroisch

Beethovens Universum

Menschliches, Allzumenschliches

So wenig wie ich Richard Wagner leibhaftig begegnen möchte, würde ich Ludwig van Beethoven gerne persönlich kennenlernen. Vielleicht wäre er ungepflegt oder sagte schreckliche Dinge oder kriegte einen seiner legendären Wutausbrüche – das möchte ich alles nicht. Warum lassen wir ihn nicht auf dem Podest stehen, auf dem er steht? Warum soll die Verehrung, die man für ihn empfindet, leiden? Die leidet schon dadurch, dass man doch einiges über seine Lebensumstände weiß. Und natürlich habe ich beim Dirigieren auch eine außermusikalische Vorstellung. Warum ist Beethoven zum Monument geworden? Weil ich bei Stücken wie seiner Coriolan-, der Egmont- oder der dritten Leonoren-Ouvertüre gar nicht anders kann, als den Wahnsinn der Musik mit Bildern zu assoziieren, die mir die Rezeption offeriert. Mit Klischees, in denen sicher ein wahrer Kern steckt. Der feurige Blick, die wilden Haare, die Faust, die Beethoven noch im Sterben ballt, während sich über Wien ein Gewitter zusammenbraut: alles Legende. Wir wissen das.

Und denken trotzdem dran, wenn seine Sforzati auf uns herniederprasseln oder die Musik mal wieder in der Cello-Bass-Lage rumort.

Die Geschichte mit seiner Lebendmaske spricht jedoch Bände. 1812 sollte der Bildhauer Franz Klein für den Wiener Klaviersalon Streicher eine Beethoven-Büste anfertigen, und um die möglichst authentisch zu gestalten, musste eine Lebendmaske her. Das heißt: Man rührte Gips an, steckte Beethoven zwei Strohhalme in die Nasenlöcher (damit er nicht erstickte), ölte sein Gesicht ein und gipste es zu. Will man sich diese Tortur vorstellen? Beim ersten Versuch soll Beethoven Panik bekommen haben, es gab eine Riesenschweinerei. Im zweiten Anlauf klappte es. Auf die Klein-Büste gehen die allermeisten Beethoven-Bildnisse zurück, die wir heute kennen. Und wir wundern uns, dass er so grimmig dreinschaut?

Einiges kann die Biographieschreibung heute erhellen. Beethovens Verhältnis zum Adel etwa, das keineswegs mit dem Wiener Kongress endete, überhaupt die gesellschaftlichen Hintergründe etlicher Werke. Anderes aber kann die Wissenschaft nicht beantworten: Woher kommt Beethovens Inspiration? Was sind das für Funken, die da fliegen und plötzlich die Tür aufstoßen hin zum Romantischen? Letztlich bleibt das unerklärbar. Daran können wir uns die Zähne ausbeißen – oder wir machen Musik. Das ist das Schöne. Das ist das Genie.

Beethoven war kein Agnostiker, er hatte zwar – wie man in der Missa solemnis hören kann – seine Mühe mit der katholischen Kirche, und ob er an Gott glaubte, weiß ich nicht; ohne Transzendenz aber ist keine Kunst denkbar, auch seine nicht. Beethoven ist kein Komponist des Untergangs, er suhlt sich nicht im Schmerz und reißt seine Zuhörer mit ins Verderben. Er will, dass die Welt besser wird, schöner. Das erste Thema zum Beispiel in der Leonoren-Ouvertüre Nr. 3 (auf die Melodie von Florestans Arie «In des Le-

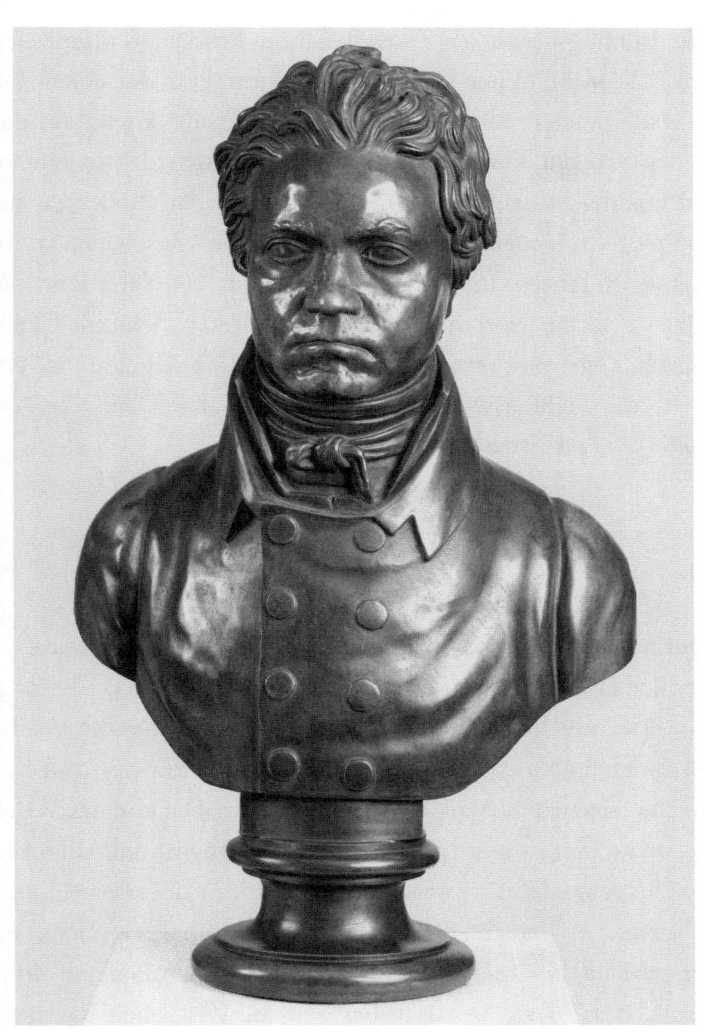

Franz Kleins Beethoven-Büste von 1812

bens Frühlingstagen» aus *Fidelio*): Gibt es Schlichteres, Ergreifenderes, Melancholischeres? Und das, nachdem es in den ersten Takten erst einmal ab in den Kerker ging! Oder die Arietta aus dem zweiten Satz der Klaviersonate Opus 111: motivisch ganz einfach. Und was macht Beethoven in den folgenden Variationen daraus? Eine Welt, ein Weltgefüge! Das bekommt dann fast so einen Jazz, es fängt an zu tanzen. Im Übrigen liebte Beethoven Variationen, als wollte er sagen: Hört her, *meine* Fantasie kennt wirklich keine Grenzen. Gebt mir drei oder vier Töne – und ich schreibe euch eine Sonate, die die Menschheit noch nicht gehört hat. Oder eine Symphonie oder ein Streichquartett.

Klassiker oder Romantiker?

Nicht nur dem Menschen auf der Straße gilt Beethoven selbstverständlich als Klassiker – obwohl er im Grunde keiner ist. Er hat in einer Epoche gelebt, die man mit Haydn, Mozart, Goethe, Schiller und anderen als «klassisch» bezeichnet, aber was heißt das? Dass Streichquartette und Symphonien vier Sätze haben und den Regeln des Sonatensatzes folgen? Dass alles ewig gültig ist und «überzeitlich»? In seinen Anfängen treibt Beethoven noch etwas Mimikry, wie gesagt, er braucht die Tradition als Sprungbrett. Doch von dort aus katapultiert er sich eine Zukunft, von der niemand ahnen konnte, dass es sie jemals geben würde. Wir sehen das heute zwangsläufig retrospektiv, aber für mich ist Beethoven der Komponist der Folgerichtigkeit. Hört man sich durch sein Werk, hat man stark das Gefühl eines Fortschreitens. Sicher wusste er als junger Mensch nicht, wohin ihn das führen würde. Aber er wusste, dass er ein handwerklich virtuoser und ein visionärer Komponist war. An

Selbstbewusstsein hat es ihm nie gemangelt. «Fürst! was Sie sind, sind Sie durch Zufall und Geburt. Was ich bin, bin ich durch mich. Fürsten hat es und wird es noch Tausende geben. Beethoven gibt's nur einen», schrieb er 1806 an seinen Gönner und Auftraggeber Karl von Lichnowsky. Und als ein junger Graf während eines Konzerts partout nicht aufhörte, mit seiner Nachbarin zu plaudern, sprang Beethoven vom Flügel auf und schrie, tausendfach zitiert: «Für solche Schweine spiele ich nicht!»

Insbesondere in seinem Spätwerk begegnen einem Stücke, bei denen man sich längst nicht mehr fragt, ist das jetzt klassisch oder romantisch, sondern: Wer um alles in der Welt hat das geschrieben? Mit der Missa solemnis, dem cis-Moll-Streichquartett oder der Großen Fuge Opus 132 nimmt Beethoven Arnold Schönberg vorweg. Da klingt wirklich vieles wie frühes 20. Jahrhundert, das ist total plausibel! Interpretatorisch sollte man die Große Fuge übrigens nicht weiter aufrauen. Im Gegenteil: Sie ist so rau, dass man den Geigenklang fast etwas abmildern müsste. Die Quartettspieler sollten so schön wie möglich spielen, dann kommt das Schräge, Raue, Krasse viel besser heraus. Sie sollten nicht hässlich sein wollen, mit viel Druck und ohne Klang, das wollte auch Schönberg in seiner Musik nie.

Interessanterweise bezieht Schönberg sich ganz dezidiert auf die alten Meister. Er war selbst der Auffassung, dass er der Nachfolger von Bach, Beethoven und Brahms ist – und die Zwölftontechnik die logische Konsequenz des tonalen Systems darstellt (das seiner Meinung nach an sein Ende gekommen ist). Auch das Denken in zwölf Tönen aber ist ohne Beethoven nicht denkbar. Beethoven hat das Bewusstsein für die konstruktive Seite der Musik geschärft, indem er eben aus nichts alles machen konnte und aus einem simplen Dreiklang eine Welt.

Die Frage, ob Beethoven ein Klassiker oder ein Romantiker

ist, war seiner Rezeption ausgesprochen förderlich, bis heute: Sie konnte nämlich nicht beantwortet werden. Und das wird so bleiben. Die einen sehen in seiner Musik das Romantische keimen, die anderen pochen auf die Entstehungszeit. Das ist wie bei der Mona Lisa: Die einen haben analysiert, das Lächeln basiere auf einer Gesichtslähmung, die anderen meinen beweisen zu können, dass die Dargestellte in Wahrheit ein Mann war. Warum beschäftigt man sich seit Jahrhunderten damit? Warum stehen Menschen aus aller Welt vor einem Stück Panzerglas im Pariser Louvre Schlange? Weil es offenbar ein wirklich bedeutendes Bild ist.

Ähnlich verhält es sich mit Beethoven. Einerseits hat das Utopische in seiner Musik viele Zeitgenossen verstört, sie fanden es «bizarr» und «seltsam» oder haben es einfach nicht verstanden; andererseits führte dieses Utopische dazu, dass die Nachwelt ihn schnell vereinnahmt hat. Man erkennt sich in Beethoven wieder, und das heißt: Man mystifiziert, romantisiert, wagnerisiert, furtwänglerisiert und historisiert ihn. Man ist mit ihm immer auf der Höhe der eigenen Zeit, es ist für alle etwas dabei. Und das macht Beethoven so populär. Mit Haydn oder Mozart wäre das nicht möglich gewesen (man kann auch eine Mozart-Symphonie romantisch besetzen oder eine Mozart-Sonate so spielen wie Horowitz, empfiehlt sich aber beides nicht). Warum eigentlich mit Beethoven?

Weil seine Musik sagt: Macht was mit mir! Sie verführt uns. Beethoven ist der perfekte Verführer. Indem er Regeln bricht und Fenster öffnet, ermutigt er mich als Interpreten, es ihm gleichzutun. Er ist der Apotheker, der mir den Schlüssel zur Apotheke in die Hand drückt und sich *nicht* darüber wundert, dass ich mich mit ein paar rauschhaften Substanzen versorge; er schließt mir die Feinkostabteilung vom KaDeWe auf, zeigt mir die Hummer, den

Räucherfisch, Kaviar und Champagner – und überlässt mich meinem Schicksal. Mein Problem, wenn ich nicht Maß halten kann. Mein Problem, wenn ich seine Metronomzahlen sklavisch befolge. Mein Problem, wenn die Tempi nicht stimmen. Immer alles mein Problem. Das ist das Romantische bei Beethoven. Und das Revolutionäre. Und das Nervöse. Beethoven ist der Erste, der mir zu verstehen gibt: Ich, der Komponist, bringe mich selbst ins Spiel, tu du es auch als Interpret! Mach was! Du bist gemeint, ja, du! Vielleicht schlägst du über die Stränge, vielleicht versündigst du dich stilistisch. Vielleicht verstrickst du dich in deinem rhetorischen Eifer. Vielleicht ist deine Interpretation ganz und gar absonderlich und rundet sich nicht. Alles möglich, alles nicht so schlimm. Hauptsache, du machst nicht nichts. Hauptsache, du lässt dich nicht in die Irre führen von Etiketten wie «Klassiker» oder «Romantiker». Hauptsache, du willst nicht alles richtig machen.

Das ist kein Freibrief für Willkür oder Geschmacklosigkeit, bitte nicht missverstehen. Letztlich aber ist jede Partitur nur eine Krücke. Eine Partitur hat Linien und viele schwarze Punkte und sagt für sich genommen gar nichts. Musik muss immer doppelt übersetzt werden: von der kompositorischen Klangvorstellung in die Notenschrift und von der Notenschrift in die Aufführung. Das Romantische bedeutet, dass ich mit einer solchen Partitur freier umgehe. Ich nehme mir Freiheiten, mache an der einen Stelle besonders viel, an der anderen besonders wenig. Was mich dabei leitet? Ein inneres Gespür, meine (Beethoven-)Erfahrung, Geschmacksfragen auch – doch über allem eine «Gefühlsgewissheit»: Ich weiß, wie es sein muss, auch wenn ich es oft nur dirigieren kann, nicht begründen oder in Worte fassen.

Dirigieren heißt: Neue Wege finden

Was also ist ein guter Beethoven-Interpret? Einer, der die Extremismen mitmacht, sich aber nicht verführen lässt, sie auszureizen. Sie *wirklich* auszureizen. Bei Beethoven kündigt sich etwas an, was der Dirigent bei Schönbergs *Gurre-Liedern* und bei der *Frau ohne Schatten* von Richard Strauss kapellmeisterlich beherzigen muss. Bei allem Überschwang muss ich mir nämlich immer wieder überlegen: Wo ist die Grenze? Die ist bei Beethoven deshalb so schwer einzuhalten, weil er den Hund von der Leine lässt. Beethoven ist der erste Komponist, der die Ketten löst. Im Finale der Fünften, im Finale des fünften Klavierkonzerts auch, in der Neunten, in der Siebten, die als Symphonie eine einzige Übertreibung darstellt. Er ist der Erste, der mich ahnen lässt, was es ist, das ich später beim *Tristan* unbedingt vermeiden muss. Der Widerspruch lautet: Ich darf der Romantik nicht freien Lauf lassen. Ich darf nicht zu subjektiv werden – und muss mich doch zu der Musik verhalten. Ein Balanceakt. Gute Dirigenten spielen mit dieser Balance, Furtwängler natürlich, Bernstein, der Furtwängler erstaunlicherweise oft sehr nahekommt. Daniel Barenboim, Zubin Mehta, alle haben sie in ihrer Jugend Furtwängler gehört. Und das färbt ab. So wie es einen Pianisten prägt, die Leichtigkeit eines Artur Rubinstein zu erleben oder die Romantizismen eines Vladimir Horowitz. Am besten bei Beethoven, der öffnet die Ohren. Kein anderer Komponist besitzt einen solchen Reichtum an Farben und Ausdrucksmöglichkeiten.

Von seiner Vielfalt, und dass er sich in nichts wiederholt, war hier schon mehrfach die Rede. Doch wofür ist das ein Ausdruck? Heißt das: Ich möchte mich nicht mit mir selber langweilen? Oder eher: Hört her, wie virtuos und genial ich bin? Das Genie langweilt sich zweifellos schneller als das Nicht-Genie. Interessant finde ich den folgenden Gedanken: Die Welt verändert sich, und sie veränderte sich für das menschliche Gefühl schon damals so schnell, dass Beethoven als Komponist immer wieder neue Konstellationen finden musste, neue Mittel, um sich und die Welt auszudrücken. Die Riesenmasse an Farben, die Beethoven erfand, verlangt von mir als Interpreten aber genau dasselbe: Ich muss permanent neue Wege finden. Das tue ich, indem ich mich jeden Abend, bei jeder Probe künstlerisch entscheide; ich tue es, indem ich Erfahrungen mit mir selber mache; und ich tue es, indem ich mit offenen Sinnen durch die Welt gehe – ja, indem ich überhaupt durch die Welt gehe und nicht nur Musik mache. Das Kaleidoskop der Beethovenschen Farben verlangt, dass der Pianist in die Fis-Dur-Sonate Opus 78 ganz anders hineinhört als in die A-Dur-Sonate Opus 101. Und weil Beethoven sich maximale Freiheiten nimmt, kann ein Artur Schnabel *so* spielen und ein Igor Levit *so* und ein Brendel oder ein Kempff wieder anders – und alle sind sie überzeugend.

Beethoven ist in erster Linie Instrumentalkomponist, auch das weist ihn vor den Romantikern als Romantiker aus. Wie heißt es bei E. T. A. Hoffmann 1815? Die Instrumentalmusik sei die «romantischste aller Künste, beinahe möchte man sagen, allein echt romantisch, denn nur das Unendliche ist ihr Vorwurf». Beethovens Musik bewege «die Hebel der Furcht, des Schauers, des Entsetzens, des Schmerzes und erweckt eben jene unendliche Sehnsucht, welche das Wesen der Romantik ist. Er ist daher ein rein romantischer Komponist, und mag es nicht daher kommen, daß ihm Vokalmusik, die den Charakter des unbestimmten Sehnens nicht zuläßt, sondern nur durch Worte bestimmte Affekte, als in dem Reiche des Unendlichen empfunden, darstellt, weniger gelingt?»

Praktisch gesprochen bedeutet das: Der Instrumentalkomponist muss nicht so viel Rücksicht nehmen. Instrumente, wenngleich sie von Menschen gespielt werden, sind abstrakter als die menschliche Stimme, und ein Symphonieorchester ist weniger behäbig, autarker als ein Theaterapparat. Üble Sprünge, fiese Lagenwechsel für die Streicher, Passagen in den Klavierwerken, die völlig verquer in der Hand liegen: All das ist bei Beethoven an der Tagesordnung, und es schert ihn nicht. Ein Theaterpraktiker wie Richard Strauss hätte Zugeständnisse gemacht, er begriff das als Teil seiner schöpferischen Arbeit. Weg mit den zehn Takten, wenn sie dramaturgisch keinen Sinn ergeben! Und wenn die Sängerin das hohe D nicht kriegt, dann bin ich auch mit einem G zufrieden! Auf solche Ideen wäre Beethoven nie gekommen. Nicht aus Rücksichtslosigkeit, sondern weil es nicht seiner Attitüde entsprach. Beethoven lebt sich selbst aus. Er ist immer er. Er komponiert, was er komponieren muss, und wenn dabei die Grenzen des Spielbaren gesprengt werden, die Grenzen des technisch Machbaren, dann ist das leider so. Abstriche macht er keine. Den Kopfsatz der Hammerklaviersonate konnte nicht einmal Artur Schnabel im vorgeschriebenen Tempo absolvieren (Allegro, Halbe = 138). Schnabel führte in den 1920er Jahren als Erster alle 32 Klaviersonaten von Beethoven zyklisch auf, und er gilt als atemberaubender Virtuose und zugleich als Verfechter eines «werktreuen» Interpretationsstils. Wer außer ihm hätte diese Klippe nehmen können? Und was heißt es, wenn sie Jahrzehnte, ja ein ganzes Jahrhundert nach Beethovens Tod nicht genommen wurde? Im Zweifelsfall, dass der Komponist einen langen, einen sehr langen Arm hat.

Ein Opernkomponist wird nie wie Beethoven denken können – dann spielt ihn nämlich keiner. Der Opernkomponist ist vom Aufgeführtwerden auf ganz andere Weise abhängig, als Beethoven es war. Auch Beethoven brauchte Gönner, Geldgeber, Auftraggeber, er putzte Klinken und suchte, solange er gesellschaftsfähig war, die Nähe des Wiener Adels, der das Musikleben im frühen 19. Jahrhundert ganz wesentlich bestimmte. Und er komponierte durchaus auf konkrete Anlässe, Besetzungen und Räume hin. Seine Klaviersonaten aber konnte er auch selber spielen, und ein Orchester ist wie gesagt allemal flexibler als ein ganzer Theaterbetrieb.

Weitergedacht hat das Richard Wagner. Wagner fühlte sich Beethoven nahe, und gerade was die Kompromisslosigkeit betrifft, waren sie Brüder im Geiste. Nur: Was für Beethoven die Klavier- oder Kammermusik und das Orchester waren, sollte für Wagner das Musiktheater sein. Der Begriff des «Gesamtkunstwerks», die Gründung der Bayreuther Festspiele 1876 – damit wollte Wagner sich aus den traditionellen Abhängigkeitsverhältnissen der Kunstproduktion befreien. Für jemanden wie mich, der in der Oper groß geworden ist und dort gelernt hat, kapellmeisterlich auf tausend Dinge zu achten und Rücksicht zu nehmen, war Beethoven eine Entdeckung, ja ein Schock: Denn der rücksichtsvolle Kapellmeister ist hier kaum gefragt.

Beethoven hat den Totalausdruck, das totale Sich-Ausleben. Er betritt die Bühne der Musik und sagt: Ich bin der Ludwig! Und er ist es, er ist es gleich. Er bleibt auch der Ludwig, und je älter er wird, desto kompromissloser wird er. Er verlangt Dinge von den Musikern, die es vorher nicht gegeben hat. Er ist technisch so anspruchsvoll, dass man ihn gerne fragen würde, was er sich bei der einen oder anderen Stelle eigentlich gedacht hat. Offenbar konnte er Ideal und Wirklichkeit gut voneinander trennen, hier seine innere Vorstellung von Tempo, Klang und musikalischem Charakter, dort, was die Praxis daraus machte. *Er* wusste ja, wie es gehen sollte. Nun fragt man sich natürlich, ob die Nach-Metronomisierung etlicher

Werke, die Beethoven vornahm, sobald es Metronome gab, dazu nicht in einem eklatanten Widerspruch steht? «Was mich angeht, habe ich schon lange darauf gewartet, diese widersinnigen Benennungen Allegro, Andante, Adagio, Presto aufzugeben», schreibt er 1817. «Mälzels Metronom gibt uns hierzu die beste Gelegenheit.» Sind Beethoven die traditionellen Tempobezeichnungen nicht präzise genug, um seinen Interpreten das Richtige mit auf den Weg zu geben? Oder will er uns doch ein für alle Mal festnageln?

Schubert zum Beispiel

Die Frage Klassiker oder Romantiker stellt sich im Grunde genauso bei Franz Schubert. Beethoven und Schubert sind Zeitgenossen, sie wohnen oft nur den sprichwörtlichen Steinwurf voneinander entfernt, hocken in denselben Wiener Beisln und besuchen dieselben Opernaufführungen am Kärntnertor (ohne dass sie sich jemals groß ausgetauscht hätten, dafür war Schubert zu schüchtern und Beethoven bereits zu taub). Schuberts Weg zur «großen Symphonie» – was so viel meint wie: groß besetzt, vor großem Publikum spielend – führt über die Kammermusik. Beethoven *verkörpert* diese große Symphonie. Er stirbt 1827, Schubert ein Jahr später. Schubert aber gilt als Romantiker, Beethoven als der letzte Klassiker. Was für ein Unfug! Eine Interpretation von Schuberts Unvollendeter oder seiner Großen C-Dur-Symphonie verlangt letztlich nicht mehr und nicht weniger Freiheit im Ausdruck als eine Beethoven-Symphonie. Harmonisch geht Schubert lieber über die dritte Stufe, die Terz, um eine Spannung zu lösen; Beethoven geht über die Dominante, die Stufe mit der größten Schlusskraft, und löst die Spannung oder löst sie nicht. Ist das eine jetzt klassischer, das andere romantischer?

Beethovens Wirkung jedenfalls war enorm. Auf Wagner, Brahms, Liszt, Mahler, Strauss, Schönberg und viele mehr. Die einen begriffen sich in seiner Nachfolge als freie Romantiker, die anderen als Kontrapunktiker und Strukturalisten. Die einen wollten Lordsiegelbewahrer des für immer Überzeitlichen sein, die anderen glaubten an den Fortschritt. Gustav Mahlers riesig besetzte zweite Symphonie etwa, die sogenannte Auferstehungssymphonie, ist ohne Beethovens Fünfte, die hier wie in einem Vergrößerungsglas erscheint, nicht denkbar. Das fängt bei der gemeinsamen Tonart c-Moll an, ach ja, und auch Brahms' Erste beginnt in c-Moll. Die Komponisten des 19. Jahrhunderts haben ihren Beethoven sehr genau gekannt.

C-Moll und d-Moll sind *die* Beethoven-Tonarten, das Pathetisch-Leidenschaftliche und das Trauernde, Melancholische. Die Fünfte, das dritte Klavierkonzert, das Streichquintett, die Klaviersonate Opus 111, die zweite Violinsonate aus Opus 30, die 32 Variationen über ein eigenes Thema – alles in c-Moll. Und in d-Moll stehen zum Beispiel die Sturmsonate und die neunte Symphonie. Aber es gibt bei Beethoven auch das Sonnige, das ist es ja! Im Trauermarsch der Eroica die schöne C-Dur-Stelle zum Beispiel, da geht förmlich die Sonne auf. Beethoven hat eben immer noch etwas Positives. In der Siebten das Finale ist ein Höllentanz, aber ein schöner. In Dur. Oder nehmen wir den Schluss von der Neunten, auch in Dur: Beethoven wollte, dass es – «Göt-ter-fun-ken! Göt-ter-funken!» – weitergeht. Dann rast es plötzlich so los, alles scheint aus den Fugen zu geraten. Hysterie? *Tristan*? Jagd nach Erlösung? Kaum etwas endet bei Beethoven in Moll, soweit ich weiß. Auch das scheint Richard Wagner später übernommen zu haben: Elf Musikdramen, von *Rienzi* bis *Parsifal*, und keins davon hat einen Moll-Schluss.

Im Vergleich zu Moll hat Dur (von lateinisch «durus» = hart) schärfere Kanten und Kontraste. Die Welt in Dur erstrahlt in einem klareren Licht. So ist es, sagen die Dur-Schlüsse, schaut es euch an und zieht eure Konsequenzen. Beethoven zeigt, was ist, und das ist offenbar so schlagend, so überzeugend, dass sogar bei Mahler vieles in Dur endet, dass bei ihm in Dur sogar gestorben und untergegangen wird. Nur ist Dur bei Beethoven nicht dasselbe wie Dur bei Mahler oder Wagner. Ich denke, Beethoven war hier wesentlich unverdorbener und unverstellter. Bei denen, die nach ihm kommen, müssen wir viel mehr hineindeuten. Er hat das nicht nötig. Ein Dur-Finale an sich formuliert noch keine Utopie und übt keine Kritik an den herrschenden Zuständen, an Napoleon oder Metternich.

Allerdings weiß Beethoven, wie einem ein Dur im Halse stecken bleiben kann. Im Finale der Fünften sagt er: Ihr wollt den Triumph? Kriegt ihr! Noch einen Schlussakkord und noch einen und noch einen. Bis es euch zu den Ohren herauskommt. Bei der Missa solemnis gibt er uns zu verstehen: An das ganze Kirchengedöns glaube ich nicht. Ich lasse das so herunterleiern, bis auch der hinterste Kirchenbänkler begreift, das kann's nicht sein. Selbst bei der Sechsten, bei der Pastorale, fragt man sich doch am Ende, ist die Stimmung bei denen auf dem Land wirklich so gut? Vielleicht ist ja schon das nächste Gewitter im Anmarsch, wer weiß. Komischer Schluss jedenfalls.

Beethoven spielt mit unseren Erwartungen. Wir denken, *Ta-ta-ta-taa* handelt von der großen Tragik, vom Schicksal, von der Pforte des Lebens – und er serviert uns das wenig später in lustig. Er schreibt ein lustiges Moll! Wie lauter kleine Mäuschen, die plötzlich herumspringen. Und dann diese Manie mit den Wiederholungen. Warum macht er das? Das erste Thema aus dem Schlusssatz der Fünften zum Beispiel ist nun wirklich kein doller Einfall: Dreiklangsfanfare, Tonika. Dreimal kehrt das wieder, auch in der

Durchführung reitet er bei jeder Gelegenheit darauf herum. Habt ihr es nun endlich kapiert, scheint er seine Hörer zu fragen, dass dieses C-Dur nicht das gleißende Licht des Paradieses ist, das sich von Zauber- oder von Gotteshand einstellt, von wegen «per aspera ad astra»? Da ist etwas Überschäumendes in diesem Dur, eine Freude an der eigenen Kraft, aber das kostet eben Mühe, sagt er. Und diese Mühe muss betont werden.

Überhaupt: Beethoven ist kein heller Komponist. Er will zwar vieles stärker haben, kontrastreicher, aber nicht greller oder glitzernder. Er liebt die dunkleren Klangfarben, wie gesagt, daher sein Fokus auf Bratsche, Cello, Bass, die bilden das Fundament. Die Geigen hingegen spielen bei ihm nur selten wirklich hoch, die greifen so gut wie nie in den ewigen Schnee.

Schubert ist nicht Beethovens einziger Zeitgenosse unter den großen Komponisten. Man stelle sich die Zeit vor: Mendelssohn und Berlioz lugen bereits um die Ecke, auch Robert Schumann mit seinen Hysterien und Nervenzusammenbrüchen, seiner Hyper-Romantik. Und Wagner! Nur fünf Jahre nachdem Schumann in Endenich verdämmert ist, erlebt Wagner in Paris mit seinem *Tannhäuser* einen der größten Skandale der Operngeschichte. Wagner wird 1813 geboren, Beethoven stirbt 1827. Da hat der vierzehnjährige Wagner bereits die Musik für sich entdeckt und verehrt den Dresdner Hofoperndirektor Carl Maria von Weber. Was für eine gespenstische Vorstellung, dass Wagner Beethoven noch hätte kennenlernen können! Unüblich wäre es nicht gewesen. 1821 reist der junge Mendelssohn zu Goethe nach Weimar, um ihm vorzuspielen (Goethe wiederum hatte noch Mozart gehört!). Die Musikgeschichte gehorcht keiner sauberen Chronologie, in der auf diesen jener folgt, Romantiker-Schublade auf, Klassiker-Schublade zu. Sie ist ein Baum mit den vielfältigsten Trieben. Mal sprießt vieles gleichzeitig, mal sprießt nichts, weil es zu trocken ist oder ein harter Winter war.

Beethoven deckt alles ab, jede Gefühlslage. Vom Heroischen bis zum Grimmigen, vom Humorvollen bis zum Heiteren. Das macht es so schwer, ihn einzuordnen. So gesehen ist er der vollkommene Komponist. Bei seinen Nachfahren verhält sich das schon anders: Brahms hat von Anfang an etwas Spätwerkhaftes, von Anfang an komponiert er wie ein Älterer. Mendelssohn ist sein ganzes Leben lang siebzehn oder höchstens siebzehneinhalb. Schumann gehört am ehesten noch zu den Alterslosen, himmelhochjauchzend, zu Tode betrübt. Beethoven aber bleibt der Angelpunkt. Übrigens auch für die Orchesterkultur. Ein Orchester, das die neun Beethoven-Symphonien bewältigt, kann alles spielen. Auch wenn das Gewitter in der Pastorale natürlich kein Weltuntergang und nicht die *Götterdämmerung* ist und man es daher nicht übertreiben darf.

Im Grunde verwirrt es mich, dass Beethoven so alles ist und alles hat. Je besser ich seine Musik kenne, desto mehr habe ich das Gefühl, dass er sich mir entzieht. Je mehr ich mich mit ihm befasse, desto weniger weiß ich über ihn. Beethoven ist in jedem Stein, er hat für jeden Stein eine musikalische Farbe gefunden.

Gab es vor ihm jemanden mit dieser Breite und Größe, mit diesem inneren Anspruch, diesem Drang? Bach, natürlich, wen sonst. Bach ist universell, Bach ist der Sauerstoff, den wir brauchen, Bach ist die ganze Welt. Beethoven ist das auch, nur mit mehr Würze, mehr Lust am Kontrastieren, Schnitt und Gegenschnitt, ein neues Gestirn. Bach kannte durchaus Kontraste, aber in der Barockmusik haben die eine ganz andere Bedeutung, sie sind feste Bestandteile der musikalischen Rhetorik. Bei Beethoven sind sie Ausdruck seiner Ungezügeltheit. Beethoven hat das Ungezügelte in die Musik gebracht, die Appassionata ist dafür ein gutes Beispiel. Der innere

Furor hat die Sonatenform hier längst aufgelöst, nur dem äußeren Anschein nach wird sie so gerade noch zusammengehalten. Ein anderes Beispiel ist die berüchtigte Sopranstelle im Gloria der Missa solemnis: «Quoniam, tu solus *altissimus*, Jesu Christe» («Du allein der Höchste, Jesus Christus»). Ein hohes A über vier Takte zu halten! Wenn der Höchste im Text vorkommt, sagt sich Beethoven, dann sollen die Chorsoprane auch in höchster Lage singen. Egal, ob die das können und ob es schön klingt. Die Ausrede, er hätte es geändert, wenn er es hätte hören können, würde ich nicht gelten lassen. Dieses hohe A ist musikalische Exegese, in bester Tradition seit Schütz, Händel und Haydn. Laut Anton Schindler – Beethovens Schüler und erster, nicht unumstrittener Biograph – hat Beethoven die Missa mehrfach als sein «größtes Werk» und das «gelungenste meiner Geistesprodukte» bezeichnet. Ich glaube, er hatte ein gutes Urteil.

Das Genie

Beethoven, der universelle Komponist – vielleicht wird er auch deshalb bis heute so gerne als Genie bezeichnet. Aber tut ihm dieses Etikett gut? Manchmal komme auch ich nicht ohne aus. Für die Genieästhetik, die aus dem 18. Jahrhundert kommt, ist das Genie ein Künstler, der schlicht alles aus sich selbst heraus gebiert. Ohne Ansehen von Zeit- oder Lebensumständen, ohne nach den Bedingungen seiner Arbeit zu fragen. Solange er einigermaßen hörte – das weiß man heute –, war Beethoven ein durchaus geselliger Typ. Als freischaffender Komponist brauchte er gesellschaftliche Kontakte, war er auf ein Netzwerk angewiesen. Anstöße von außen aber, welcher Art auch immer, mindern für die Anhänger des Geniekults den Nimbus eines Kunstwerks. Dann entsteht es nicht mehr nur aus sich selbst heraus, sondern weist Bezüge auf, die die eine oder andere Merkwürdigkeit vielleicht erklären. Gerade die ersten Beethoven-Biographien von Anton Schindler und von Alexander Wheelock Thayer wollten dem Genie Beethoven um keinen Preis etwas am Zeuge flicken (wahrscheinlich dachten sie, sie würden so selbst an Bedeutung gewinnen).

In Wien war Beethoven zweifellos ein Superstar, vor allem als Klaviervirtuose und Improvisator. Er wurde verehrt, man könnte ihn als ersten Popstar der Musikgeschichte bezeichnen. Durch den *Amadeus*-Film von Miloš Forman denken wir zwar, Mozart sei das gewesen, aber das stimmt nicht (und wurde auch gebührend kritisiert). Mozart war eher flippig, saß im Caféhaus und krickelte Klavierkonzerte aufs Notenpapier, eines schöner als das andere. Er war lustig und auch ein bisschen laut. Und er war bereits seit fast zehn Jahren tot, als Beethoven nach Wien kam. Haydn und Albrechtsberger waren schon ältere Herren, Salieri (bei dem auch Schubert studierte) interessierte sich hauptsächlich für die italienische Oper und für Kirchenmusik. Es gab also viel Platz für eine neue Lichtgestalt, die Leute liefen Beethoven in Scharen zu. Und er genoss die Popularität.

Dass ein berühmter Pianist bei seinen Auftritten improvisiert, können wir uns heute kaum mehr vorstellen (höchstens bei Gabriela Montero oder im Jazz natürlich). Beethoven beherrschte diese Kunst von Kindesbeinen an, bei seinen Klavierabenden fing er oft unverhofft an zu extemporieren und zu fantasieren. Von hier aus ist es nur ein kleiner (und wie ich finde: faszinierender) Schritt zu Begriffen wie Tempofreiheit oder Temporückung. Beides scheint Beethoven nach Kräften praktiziert zu haben, wie gesagt auch bei der notierten Musik, auch als Interpret seiner eigenen Werke.

Als Genie gilt Beethoven aber auch wegen seiner Widerständigkeit. Hat er nicht im Widerspruch zu allem gelebt, zu den unzulänglichen musikalischen Möglichkeiten seiner Zeit, zu den politischen Entwicklungen, zu seinen Vermietern und den Frauen – und sieht man nicht schon daran, dass er auf nichts und niemanden angewiesen war? Oder war das seine Art, sozial überhaupt in Kontakt zu treten? Aus der Widerständigkeit jedenfalls ziehen manche Kollegen gern einen ruppigeren, mehr auf Rhythmus, auf Takt, auf Puls gebürsteten Stil der Musik (als wäre man als Dirigent dann auch selbst «widerständig»). Ich finde, es gibt Stücke, wo das passt, aber es gibt auch Stücke, wo man mit Fug und Recht sagen kann, mir ist das so, wie es in den Noten steht, hart genug. Insgesamt dürfte der Geniebegriff eher ein Relikt aus der Vergangenheit sein und der Versuch, Beethoven in eine mythische Schablone zu pressen, um seinem unbotmäßigen Ich nicht zu begegnen.

Apropos Rhythmus: Das Rhythmische wird in der Musik gerne überbewertet. Es sei denn, ein Komponist legt ausdrücklich Wert darauf. Man denke an Béla Bartók, an Stücke, die von einer regelrecht schneidenden Rhythmik leben. Maurice Ravels *La Valse* oder Igor Strawinskys *Le Sacre du printemps* sind Feiern des Rhythmus! Aber deswegen «Rhythm Is It!» zu sagen und damit die ganze Musik zu meinen, halte ich für falsch. Bei Beethoven zumindest ist das nicht der Fall. Eher wird umgekehrt ein Schuh daraus: Die Betonung des Rhythmischen könnte eine Gegenreaktion auf die romantische Beethoven-Deutung sein, die auf Klang, Farben und Individualität des Ausdrucks setzt.

Was in der Musik passiert, lässt sich oft an der Architektur der Zeit ablesen oder an der Kunstgeschichte. Bleiben wir bei Strawinsky und nehmen das Bauhaus. Das Bauhaus bezieht sich ästhetisch auf die Kunst um 1800. Denn die war schnörkellos. Zu besichtigen ist das etwa in Paretz oder auf Schloss Freienwalde in Brandenburg. Die Möbel dieser Schlösser sind eine Reaktion auf das Rokoko-Zeitalter, für mich sind sie der Inbegriff der Schlichtheit und Eleganz. Das haben die Bauhäusler für sich entdeckt, als sie anfingen. Gropius und Mies van der Rohe beziehen sich viel auf Schinkel oder Gilly, auf die Zeit zwischen 1795 und 1820 – auf die Beethoven-Zeit also! Die musikalische Entsprechung zum Bauhaus bilden, stellvertretend für andere, Strawinsky und Arnold Schönberg. Drastische Veränderungen stehen in der Musik an, Rhythmus, Zwölftontechnik, freie Tonalität, der totale Systemwechsel. Trotzdem sieht Schönberg sich, siehe oben, in der klassisch-romantischen Tradition. Er reagiert nicht nur auf Wagner und Brahms, er reagiert auch auf die Beethoven-Rezeption seiner Zeit, die es sicherlich übertrieben hat: Beethoven wilhelminisch, wenn man so will, spätromantisch-gründerzeitlich, mit möglichst viel Stuck und Hauptsache üppig.

Gründerzeit ist heute durchaus in Mode. Das romantische Beethoven-Bild aber, von dem ich ausgehe, meint das Gegenteil: nicht Stuck, nicht Schwulst, kein Dekor und keine oberflächliche Kunstfertigkeit, sondern die Substanz.

Beethoven war kein Melodiker, wie gesagt, aber er hat erstaunliche Melodien erfunden; er schrieb für Stimme und behandelte sie instrumental; er war kein Theaterkomponist und konnte in seiner Musik gleichwohl sehr theatralisch, sehr dramatisch sein. Die Fünfte, die Siebte, die Neunte, das gehört doch auf die Opernbühne! All diese Widersprüche haben mit dazu beigetragen, dass er zum Mythos wurde. Die interessante Frage lautet: Hat sich das Beethovensche Musiktheater – hier ist das Wort «Musiktheater» richtig –, hat sich seine gesamte Gefühlsregie in seinen neun Symphonien abgespielt, in den 32 Klaviersonaten und sechzehn Streichquartetten? Wo gesungen wird, ist es bei ihm jedenfalls oft nicht zum Mitsingen. Im *Fidelio* zum Beispiel, seiner einzigen Oper.

Die ersten beiden *Fidelio*-Fassungen wurden 1805 und 1806 uraufgeführt, nach der dritten Symphonie und vor der vierten (die endgültige Version der Oper ließ dann bis 1814 auf sich warten). Ein mächtiger Schritt Richtung Romantik?

Singspiel und Utopie: Fidelio

Fidelio war eine der ersten Opern überhaupt, die ich in meinem Leben kennengelernt habe. Noch vor Wagner. Das lag daran, dass Herbert von Karajan *Fidelio* 1971 bei den Salzburger Osterfestspielen aufs Programm setzte (in seiner eigenen Inszenierung), mit Helga Dernesch als Leonore und Jon Vickers als Florestan. Und zu Hause lag die Platte. Ich habe sie mir angehört und habe einzelne Nummern ganz toll gefunden, das weiß ich noch. Vor allem Leonores «Töt' erst sein Weib!» am Ende, was für ein Theatercoup! Reißt sich die Kurzhaarperücke vom Kopf, die Haare wallen – ich hatte das lebhaft vor Augen. Und habe mich nie gefragt, ob es denn keiner merkt, dass Leonore sich als Fidelio nur verkleidet, zumal sie doch in den höchsten Tönen singt.

Später, an der Deutschen Oper, habe ich *Fidelio* oft korrepetiert. Und je besser ich mit der Partitur vertraut wurde, desto problematischer erschien sie mir. Bis heute wage ich mich nicht an das Stück, so inständig man immer wieder versucht hat, mich dazu zu überreden. Nur die Ouvertüre habe ich bislang dirigiert. In einer idealen Welt müsste meine Erfahrung als Opern- und als Beethoven-Dirigent in *Fidelio* gipfeln. Tut sie aber nicht. Weil Beethovens einzige Oper ein Flickenteppich ist, ein krudes Ding irgendwo zwischen *Zauberflöte* und dem *Fliegenden Holländer*. Vergleicht man *Fidelio* mit Webers *Freischütz*, der nur zehn Jahre später entstanden ist, muss man konstatieren: Wie viel glücklicher Carl Maria von Weber doch war! Der Spieloperngestus ist ein ganz ähnlicher, aber Weber schafft es, von der Ouvertüre bis zum Schluss eine dramatische Einheit zu stiften, trotz des Nummerngeschehens. Das gelingt Beethoven nicht.

Das Problem der Oper fängt schon mit dem Text an. Das *Fidelio*-Libretto ist, gelinde gesagt, missraten. Drei Librettisten haben daran herumgewerkelt, und es gibt wie gesagt drei Fassungen des Ganzen. Beethoven hatte zum einen überhaupt Mühe, nicht-instrumentale Musik zu schreiben, der Text als Text schränkte ihn ein und irritierte ihn; und zum anderen hatte er einfach kein Glück mit seinem Libretto (Schubert und Mendelssohn, die ebenfalls an der Oper scheiterten, können von der Suche nach dem richtigen Stoff und dem richtigen Librettisten Lieder singen!). «Jetzt, Schätzchen, jetzt sind wir allein, wir können vertraulich nun plaudern» oder «Abscheulicher, wo eilst Du hin», das ist wahrlich keine große Dichtkunst. «Das Gold, das Gold, das Gold» – ebenso. «Mir ist so wunderbar», das Quartett im ersten Akt, auch nicht so der Treffer. Kurzum: Ich hadere mit diesem Stück. Und international ist es schwer vermittelbar. Nicht nur wegen der deutschen Dialoge, sondern vor allem, weil das, *was* gesungen wird, meistens albern ist. Beethoven hätte weiterforschen müssen, sich in der Form üben, neue Anläufe nehmen. Dafür haben ihn die Theaterbühne und der Gesang leider nicht genügend interessiert.

Die meiste Zeit seines Künstlerlebens hält Beethoven sich von Konventionen fern. Er kennt sie, fegt sie beiseite oder sprengt sie. Nur in der Oper, im *Fidelio*, ist ihm das nicht gegeben. Es gibt großartige Momente, die Figur des Pizarro, der mit allen Mitteln versucht, sein Unrechtsregime aufrechtzuerhalten, oder das erste Finale («Schweig still»). Letzten Endes aber hatte ich immer den Verdacht, es gibt zu viele Nummern in dieser Partitur, bei denen ich nicht weiß, was ich da eigentlich dirigiere. Auch mit dem zweiten Finale komme ich nicht zurande. Da klingt ein Hauch vom Schluss der Neunten durch, aber das ist es dann auch schon. Kapiere ich die Utopie nicht, den Appell, den Beethoven hier an uns richten will?

Die ganze Geschichte endet angeblich gut; im Grunde aber ist es ein hohles Ende. Ich habe das *Fidelio*-Finale nie als freundlich empfunden. Leonore und Florestan kriegen sich zwar wieder (im Gegensatz zum niederen Paar, zu Marzelline und Jaquino), aber es wirkt doch sehr bemüht. Plötzlich erklingt das Trompetensignal, wie ein Deus ex machina tritt der Minister auf, und alles soll gut sein. Mir kommt das zwanghaft vor, das ist kein ehrliches Ende. Ich hatte immer stark das Gefühl, die gesellschaftlichen Missstände, dass Menschen, die die falsche Meinung haben, ins Gefängnis wandern – die werden alle bleiben. Nur: Ist es auch das, was Beethoven komponiert? Er wusste, er braucht einen positiven Schluss, den hat er auch geliefert. Aber so richtig dran geglaubt hat er selber nicht. Das entspricht dem Ende der zweiten Symphonie von Gustav Mahler. Da fragt man sich auch: Hat Mahler wirklich an die Auferstehung geglaubt? Oder ist es nur ein ungeheuerlicher Kraftakt?

Ich wage mal ein großes Wort: Das zweite Finale («Heil sei dem Tag, heil sei der Stunde») gehört – nach allem, was vorher passiert ist – nicht zu Beethovens allerbesten Eingebungen. Harmonisch nicht, rhythmisch nicht, dramaturgisch nicht. Das hat er gespürt, daher das Ringen um die verschiedenen Fassungen. Aber natürlich ist ein Blick in die Werkstatt eines so großen Komponisten hochinteressant. Vor allem ist die Utopie hier vielschichtiger, als wir denken. Erstens ist völlig klar, dass das Leben nicht so ist, wie das

Finale es uns weismachen will. Leonore kann Florestan zwar aus seinem Kerker befreien, er wird rehabilitiert, die Gattenliebe siegt – am Denken und Handeln der Menschen aber ändert sich nichts. Was für ein pessimistischer Schluss! Zweitens sind die Anforderungen, die Beethoven an die Sänger stellt, absolut utopisch. Und drittens ist die Form selbst utopisch, das Genre Oper bleibt unerfüllt. Beethoven mag unterwegs gewesen sein zur Oper, angekommen ist er dort nie.

Was die sängerischen Anforderungen im *Fidelio* betrifft, ist die Sache verzwickt. Verzwickter jedenfalls als der viel beklagte Mangel an Heldentenören bei Wagner oder an dramatischen Baritonen bei Verdi. Welche Stimmen brauche ich? Man hat eine Art Singspiel mit Arien, die sich mehr und mehr ins Hochdramatische auswachsen – wie will man das unter einen Hut bringen? Hinzu kommt: Weder die Leonore noch der Florestan sind Bombenrollen. Sie sind bombenschwer, aber wirklich dankbar sind sie nicht. Werden sie gut bewältigt, nötigt das dem Publikum Respekt ab, aber kaum mehr. Wobei sowohl die Leonoren-Arie («Komm Hoffnung, lass den letzten Stern») als auch Florestans Arie («In des Lebens Frühlingstagen») von ihrem musikalischen Gehalt her sehr gute Stücke sind. Ein Pizarro kann da viel besser abräumen, als Bösewicht vom Dienst. Wenn seine Stimme richtig sitzt, hat er ein paar tolle Momente auf der Bühne. Rocco wiederum, Marzellines Vater, gehört ins Singspiel, das ist ein bürgerlicher Verwandter von Mozarts Osmin. Schon an dieser Konstellation merkt man, dass Beethoven die Erfahrung fehlte. Er fremdelte mit dem Genre, und dieses Fremdeln überträgt sich auf die Musik.

Wahrscheinlich lässt sich Beethovens *Fidelio* heute kaum mehr besetzen oder höchstens mittelprächtig. Bei der Leonore steht man vor folgendem Dilemma: Entweder man nimmt einen sogenannten hochdramatischen Sopran, der hat dann mit den Höhen ziemliche Probleme; oder man wählt eine etwas leichtere Stimme, die kommt zwar mit der Höhe gut zurecht, bleibt aber die Tiefe schuldig. Wie man's macht, macht man's ein bisschen falsch. Hinzu kommt, dass die Balance im Ensemble stimmen muss. Einfach war das nie, trotzdem versammelt die Furtwängler-Aufnahme aus Wien von 1953 mehrere sängerische Glücksfälle: neben Wolfgang Windgassen als Florestan vor allem Martha Mödl als Leonore, die diese Partie mit einer unvergleichlichen Emphase verkörpert und mit ergreifender Schlichtheit. Ihr glaubt man jeden Ton.

Am Sanglichen liegt es bei Beethoven gar nicht. Er kann ja singen – nur singt er auf dem Klavier und im Orchester überzeugender als auf der Opernbühne. Im *Fidelio* hingegen erleben wir unsingbare Rollen! Beethoven hat das Theater ins Klavier gebracht. Er spielt uns mit seinen 32 Klaviersonaten ein Welttheater vor. Er spielt uns mit den Quartetten ein Welttheater vor. Nur auf der Bühne klappt das nicht. Als hätte er sich ausgesungen, als Klaviersänger, als Streichquartettsänger. Wenn's wirklich singt auf der Bühne, singt Beethoven nicht mehr mit. Faszinierend.

Auch die Aufgabe des Kapellmeisters ist im *Fidelio* eine vielschichtige bis undankbare bis unmögliche. Selbst Furtwängler kommt nur da richtig zur Geltung, wo er seine Fähigkeiten zur Klangrede ausspielen kann. In den Spielopernsequenzen unterscheidet er sich kaum von anderen. «Hat man nicht auch Geld beineben, kann man nicht ganz glücklich sein», die Rocco-Arie zu Beginn, die kann man bisschen langsamer nehmen oder bisschen schneller, da kommen Furtwänglers Qualitäten kaum zum Tragen. Scheitert er nun am *Fidelio*, fragt man sich hier, oder scheitert der *Fidelio* an ihm? «Mir ist so wunderbar», im Quartett kurz darauf, da merkt man es schon ein bisschen mehr, was Furtwängler daraus

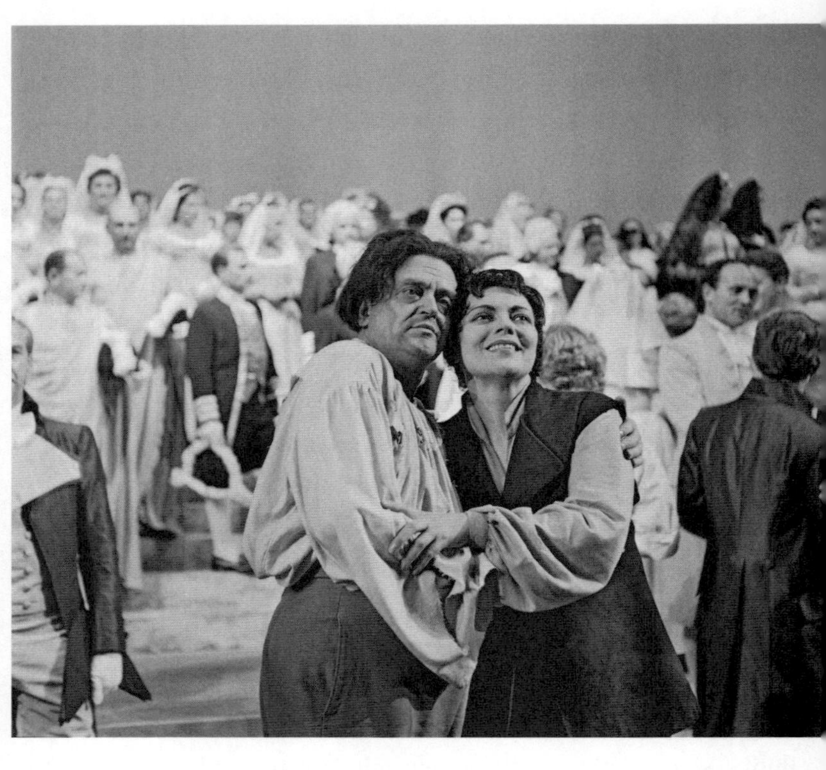

Martha Mödl als Leonore mit Anton Dermota
als Florestan bei der Wiedereröffnung der Wiener Staatsoper
im November 1955

machen kann, auch im Gefangenenchor. Das Vorspiel zum zweiten Akt, «O Gott! Welch ein Augenblick», der ganze Schluss: Es gibt so typische «Stellen», bei denen kann man im *Fidelio* gestalten – der Rest aber bleibt eine rätselhaft disparate Veranstaltung.

Die drei Fassungen des *Fidelio* lassen uns in Beethovens Werkstatt blicken. Die vier (!) Ouvertüren tun das wie in einem Mikrokosmos, die Leonoren-Ouvertüren Nr. 1 bis 3 (1805/06 hieß die Oper noch *Leonore*) und die *Fidelio*-Ouvertüre. Normalerweise erschafft die Ouvertüre in der Oper eine Welt. Sie läutet das Geschehen ein, sorgt für Atmosphäre, lässt – wie bei Carl Maria von Weber oder später bei Wagner – das eine oder andere Motiv anklingen, das einem später wiederbegegnet. Beethovens Ouvertüren erschaffen vier verschiedene Welten, auch daran erkennt man eine gewisse Ratlosigkeit.

Musikalisch betrachtet ist die Leonoren-Ouvertüre Nr. 2 das beste Stück – und mit zwölf bis vierzehn Minuten unerhört lang. Entstehungsgeschichtlich ist sie die erste Ouvertüre, die Beethoven für *Fidelio* komponiert (1804/05). Leider erfüllt sie ihren Theaterzweck nicht, als würde der Komponist bei der erstbesten Gelegenheit in symphonische Gefilde abdriften. Das Ganze kommt schlichtweg nicht auf den Punkt. «In des Lebens Frühlingstagen», diese Melodie taucht anfangs kaum aus dem Nebel auf, das Seitenthema ist völlig fremd – würde man die Oper *nicht* kennen, wäre es eine interessante Komposition. So aber war Beethoven damit unzufrieden. Leonore Nr. 3, ein Jahr später komponiert, ist mit einer Spieldauer von fünfzehn bis siebzehn Minuten *noch* länger, kommt aber gleich zur Sache, indem sie das musikalische Material komprimiert. Die Einleitung im Kerker, Florestans Verzweiflung, dann ein vor Energie nur so berstendes neues Thema, das Trompetensignal, ein letztes Zögern, der Triumph – Beethoven führt uns wie am Gängelband durch die Oper.

Es hat sich der Kunstgriff eingebürgert, die Leonore Nr. 3 nicht zu Beginn einer Aufführung zu spielen, sondern vor dem Finale, also vor dem Duett Leonore/Florestan «O namenlose Freude». Als eine Art Rückblick oder Innehalten. Ich finde das eine fabelhafte Idee. Auch weil ich der Leonore Nr. 3 das Erlösungsende viel eher abnehme als der Oper selbst. In der Oper wirkt dieses Ende auf mich montiert, seltsam herbeigezerrt, in der Ouvertüre tut es das nicht. Damit mag auch zu tun haben, dass Nr. 3 als einzige der vier Ouvertüren den Sprung aufs Konzertpodium geschafft hat, wie ein eigenständiges Stück.

Für den Beethoven-Dirigenten macht der Ort der Aufführung (Opernhaus oder Konzertsaal) einen fundamentalen Unterschied. Im Konzert geht man raus, und die Ouvertüre hat im Grunde schon begonnen. In der Oper funktioniert das nicht, da wuseln noch die Techniker und die Beleuchter herum, dann geht das Licht aus und man soll mit Florestan im Kerker hocken. Im Konzert habe ich mir generell angewöhnt, mit dem ersten Einsatz so lange wie möglich zu warten. Ich warte und warte und atme tief durch, einmal, zweimal, ich sehe im Augenwinkel das Publikum und denke, alle wollen von mir jetzt dieses Stück hören – und dann geht es los. Ruhige Anfänge wie in der Leonore Nr. 3 sind die größten Prüfsteine. Auf Knopfdruck in der richtigen Stimmung sein zu müssen ist etwas Grässliches.

Lustigerweise passt die vierte Ouvertüre, die *Fidelio*-Ouvertüre, die heute zumeist gespielt wird, am allerwenigsten zur Oper. Sie ist zwar deutlich kürzer als ihre Vorgängerinnen (acht bis zehn Minuten), bietet thematisch und harmonisch aber kaum Anklänge an das Geschehen. Sie nimmt also nicht im leitmotivischen Sinne etwas voraus, präsentiert uns nicht die *Fidelio*-Welt im Kleinen, sondern bleibt gewissermaßen vor dem Vorhang und heizt dem Publikum ein. Ganz so dramatisch, wie diese Ouvertüre es vermuten lässt, geht es in den zwei Akten dann zwar nicht zu, aber was soll's. Das Unpassende passt hier für mein Gefühl sehr gut.

Wir haben gelernt, dass Webers *Freischütz* von 1824 die erste deutsche romantische Oper ist, die diese Gattungsbezeichnung verdient. Doch was ist nun mit *Fidelio*? Ist das keine romantische Oper, nur weil das Personal kein rein bürgerliches ist? Sind die musikalischen Motive und Themen zu wenig durchgearbeitet, atmet die Marzelline-Jaquino-Welt noch zu viel Mozartschen Singspielgeist? *Fidelio* ist ein disparates Werk, und das Disparate zeigt sich auch daran, dass wir uns mit jeglicher Einordnung so schwertun.

Das gilt auch für die Regie. Mir ist noch keine überzeugende *Fidelio*-Inszenierung begegnet. Bei den einen rasselt Florestan werkgetreu mit den Ketten, bei den anderen tritt Pizarro im Kim-Jong-il-Outfit auf. Auch mit Gender- oder Identitätsfragen (die als Mann kostümierte Frau) kommen wir nicht weiter. Beethoven rührt an übergroße Themen, an Humanität, Freiheit, Liebe, Tod und Unterdrückung, an Willkür, Macht und Widerstand. Er beleuchtet die biedermeierliche Enge seiner Lebenswelt, und er denkt – so würde ich das sehen – über die Abgründe eines postrevolutionären Zeitalters nach. Was, wenn sich die einstigen Ideale in ihr Gegenteil verkehren? Wer sind dann die Guten, wer die Bösen? Wer profitiert? Aber ich bin kein Dramaturg und kein Opernregisseur.

Das Trompetensignal jedenfalls, das den umständlich geschürzten Knoten im *Fidelio* löst, kommt von außen. Aus sich selbst heraus lässt sich die Situation nicht klären. Theoretisch ist es sogar so, dass das Signal Pizarro ausreichend Gelegenheit gibt, seinen

Widersacher Florestan noch zu ermorden. Es liegt genügend Zeit zwischen der zweimal ertönenden Fanfare und der Ankunft des Ministers. Der Deus ex machina, die Gottheit aus der Bühnenmaschinerie, kommt mit Ansage. Der Klang und das, was er sagt, fallen bei Beethoven vielsagend auseinander.

4

Ein Anfang in Moll und ein hymnischer Welt-Ohrwurm

Die Symphonien 4 und 5

Der zweite Abend

1806 überarbeitet Beethoven die erste Fassung des *Fidelio*, die zweite Fassung wird am 29. März im Theater an der Wien – mit mäßigem Erfolg – uraufgeführt. Auch sonst ist Beethoven irrwitzig produktiv. Er komponiert unter anderem sein viertes Klavierkonzert, die drei Rasumowsky-Quartette Opus 59, die Coriolan-Ouvertüre und die 32 Variationen über ein eigenes Thema. Er konzertiert, beschließt, seine Schwerhörigkeit nicht länger geheim zu halten, sein Neffe Karl wird geboren, der in seinem Leben noch eine wichtige Rolle spielen wird, außerdem macht Beethoven sich neuerliche Hoffnungen auf Josephine von Brunsvik, seine Klavierschülerin, um die er seit einiger Zeit heftig wirbt. Und die politischen Koalitionen, die sich in Europa gegen Napoleon bilden, begrüßt er aus vollem Herzen. Was für ein Jahr.

1806 ist auch das Jahr der vierten Symphonie, wobei man sich das nicht so vorstellen darf, dass ein Werk säuberlich auf das andere folgte. Von der Vierten wissen wir, dass sie entstehungsgeschichtlich von der Fünften eingerahmt wird. Deren erste Skizzen reichen bis 1803/04 zurück, in die Zeit der Eroica, und erst 1807/08 (mit der Pastorale!) setzt Beethoven die Arbeit daran fort. Es ist also vieles viel enger miteinander verwoben, als es die Zählung der Symphonien vermuten lässt. Das ist vor allem deshalb interessant, weil die Vierte oft nicht für voll genommen wird. Eingeklemmt zwischen der Dritten und der Fünften, der Eroica und der «Schicksalssymphonie», gilt sie als eine Art Nebenwerk, als eine kleine Symphonie und konventionelle Atempause zwischen zwei Geniestreichen.

Ich finde das völlig falsch. Selbst wenn Beethoven konventionell war oder sich den Anschein gab, konventionell sein zu wollen, war er nicht konventionell. Das sagt uns gerade die Vierte. Die Vierte sagt: Ihr glaubt, ihr kriegt zur Erholung eurer Ohren und zur Abwechslung eine kleine Haydn-Symphonie kredenzt? Ihr denkt, ich, Beethoven, der Revoluzzer, ruhe mich im Schatten der Barrikaden aus und schreibe euch eine Symphonie in B-Dur, heiter, erhaben, sehnsüchtig? Auf den ersten Blick, aufs erste Hören könnte man das meinen. Es ist aber nicht so, jedenfalls nicht so vordergründig. Die Uraufführung 1807 im Palais Lobkowitz ist ein Erfolg, das legt die Spur. Das Werk sei «heiter, verständlich und sehr einnehmend gehalten», schrieb die zeitgenössische Kritik, man wünsche sich, dass der Meister auf diesem Weg fortfahre. Beethovens Spiel mit Hörerwartungen und -erfahrungen begriff man offenbar nicht. Oder wollte es nicht begreifen.

Heutzutage wird die Vierte (wie die Achte auch) seltener gespielt als andere Beethoven-Symphonien. Von den Dimensionen her reicht sie nicht an die Eroica oder an die Fünfte heran. Das gilt vor allem für ihre Instrumentation, die aufs Maß der Zweiten zurückgreift, also keine drei Hörner hat wie die Dritte und keine drei Posaunen samt Kontrafagott wie die Fünfte. Von der Spieldauer her ist die Vierte allerdings sogar etwas länger als die Fünfte, die c-Moll-Symphonie (über deren Kürze sich die Zeitgenossen gerne beschwerten). Und sie bedient ganz andere Valeurs.

Lassen wir also den zweiten Abend unseres Zyklus beginnen. Was das Publikum nach der Pause erwartet, meint es nur zu gut zu wissen. Aber davor?

Symphonie Nr. 4 B-Dur Opus 60

Adagio – Allegro vivace, so ist der erste Satz überschrieben, und der unbefangene Beethoven-Freund denkt: langsame Einleitung. Das stimmt und stimmt doch nicht. Denn *was* für eine Einleitung schreibt Beethoven hier! Zunächst einmal eine lange, fast vierzig Takte hat sie. Und eine, die in Moll anfängt! Das hat er noch nie gemacht. Die Erste beginnt auf der Dominante, die Dritte setzt Ohrfeigen – und die Vierte gründelt in b-Moll herum. Der nächste Überraschungscoup. Da ist es wieder, sein «Hört her!». Beethoven spült uns die Ohren, reinigt sie vom Schmalz der Tradition. Und er ist so genial, dass wir es kaum merken. Wobei wir heute natürlich andere Ohren haben als die Zeitgenossen damals. Was den Menschen des frühen 19. Jahrhunderts in den Gehörgängen klirrte, hört sich für uns total normal an. Wagner, Mahler, Schönberg & Co. haben uns desensibilisiert.

Dieser Symphonie-Anfang will ausdruckslos sein, und man muss ihn unbedingt so spielen, dass er nicht zerfällt. Wenn man die Spannung nicht hält, wird es sehr schnell sehr langweilig. Wenn sie glückt, ist diese Einleitung ein Mysterium; wenn sie nicht glückt, fühlt man sich wie in einem schlecht dirigierten langsamen Satz einer Bruckner-Symphonie. Ich kann mich an eine Aufführung der Vierten erinnern – ich sage nicht, welche –, da habe ich das *Adagio zu* langsam genommen. Ich wollte das Tastende, Stockende betonen. Als ich es mir hinterher angehört habe, musste ich selber fast gähnen. Eigentlich beginnt diese Symphonie mit einem kleinen langsamen Satz. Die langsame Einleitung ist nicht Beethovens Erfindung, die gibt es bei Haydn, Mozart und Schubert auch und gehorcht der Tradition, aber Beethoven treibt die Sache auf die Spitze. Durch die schiere Länge und die Längen. Durch die Stimmung, die auf der Hand liegt und so schwer zu erzielen ist.

Was sehen wir in den Noten? Viertel = 66, *pianissimo*, dunkle Farben, merkwürdige Harmonien. Das soll von Anfang an etwas Gewichtiges haben, etwas Gehaltenes. Die Streicher beginnen mit einem Pizzicato und spielen dann mehr oder minder dieselben Noten. Abwärtsbewegung, tiefe Lage, auch in den Geigen. Immer weiter *pianissimo*, man weiß lange nicht, was das alles soll, wohin es will. Der Klang mäandert so vor sich hin, zwischendrin setzt es ein paar Nadelstiche, hier ein Fortepiano, dort ein Sforzato-Piano (*sfp*, interessant!), mehr nicht. Es gibt eine irre Aufnahme der Vierten mit Arturo Toscanini und dem NBC Symphony Orchestra von 1951 aus der Carnegie Hall, die ist absolut gespenstisch, nämlich ganz langsam und ganz leise. Ich glaube, ich würde mich das nicht trauen, *so* leise zu beginnen. Toscanini schafft es, die vierzig Takte auf einen einzigen Bogen zu spannen, bis zur Entladung. Fabelhaft. Sehr Beethoven! Sehr unheimlich! Im Tempo ist das für heutige Begriffe an der Grenze des Vertretbaren. Was mir daran besonders gefällt: Die Musik gerät nie ins Laufen. Das ist die Gefahr, dass Dirigent und Orchester die Spannung nicht aushalten und schneller werden, um sich ins *Allegro vivace* hinüberzuretten. Dass sie denken, lasst es uns hinter uns bringen, damit die Symphonie endlich losgeht!

Aus der Toscanini-Aufnahme kann man viel lernen. Über Temporelationen zum Beispiel, denn das *Allegro vivace* nimmt Toscanini gewohnt flott (einen Tick schneller sogar, als das Metronom es will, Ganze = 80). Man lernt aber auch etwas über den Gegensatz zwischen den «lateinischen» und den «pathetischen» Dirigenten, der oftmals gar nicht so groß ist. Und über die eigenen Urteile und Vorurteile, denn eigentlich liegt mir Toscaninis Musizierstil nicht sehr.

Der Übergang vom *Adagio* zum *Allegro vivace* vollzieht sich in einem einzigen Takt: in Takt 35, in dem Beethoven es schafft, den Pegel vom *Pianissimo diminuendo* über drei crescendierende Achtel in den Geigen zum *Fortissimo* hochzureißen. Vom Leisesten ins Lauteste, unglaublich. Was für ein Schock! Das kann Angst machen, gerade weil es von langer Hand geplant ist. Ich finde es wichtig, die Pause nach dem ersten Fortissimo-Tusch wirklich zu halten. Um Luft zu holen für den schnellen Teil, um nicht gleich loszurennen. Die Satzbezeichnung lautet nun *Allegro vivace*, ein lebendiges Allegro, nicht *Vivace* allein, eilig, geschwind. Das ist ein Unterschied. Der Kontrast, den Beethoven hier installiert, ist auch so groß genug. Dieser Anfang klingt fast ein bisschen nach Krimi-Musik, die Leiche ragt aus dem Gebüsch, die Mörderjagd beginnt …

Man neigt dazu, wie gesagt, die Vierte zu unterschätzen. Weil sie so einen idyllischen Ton anschlägt und die Erwartungen nicht offensichtlich täuscht. Schumann sprach im Blick auf diese Symphonie von einer «griechischen schlanken Maid». Drei Symphonien lang bläut Beethoven seinen Hörern ein, dass er alles anders macht. In der Vierten aber schlüpft er unter ein Deckmäntelchen à la Haydn und macht dieses Andere anders. Er gibt sich konventionell und unterläuft damit die Konvention. Er will einen Temperamentswechsel zwischen dem Aufriss und den Zweifeln in der Eroica und den Fanfaren der Fünften; insgeheim aber brütet er längst das nächste Geheimnis aus. Ein Beispiel: Im klassischen Sonatensatz wird in der Durchführung das motivisch-thematische Material durchgearbeitet. Je größer die Kontraste zwischen Haupt- und Nebenthema sind, desto spannungsvoller verläuft dieser Prozess. Im Kopfsatz der Vierten nun gibt es kein richtiges Seitenthema (wie in der Fünften auch). Beethoven denkt offenbar nicht antagonistisch. Die musikalische Energie speist sich nicht, wie sonst, aus dem Konflikt zweier Gegensätze, sondern das Thema ist sich selbst energetisch genug. Interessant.

Im langsamen Satz (*Adagio*) sind «zwei Prinzipien» am Werk, nennen wir sie Gesang und Rhythmus. Die lehnen sich allerdings nicht gegeneinander auf, sondern beäugen sich mehr aus der Distanz. Ich finde, das hat Charme, das hat Eleganz, auch wenn am Ende vielleicht mehr das Rhythmische die Oberhand gewinnt. Es kommt sehr darauf an, wie man das Sechzehntel-Zweiunddreißigstel-Pochen in den Geigen spielen lässt, mit dem der Satz einsetzt. Beethoven schreibt hier keine Punktierung, das ist wichtig.

Bei meinem Beethoven-Zyklus in Wien habe ich die Musiker gefragt: Wie wollen wir das spielen? Marie-Marie oder Theres'-Theres'? Das war eine Anspielung auf eine legendäre Carlos-Kleiber-Geschichte. Dezember 1982, Kleiber probt mit den Wiener Philharmonikern die Vierte Beethoven und möchte, dass das Orchester den zweiten Satz «mit Liebe» spielt. Das Orchester will aber irgendwie nicht, man müht sich und bleibt störrisch, bis Kleiber ruft: «Sie spielen ‹Marie-Marie› und nicht ‹Theres'-Theres'›!» (wie er es wollte). Angeblich soll ein Musiker daraufhin «Carlos-Carlos» gemurmelt haben, danach war's natürlich aus. Kleiber brach die

Probe ab und verschwand, in seiner Garderobe fand man, als er nicht wieder auftauchte, einen Zettel: «Bin ins Blaue gefahren.» Es dauerte ein paar Jahre, bis sich das Verhältnis zwischen Kleiber und den Philharmonikern wieder entspannte.

Lorin Maazel, der das Konzert (und den Plattenvertrag) übernahm, hatte so viel Humor, dass er sagte, die Musiker sollten an der Stelle doch bitte «Maazel-Maazel» spielen. Mit meinem Namen funktioniert das nicht, insofern herrschte bei uns damals gute Laune.

Man darf den pochenden Rhythmus nicht überbetonen, darf ihn aber auch nicht ausblenden. Wir haben daran lange geprobt, schließlich haben wir uns auf *jam ta-tam ta-tam* geeinigt. Denkt ein kleines Diminuendo, habe ich den Musikern gesagt, und dann kommt die Melodie und Herr Küchl am ersten Pult macht auf. Die Gesangslinie muss durchgehen, deshalb darf es im Rhythmus nicht *ramm ta-tamm ta-tamm* heißen, es darf nichts Bärbeißiges haben! Das würde alles zerhacken, auch wenn Beethoven es so schreibt, nämlich mit Keilen, *marcato.* Er will, dass man das Pochen hört. Aber wie deutlich soll es sein? Die Frage ist auch, wo am Bogen die Streicher spielen und mit welchem Strich. Wir haben damals sehr vieles ausprobiert, wobei ich die einzelnen Gruppen alleine spielen ließ, um zu hören, was wie zusammenpasst. Abstrich – Aufstrich – Aufstrich oder Aufstrich – Aufstrich – Abstrich? Mehr obere, mehr untere Hälfte des Bogens? Das waren knallharte, tolle, schöne Proben, ich erinnere mich gern daran. An solchen Stellen empfiehlt es sich immer, sich genau mit dem Konzertmeister abzusprechen.

Im zweiten Satz bekommen wir eine Ahnung von der Insel der Seligen, wenngleich Beethoven uns darüber im Unklaren lässt, wie nah oder fern uns diese Insel ist. Der dritte Satz ist – Überraschung – ein Menuett. Und heißt auch so. Selbst in der Bezeichnung greift Beethoven auf die Tradition zurück, mit der er in der ganzen Symphonie spielt. Ein Menuett: Man stelle sich vor, Max Reinhardt inszeniert in den Boboli-Gärten Shakespeares *Sommernachtstraum*, mit Puck und allen Rüpeln. Oder Verdis *Falstaff*. Oder den vierten Akt von Mozarts *Figaro*. Rüpelei im Zaubergarten mit einem Schuss Hysterie und Übermut und einem Trio, das Rätsel aufgibt: Das ist der dritte Satz der Vierten. Eine klassizistische Kulisse. Man sollte das Tempo nicht zu flüchtig nehmen, Beethoven schreibt *Allegro vivace/Trio. Un poco meno Allegro*, im Menuett also etwas schneller als Allegro, im Trio etwas langsamer. Von der Form her würde man nun Menuett – Trio – Menuett erwarten. Beethoven aber weitet dieses Prinzip ins Fünfteilige aus, indem er das Trio wiederholt: Menuett – Trio – Menuett – Trio – Menuett. Macht er sich etwa lustig? Ist das seine Art, die Konvention zu beleuchten? Dass das Trio ab Takt 156 *fortissimo* im Tutti erklingt, im vollen Orchester-Ornat, ist wieder so ein typisches Beethovensches «Hört her!». Hört her, ich will die große Dimension. Ich will Zukunft.

In gewisser Weise ist der letzte Satz der Vierten ein Paradoxon. Ein Rondo, ein Variationensatz, ein Perpetuum mobile. Geht von selber, denkt der unbefangene Kapellmeister. Und merkt, wenn er etwas Beethoven-erfahrener ist, dass es nur von selber geht, wenn das Tempo stimmt. Und das stimmt nur, wenn man's nicht zu schnell angeht. Das ist die große Gefahr. Wahrscheinlich haben schon die Zeitgenossen dieses Finale nur so heruntergerast. Natürlich ist das Publikum begeistert, wenn man ihm ein Prestissimo serviert und der Fagottist brillieren kann. Der kriegt dann einen Sonderapplaus am Schluss. Aber genau darum geht es nicht. Das Finale der Vierten ist ein Anti-Kehraus, zugespitzt formuliert. *Allegro ma non troppo*, lautet die Anweisung, nicht zu viel Allegro, nicht zu munter und zu schnell. Ausnahmsweise verlangt sogar die Metronomzahl ein eher gemessenes Tempo, Halbe = 80. Beethoven will keine Stretta.

Seine Wirkung verfehlt dieser letzte Satz nie. Daher habe ich ihn immer gebremst. Ich weiß, was passiert: Man hat die Symphonie dreiviertel geschafft, nur das Finale noch – und die Versuchung wächst, die Zügel schießen zu lassen. Beethoven wusste das auch! Deshalb versagt er uns die Stretta, er komponiert ein Entsagen, davon bin ich überzeugt, er nimmt uns an die Kandare. Ich finde, das sollte man zeigen in seiner Interpretation. Das Finale der Vierten darf nicht mit dem Finale der Fünften verwechselt werden, das schneller und immer schneller werden muss, um Effekt zu machen. Im Finale der Vierten schlägt Beethoven Haken, er dreht uns Nasen. Man könnte schon wieder auf die Idee kommen, dass er sich fast ein bisschen lustig macht über die Tradition, in diesem Fall über die der schnellen Schlusssätze. Gegen Ende gibt es eine Stelle, die sagt alles: Orchester-Tutti, großer Anlauf, Streichertremoli im Fortissimo – und dann in Takt 312 eine Dissonanz, die alles einstürzen lässt, den ganzen B-Dur-Himmel. Aber nur, um danach so munter weiterzumachen wie zuvor. Das ist kein Durchbruch, keine Revolution, das ist der reinste Theaterdonner! Beethoven spielt mit unseren Erwartungen Hase und Igel. Er lockt uns hierhin und dorthin und ist selber immer schon da.

Einen noch krasseren Schlusssatz bietet die sechste Symphonie, die Pastorale. «Hirtengesang. Frohe und dankbare Gefühle nach dem Sturm» steht über dem Finale, und man muss als Dirigent ganz schön Luft holen, um am Ende tatsächlich einen Punkt zu setzen. Die Musik tändelt aus, Streichergirlanden im Pianissimo, Geigen, Bratschen, Celli, Bässe, jede und jeder darf nochmal etwas sagen, Hörnerrufe *con sordino* (mit Dämpfer) wie aus der Erinnerung – und dann ein einziger, verlorener Schlussakkord. Es gibt eine Live-Aufnahme von 1983 mit dem Bayerischen Staatsorchester, da lässt Carlos Kleiber das Publikum sozusagen ins Messer laufen, indem er *nicht* Luft holt. Der Effekt ist: Das Stück ist aus, die Leute sind sich aber unschlüssig. War's das, oder geht es vielleicht doch noch weiter? Haben wir nicht richtig zugehört? So weit wie Kleiber würde ich niemals gehen, aber er legt den Finger in die richtige Wunde. Überhaupt weisen die Beethoven-Symphonien mit den geraden Nummern eine gewisse Schluss-Schwäche auf, auch die Achte. Eine absichtliche Schwäche natürlich.

Böse Zungen könnten behaupten, die Vierte wäre leicht inkohärent. Jeder Satz legt eine sehr eigene Haltung an den Tag: der schwankende Boden im Kopfsatz, Rhythmisches und Sangliches im zweiten Satz, das Versprechen des Menuetts und die Verweigerung eines knalligen Finales. Wie geht das zusammen? Es kommt einem so vor, als risse Beethoven hier vieles an, viel Verschiedenes, um es dann doch lieber zu lassen. Die Zukunft blitzt durch die Ritzen, so richtig fassbar wird sie (noch) nicht. Was wichtig ist: Im Gegensatz zur ernsten Dritten und zur ernsten Fünften gehört die Vierte mehr ins komische, burleske, selbstironische Fach. Sie verlangt Distanz (à la Haydn), sie lässt uns nachdenken. Und manchmal, wie im Getümmel des Finales, hört man Beethoven leise die Messer wetzen: wenn die Fagotte und die tiefen Streicher ihre Achtel *staccatissimo* spielen.

Wien

Zwischen der Vierten und der Fünften kann man erneut ins Grübeln kommen. Wer war dieser Beethoven, wie war er? Die Musikwissenschaft weiß schon länger: Solange er noch einigermaßen hören konnte, war er nicht nur freundlich, gesellig und durchaus lustig, sondern wollte auch in der Wiener Gesellschaft etwas gelten. Er kleidete sich modisch und dachte darüber nach, sich ein Pferd zuzulegen (wer etwas auf sich hielt, hatte ein Pferd!). Er las Musikschriften, um sich über seine eigenen Werke auch unterhalten zu können, und verkehrte in adligen Kreisen. Ohne den Adel ging damals nichts, vor allem nicht in den Künsten. Warum hat sich dieses «Image» nicht durchgesetzt? Letztlich hat das musikalische Gründe. Man hält sich bei den Symphonien an die Dritte, die Fünfte, die Siebte und die Neunte, blendet die Vierte und die Achte aus, spricht von «heroischen» Phasen – und braucht zur Illustration den Heros, den Titanen oder das einsame, taube Genie, das in einer schmuddeligen Stube bei Kerzenschein mit Notenblättern um sich wirft und seinen Flügeln die Beine abschraubt. Der Künstler als extraterrestrisches Wesen.

Richtig sozial verträglich scheint der spätere Beethoven allerdings nicht gewesen zu sein. Mit seinen über zwanzig Vermietern lag er konsequent im Clinch, er machte Lärm («geräuschvolles Benehmen»), sorgte für Wasserschäden oder ließ Wände einreißen, weil sie ihm die Sicht versperrten. Auch achtete er immer weniger auf sein Äußeres, wie berichtet wird. Eine Familie (abgesehen von seinem Neffen Karl) hatte er nicht, echte Freunde irgendwann auch nicht mehr. Vielleicht war er dafür einfach zu berühmt. Die Welt teilte sich in Gönner und Bewunderer, letztlich war er wohl allein. Dadurch verstärken sich natürlich die Eigenheiten einer Persönlichkeit. Trotzdem ist Beethoven mir in keiner Weise unsympathisch. Richard Wagner mit seinen seidenen Unterhosen und seiner Luxussucht ist mir viel unangenehmer. Beethoven aber hat eine so innige Musik geschrieben, der besitzt bei mir einen Freifahrtschein. Für nahezu alles.

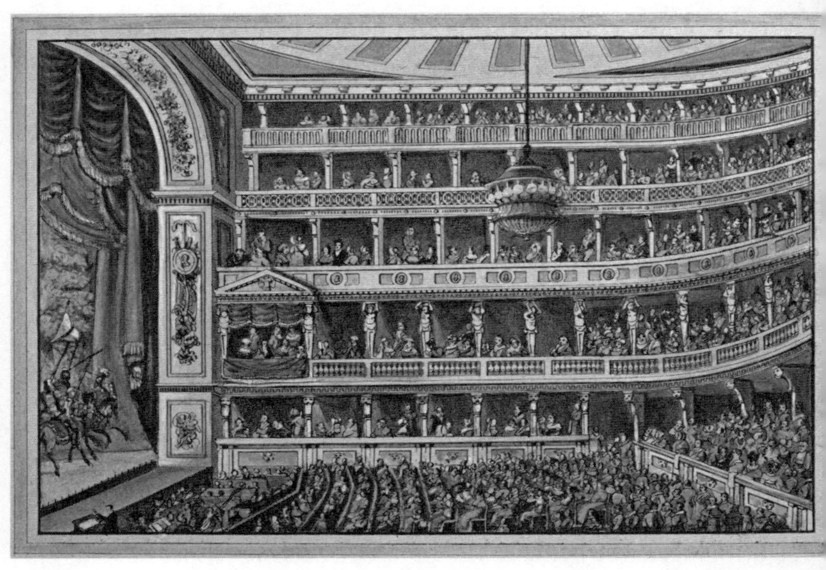

Das Theater an der Wien, um 1820.
Hier wurden Beethovens zweite, fünfte und sechste Symphonie uraufgeführt

Beethoven im Goldenen Saal des Wiener Musikvereins zu dirigieren ist nicht dasselbe wie Wagner im Bayreuther Festspielhaus aufzuführen. Die Gesellschaft der Musikfreunde wurde zwar 1812 gegründet, und Beethoven gehörte seit 1825 zu ihren Mitgliedern, den von ihr gebauten Saal aber, wie wir ihn heute kennen, gibt es erst seit 1870. Für mich sind Wirkungsstätten großer Komponisten immer aufschlussreicher und inspirierender als ihre Wohnungen oder sonstige Gedenkstätten. Brahms im Musikvereinssaal zu dirigieren, wo er selber aufgetreten ist, Bruckner in St. Florian zu spielen, wo er Sängerknabe war und begraben liegt, das hat etwas. Diese Vergangenheit schreibt sich in die Orte ein. Bei Beethoven ist es komplizierter. Ich kann natürlich das Burgtheater aufsuchen, das Palais Lobkowitz, das Theater an der Wien, den Saal der Wiener Universität oder den Redoutensaal, wo Beethovens Symphonien uraufgeführt wurden. Das sind allerdings Orte, an denen das heutige Musikleben in der Regel nicht stattfindet und man auch nicht unbedingt Beethoven spielt (von den Kollegen der historisch informierten Aufführungspraxis abgesehen). Beethoven in Wien zu suchen ist also nicht ganz leicht.

Ich gehe gern im Wiener Wald spazieren, in Heiligenstadt oder Nussdorf, weil ich weiß, da ist er auch gegangen. Das hat für mich mehr Aura als die diversen Pasqualati- oder Grillparzer-Häuser, in denen er wohnte. Außerdem ist Beethoven nicht Wiener, sondern Wahl-Wiener. Wien war um 1800 herum der Nabel der musikalischen Welt. Der junge Bonner Ludwig van Beethoven will zunächst bei Mozart in die Schule gehen, in einem zweiten Anlauf dann bei Haydn, Salieri und Albrechtsberger. Er sieht, dass er in Wien Chancen hat, Chancen, als Musiker zu leben und zu überleben. Er sieht, dass es in Wien Leute gibt, die für Musik Geld ausgeben, Beethoven hatte ja durchaus einen gewissen Geschäftssinn. Er war nicht das Genie, das zu Hause sitzt und auf die nächste Eingebung wartet, sondern er hat ziemlich genau überlegt, wie er was anstellt. Und: Er hatte kein Amt, er war nirgends angestellt (wie Haydn beim Fürsten Esterházy, wie Mozart beim Salzburger Erzbischof), sondern besorgte sich lediglich eine privat finanzierte Lebensrente von 4000 Gulden jährlich (den sogenannten Rentenvertrag, der aufgrund der drohenden österreichischen Staatspleite allerdings rasch an Wert verlor), indem er mit einem Angebot des Napoleon-Bruders Jérôme Bonaparte pokerte. Der wollte ihn als Kapellmeister an den Kasseler Hof abwerben. Dass Beethoven das jemals gemacht hätte, wenn es hart auf hart gekommen wäre, wird bezweifelt. Aber es zeigt sein strategisches Geschick.

Beethoven ist, wenn man so will, der erste Freiberufler, der erste Solo-Selbständige unter den Komponisten, der erste wirklich freie Künstler.

Das Violinkonzert

Beethovens Violinkonzert, das der Vierten zeitlich nahesteht, gilt als Krone der Schöpfung. Und zeigt uns wieder eine andere Facette von Beethoven. Er hat einfach *das* Violinkonzert geschrieben, einen absoluten technischen Prüfstein für jede Geigerin, jeden Geiger, schon durch die irren Läufe und die Dreiklänge, die Skalen und Tonleitern. Hier kommt es vor allem auf die Tongebung an. Die sollte rein und «engelsgleich» sein, sonst begreift man diese Musik nicht. Sonst versteht man das Gespräch zwischen Solo-Stimme und Orchester nicht. Der erste Satz, *Allegro ma non troppo*, fängt mit leisen Paukenschlägen an, dann treten die Holzbläser hinzu mit dem ersten Thema, einer wunderbaren Kantilene, es folgt das zweite Thema – und erst dann, nach gut drei Minuten, setzt die Geige ein. Das spannt das Publikum ganz schön auf die Folter, diese Einleitung, die sich auch so eindunkelt und so dramatisch wird. Je engelsgleicher die ersten Oktavgänge in der Geige klingen, desto spannender wirkt dieser Gegensatz.

Das Paukenmotiv hat nach Beethovens Tod eine Diskussion in Gang gesetzt, die bis heute andauert (und der ich persönlich wenig abgewinnen kann): Ist das das Echo der Französischen Revolution? Klingt so der allgegenwärtige Krieg? Czerny gibt die Metronomzahl mit Viertel = 126 an, das erinnert mehr an einen Geschwindmarsch als an ein *Allegro ma non troppo* (eben «nicht zu viel»!). Es gibt eine legendäre historische Aufnahme mit dem polnischen Geiger Bronisław Huberman unter George Szell von 1934, die dieses Tempo annähernd erreicht. Mir ist das zu unruhig, zu verhetzt. Die Oktaven hüpft Huberman regelrecht hoch, und in den Skalen und Läufen wird er fast noch schneller. So lässt sich meiner Ansicht nach kein Dialog führen, so lässt sich nichts erzählen. Schon gar nicht 25 (!) Minuten lang – so lange dauert dieser Satz nämlich.

Die Zeitgenossen hatten mit dem Konzert durchaus ihre Mühe, was interessant ist. Anfang Januar 1807 erscheint in Wien eine Uraufführungskritik, die zunächst «manche Schönheit» der Musik feststellt, aber auch moniert, dass «der Zusammenhang oft ganz zerrissen scheine, und daß die unendlichen Wiederholungen einiger gemeinen Stellen leicht ermüden könnten». Und dann geht sie mit Beethoven ins Gericht. Er möge doch in Zukunft mehr Werke schreiben wie seine ersten beiden Symphonien, heißt es, wie das Septett, das Quintett und anderes, das «ihn immer in die Reihe der ersten Componisten stellen» werde. «Man fürchtet aber zugleich», fährt der Rezensent fort, «wenn Beethoven auf diesem Weg [dem des Violinkonzerts] fortwandelt, so werde er und das Publikum übel dabey fahren. Die Musik könne sobald dahin kommen, daß jeder, der nicht genau mit den Regeln und Schwierigkeiten der Kunst vertraut ist, schlechterdings gar keinen Genuß bey ihr finde, sondern durch eine Menge unzusammenhängender und überhäufter Ideen und einen fortwährenden Tumult einiger Instrumente, die den Eingang charakterisieren sollten, zu Boden gedrückt, nur mit einem unangenehmen Gefühl der Ermattung das Koncert verlasse.»

Mit anderen Worten: Beethoven gilt als anspruchsvoll und schwierig, ja als unverständlich. Und das ausgerechnet aus Anlass seines Violinkonzerts, das uns heute wie Manna in die Ohren läuft? Richtig populär ist das Konzert erst seit seiner (Wieder-)Entdeckung durch Mendelssohn 1844, vielleicht war die Zeit Beethovens einfach nicht reif dafür.

Ich finde auch hier die Interpreten, die mit dem Tempo etwas freier umgehen – und die das Stück nicht zu schnell spielen –, interessanter. Ich habe das Violinkonzert sehr oft dirigiert. Am schönsten war die Zusammenarbeit mit Nikolaj Znaider. Was das leichte Nachgeben und Vorangehen angeht, haben wir uns wunderbar verstanden. Außerdem darf man nicht vergessen: Es ist ein technisch hoch riskantes Stück. Daher habe ich vor jedem Solisten den allergrößten Respekt. Die Oktaven wirklich sauber zu spielen ist keine Kleinigkeit. Und sich am Anfang aus dem Nichts in die höchsten Sphären zu katapultieren auch nicht. Beethoven lässt den Geiger an dieser Stelle ziemlich allein, der (oder die) steht eigentlich nackt da, soll bitte einen berückenden, bestrickenden Ton haben, und wehe, der Bogen zittert!

So gesehen gehört das Beethoven-Konzert wahrscheinlich mit zum Schlimmsten, was man als Geiger, als Geigerin spielen kann. Bei Brahms oder Tschaikowsky können die Solisten wenigstens zupacken und sich an den Schwierigkeiten abarbeiten. Bei Beethoven nicht, der beginnt kristallin. Der Dirigent kann da nicht viel helfen, er muss nur wissen, ob der Solist eher flüssig spielt oder nicht. Da kann man sich unter Umständen täuschen. Man zelebriert die Einleitung mit dem Orchester, und mit einem Mal ist Frau X oder Herr Y so nervös, dass sie oder er plötzlich schneller spielt als in der Probe. Das muss man dann irgendwie ausgleichen, ohne die Geiger zu düpieren.

Eine wichtige Frage ist das Vibrato. Es rächt sich, meiner Meinung nach, damit nicht gut umzugehen. Bloß nicht zu viel, aber auch nicht zu wenig. Und vor allem: nicht *kein* Vibrato! Diese Geigenstimme ist «beseelt», und wer sie ohne Vibrato spielt, nur um nicht in die Romantizismen-Falle zu tappen, der hat etwas ganz Wesentliches nicht verstanden. Dann klingt dieses Konzert nämlich nicht. Beethoven schreibt langgezogene Töne und Melodien. Damit man sofort hört, was hat der Solist für eine tolle Geige, was hat er für eine virtuose Bogenführung und was für ein beseeltes Vibrato. Im Grunde ist es ein Stück für Klangfetischisten, für Kulinariker, das merkt man in vielen Aufnahmen, mit David Oistrach, mit Isaac Stern oder mit Menuhin. Mal hat das Ganze mehr Griff, mehr Festigkeit, aber wenn die Sechzehntel-Passagen kommen im ersten Satz, dann wollen die ausgespielt sein, nicht abgeschnurrt. Und Klang in der Bewegung ist immer das Allerschwerste. Wobei es auch die Anti-Kulinariker gibt, die alles trocken nehmen und am Frosch.

Der zweite Satz heißt *Larghetto*, eine seltsame Bezeichnung. Ein kleines *Largo*. Ein luftiges *Largo*. Ein richtiger langsamer Satz ist das eigentlich nicht, aber dann gibt es Stellen, an denen die Zeit aufgehoben scheint. Da hat man das Gefühl, es gibt gar keinen Rhythmus mehr. Und im Grunde auch nichts zum Mitsingen. Die

«Frühlingstage» aus *Fidelio* wehen vorüber, und wenn die Geige leise extemporiert und die Holzbläser ihre Akkorde dagegensetzen, kriegt man eine Gänsehaut. Auch dabei sollte man nicht übertreiben, die Musik darf nicht in einzelne Gesten zerfallen, das ist schließlich nicht das Violinkonzert von Alban Berg. Beethoven wahrt die Form, indem er die Interpreten dazu ermutigt, sich darin zu verlieren. Um diese Dialektik zu verstehen, muss die Façon gewahrt bleiben.

Das Beethoven-Konzert bietet ein Ausdrucksspektrum wie kaum ein anderes. Virtuosenfutter sind viele Konzerte, Brahms, Mendelssohn, Tschaikowsky, auch Sibelius oder Max Bruch. Bei Beethoven geht der zweite Satz *attacca* in den dritten über, ein übermütiges, tänzerisch-träumerisches *Rondo-Allegro* im 6/8-Takt. Ein echter Kehraus! Das hat Pfeffer, Drang, Charme und Humor. Würde man einen Interpretationsvergleich des Beethoven-Konzerts anstellen, würde man sehen: Jede Aufnahme klingt anders, und zwar gravierend anders. Überhaupt ist kein Komponist in der gesamten Musikgeschichte so verschieden interpretiert worden wie Beethoven. Seine Aufforderung «Interpretiert mich!», «Macht was aus meiner Musik!» zielt nicht auf den Virtuosengestus (der wäre immer ähnlich), sondern auf die Persönlichkeit der Virtuosen, auf ihr Inneres. Beethovens Violinkonzert ist eigentlich eine riesige Arie.

Beethovens politischer Nimbus

Was ist ein politischer Komponist? Einer, der eine Symphonie in c-Moll schreibt, in der Tonart der Leidenschaft und der Klage oder, wie E. T. A. Hoffmann 1815 in seinen *Kreisleriana* über den Charakter der Tonart schreibt: «Siehst du es lauern, das bleiche Gespenst mit den rot funkelnden Augen – die krallichten Knochenfäuste aus dem zerrissenen Mantel nach dir ausstreckend?» Ist das politisch? Ist ein Komponist politisch, weil er Schiller vertont? Oder weil er einer historischen Schlacht ein Denkmal setzt, der Schlacht von Vitoria, wie Beethoven in *Wellingtons Sieg*?

Natürlich komponiert Beethoven keine politisch anzuwendende Musik im Sinne von Agitprop, aber er ist jemand, der in einer wildbewegten Zeit ein politisches Bewusstsein hat. Er nimmt Anteil, als Mensch wie als Künstler, anders kann man sich das ja gar nicht vorstellen. Politische Meinungen aber äußert Beethoven so gut wie keine. Die Widmung der Eroica, die erst Napoleon gelten sollte und die er wieder zurückzieht, als der Korse sich zum Kaiser krönt, das ist ein Statement. Wider das Despotentum, für die Ideale der Französischen Revolution, unter denen Napoleon einst angetreten ist und die er nun verrät. Über Metternich aber, der seine unmittelbare Lebensrealität ungemein prägt, hat Beethoven sich nie geäußert. Das ganze restaurative System, die Zensur – kein Wunder, dass sich die Leute im Biedermeier zurückgezogen haben hinter ihre Butzenscheiben. Draußen standen sie ja permanent unter Beobachtung. Wehe, man hatte die falschen Freunde oder las die falschen Bücher. «In der itzigen Welt kann man nur unter zwei Dingen wählen», bekannte Clemens Brentano schon 1798, «man kann entweder ein Mensch oder ein Bürger werden, und man sieht nur, was man vermeiden, nicht aber, was man umarmen soll. Die Bürger haben die ganze Zeitlichkeit besetzt, und die Menschen haben nichts für sich selbst als sich selbst.» Für einen Künstler, der sich ausdrücken will, ausdrücken muss, sind das maßgebliche Bedingungen. Beethoven zieht daraus radikale Konsequenzen – und er tut es in seiner Musik.

Beethoven positioniert sich musikalisch. Sein Ruf als Revoluzzer und Widerspruchsgeist fußt im Wesentlichen auf seiner kraftvollen, eigensinnigen, unerhörten Musik. Folgt er damit einem Programm? Ja, muss man immer ein Programm haben, nur weil man anders denkt? Ich bezweifle das. Beethoven hat viel zu kühn gedacht, als dass er an einer Weltanschauung hätte entlangkomponieren können oder wollen. Damit hätte er sich selbst beschränkt. Er hat in Kriegszeiten gelebt, die Napoleonischen Kriege waren seine Lebensrealität. Das heißt, ein gewisser Schlachtenlärm und manche Rhythmen fanden natürlich Eingang in seine Musik. Politische Zeugnisse oder Bekenntnisse aber, die seinem Œuvre halbwegs gleichzusetzen wären, existieren nicht. Beethovens Verhältnis zum Adel war ambivalent, das könnte man politisch nennen. Er war gegen den Absolutismus und wollte Bürger sein; trotzdem war ihm der Adel gut genug, ihm den Lebensunterhalt zu finanzieren. Eine interessante Figur ist Erzherzog Rudolph von Österreich, ein respektabler Pianist und Gelegenheitskomponist, Beethovens Schüler und Förderer. Ihm widmet er so viele Werke wie niemandem sonst, darunter die Hammerklaviersonate, die Sonate *Les Adieux*, die Klavierkonzerte Nr. 4 und Nr. 5 sowie das Klaviertrio Opus 97, das Erzherzog-Trio. Ich habe im Dorotheum in Wien vor einiger Zeit eine schöne Gouache gekauft, die zeigt das Erzherzog-Rudolph-Denkmal in Bad Ischl. Eine idyllische, biedermeierliche Szene, wenig Menschen, viel Grün, die Herren mit Zylinder, die Damen in modischer «Sanduhrsilhouette» (knöchellange Röcke, weite Ärmel und Hauben). Hat man sich die Welt im frühen 19. Jahrhundert so erträumt?

Der politische Nimbus, den die Figur Beethoven bis heute hat, geht zu großen Teilen auf die Musikgeschichtsschreibung und die Rezeption zurück. Es gibt Bücher und Filme darüber, wie vielfältig Beethoven vereinnahmt und instrumentalisiert wurde: von

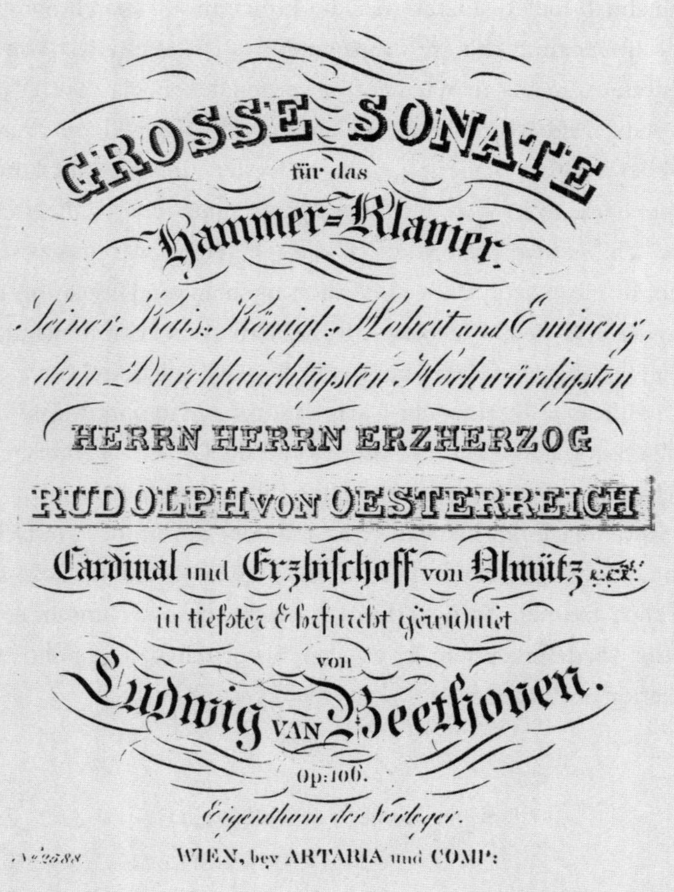
GROSSE SONATE
für das
Hammer=Klavier.
Seiner Kais: Königl: Hoheit und Eminenz,
dem Durchlauchtigsten Hochwürdigsten
HERRN HERRN ERZHERZOG
RUDOLPH von OESTERREICH
Cardinal und Erzbischoff von Olmütz &c. &c.
in tiefster Ehrfurcht gewidmet
von
Ludwig van Beethoven.
Op: 106.
Eigenthum der Verleger.
No 2588. WIEN, bey ARTARIA und COMP:

Titelblatt der Erstausgabe der Hammerklaviersonate
mit der Widmung an Erzherzog Rudolph

Wilhelm I. und Bismarck (der die Eroica in «Bismarck-Symphonie» umbenannte) bis zur Propaganda des Dritten Reichs, von den Alliierten, die 1945 in Wien *Fidelio* spielen ließen, bis zur DDR, die Beethoven als «Vorreiter des Sozialismus» für sich reklamierte, vom Fall der Berliner Mauer bis zu den Silvester- und Neujahrskonzerten in der ganzen Welt. Beethoven geht immer, überall. Beethoven *sells*! Ich bin kein Historiker, ich kann die Frage, warum das so ist, nicht beantworten. Aber sie erinnert mich an die Diskussion über Wagner und die NS-Ideologie. Ist Richard Wagner (mit) schuld an Adolf Hitler? Nein! Hat seine Musik, die gewiss nicht frei von Pathos ist, das kranke Denken der Nazis beflügelt? Mag sein. Müssen wir deshalb mit jedem Pathos brechen und dürfen wir Beethoven nur noch historisch informiert und ohne Vibrato spielen? Nein!

Sowenig ich mir heute die Ohren des 19. Jahrhunderts aufsetzen kann, so wenig lässt sich Beethoven von der Beethoven-Rezeption wirklich trennen. Sein starkes Ich macht, dass wir uns in seiner Musik wiedererkennen, in welcher historischen und politischen Situation auch immer.

Symphonie Nr. 5 c-Moll Opus 67

Es heißt *ba-ba-ba-Baa* – nicht *ba-ba-ba-pa*. Das ist eine Halbe mit Fermate und keine Viertel. *Ba-ba-ba-Baa*. Tolles Motiv. Banales Motiv, fallende Terz, drei kurze Schläge und ein längerer. Im Morse-Alphabet ist dies das Signal für Victory (V), Sieg: «· · · –» Und im Zweiten Weltkrieg war es das Erkennungszeichen für die Auslandssendungen der BBC. Ob Beethoven sich das hätte träumen lassen?

Bei der Fünften geht man als Dirigent innerlich total geladen ans Pult und gibt den ersten Einsatz meist noch in den Applaus hinein. Die Fünfte ist auf ihrem Weg «aus der Nacht zum Licht» überraschend wenig transzendental. Sie hat so gut wie keinen Überbau. Der Rhythmus im ersten Satz, die Melodie im zweiten mit ihren Eintrübungen und Irritationen, der Wahnsinn im Scherzo, der Attacca-Übergang zum Finale, in eine Stretta, in der den Leuten die Haare vom Kopf fliegen: Hätte Beethoven dem Affen mehr Zucker geben können? Weniger Geheimnis wagen? Noch mehr Popularität? Wer *ba-ba-ba-Baa* einmal gehört hat, vergisst es nie wieder. Ein Knaller, ein Schlager wie «La donna è mobile» auf seine Weise. Selbst Goethe schrieb: «sehr groß, ganz toll; man möchte fürchten, das Haus fiele ein.»

Die Fünfte ist mir immer leichtgefallen, eigentlich ist sie die leichteste von allen Beethoven-Symphonien. Wer oder was klopft da an die Tür? Wirklich das Schicksal, die Revolution – oder nur ein insistierender Rhythmus, ein Welt-Ohrwurm? In jedem Fall hat dieses Motiv etwas Appellatives, es will etwas. Beethoven nimmt uns an die Hand und führt uns über vier Sätze von c-Moll nach C-Dur, aus Pathos und Leidenschaft in einen hymnischen Sieg. Ich glaube ihm diesen Weg, diese Hochstimmung am Ende. Das ist ein Genuss ohne Reue, da nagen keine Zweifel wie in der Eroica, da gibt es keine Brüche. Die Fünfte ist fast ein glückliches Werk.

Uraufgeführt wird sie 1808 im Theater an der Wien, zwei Tage vor Weihnachten. Es ist ein langes Konzert, das Publikum friert, die musikalische Ausführung lässt zu wünschen übrig, weil es nicht *eine* zusammenhängende Probe für das neue Werk gab. Neben der Fünften werden aus der Taufe gehoben: die Pastorale, die Konzertarie «Ah perfido», das vierte Klavierkonzert, Teile aus der C-Dur-Messe und die Chorfantasie. Unglaublich, ein Abend, der Musikgeschichte schreibt! Die Reaktionen auf die c-Moll-Symphonie halten sich, vorsichtig ausgedrückt, in Grenzen: «eine große sehr ausgeführte, zu lange Symphonie», bemerkt der Musikschriftsteller Johann Friedrich Reichardt. Zu einer zweiten Aufführung kommt es nicht, weil die Franzosen wieder einmal Wien besetzen.

Heute ist die Fünfte die berühmteste von allen Beethoven-Symphonien. Das hat sie Schumann und Berlioz zu verdanken, die ihr Potenzial erkannten, aber auch Wagner, der Beethovens «idealen Instinkt» pries, das Revolutionäre anklingen zu lassen und sich ästhetisch von Revolutionsmusikern wie den Franzosen Gossec, Lacombe oder Adrien zu emanzipieren. Die hatte man damals durchaus im Ohr, heute sagen sie uns nichts mehr. Über die Fünfte ist natürlich unendlich viel geschrieben worden. Dass der Kopfsatz mit seinem einzigen Thema eine Zeitmaschine darstelle und alles in der Symphonie aufs Finale ziele; dass Beethoven sich kompositorisch in einen Sog, einen Strudel verwickle; dass der Übergang vom Scherzo zum Finale einer Explosion gleiche, einem Durchbruch; und dass die Symphonie ohne eine gewisse Plakativität nie diese Wirkung entfaltet hätte.

Auch die Diskographie ist uferlos. Ich finde, die Fünfte sollte wie im Augenblick erfunden wirken, bei allem, was man über ihr Konzept und ihre Teleologie weiß. Gerade weil man das weiß. Erst dann wird es interessant. Wenn der erste Satz (*Allegro con brio*) vom unerbittlichen Fortschreiten des Schicksals handelt, vom Mahlstrom der Geschichte und vom Individuum, das nicht mitgerissen werden will, dann ist es nur logisch, wenn man im Tempo mal nachgibt und mal schneller wird. Furtwängler – mal wieder Furtwängler – macht das exemplarisch vor: Der Beginn hat bei ihm fast etwas Tastendes, als setzte sich ein riesiger Tross mühsam in Bewegung. Dann nimmt der Tross Fahrt auf, das Orchester folgt ihm willig, und wenn in der Reprise die tolle Solo-Oboen-Stelle kommt – ein Takt nur, *Adagio*, ein kleines melancholisches Kadenzieren –, dann versinkt die letzte rettende Insel im Strom. Solche Stellen muss man empfinden. Die Alten vom Schlag eines Furtwängler oder Knappertsbusch haben alles aus dem Empfinden heraus gestaltet oder haben es zumindest sehr überzeugend so klingen lassen. Sich das anzuhören ist extrem lehrreich. Jungen Dirigenten, die mich fragen, sage ich immer, viel wichtiger als all die gelackten, vom Tonmeister abgenommenen, perfekt gespielten Aufnahmen sind solche, wo es vielleicht mal nicht ganz zusammen ist, in denen aber etwas gewagt wird.

Der zweite Satz fängt beschaulich an: 3/8-Takt, *Andante con moto*, Variationsprinzip, As-Dur. Als sei dies aber nur der Vordergrund, schieben sich immer wieder Störungen dazwischen, Blechfanfaren, überraschende harmonische Wendungen. Das passt nicht in diese pastorale Atmosphäre, und das soll es auch nicht, das soll ein bisschen nagen und sticheln, wie jeder weiß, der das Finale kennt.

Das Scherzo – das nicht so heißt, Beethoven schreibt nur *Allegro* – kommt zunächst sehr geheimnisvoll daher, ist aber eine Unverschämtheit. Es ist viel darüber gerätselt worden, ob dieser Satz überhaupt ein eigenständiger ist oder nur eine riesenhafte Überleitung zum Finale. Und wenn er eigenständig ist, warum er so tut, als sei er ein erster Satz und als finge alles noch einmal von vorne an. Beethoven kopiert sich sozusagen selbst, er schreibt eine Blaupause des Kopfsatzes, allerdings in 3/4, nicht in 2/4, und in einer völlig anderen Stimmung. Als würde er uns fragen: Erinnern wir uns immer präzise, wenn wir uns erinnern? Kann das Vier-Ton-Motiv in einem c-Moll-Satz nicht auch in b-Moll stehen und in den Notenwerten vergrößert werden? Das kann es! Wir sollen uns also an das *ba-ba-ba-Baa* des Beginns erinnern, ans Schicksal, die Revolution, unsere persönlichen Dramen. Doch dann geht es im Scherzo fast heiter weiter. Fröhliches Moll, ein energetisches Fugato im Trio, schließlich Pizzicato *pianissimo*, mendelssohnöses Zehenspitzengetrippel – und ein großes Erliegen im Übergang zum Finale.

Dieser Übergang (ab Takt 326) ist für mich der atmosphärische Tiefpunkt der Symphonie. Dreifaches Pianissimo, liegende Töne in den Streichern, vielsagendes Pochen in der Pauke, große Nervosität, das restliche Orchester schweigt. Dann Nebelschlieren in den ersten Geigen, die Bässe pochen mit, es verdichtet sich, schraubt sich in die Höhe und entlädt sich schließlich in ein achttaktiges Crescendo, das *attacca* und wie auf einer Raketenabschussrampe ins Schluss-*Allegro* führt. Fortissimo, ungetrübtes C-Dur! Alle Zügel schießen! Das Thema des Finales ertönt dreimal, als hätte es der Dümmste noch nicht kapiert, und ich fange gerne breit an und nehme es dann sukzessive schneller. Das ist wie ein einkomponiertes Accelerando, auch wenn es so nicht drinsteht. Der ganze Satz muss immer schneller werden, sonst stockt es. Alles hier ist Triumph, Apotheose, Feier des Lichts – mit der dazugehörigen Eindeutigkeit. Und das *ba-ba-ba-Baa*, das im 2/4-Takt des ersten Satzes so unheimlich und bedrohlich wirkte, hat jetzt plötzlich eine Leichtigkeit, ja fast etwas Humoristisches im Fagott. Nimmt Beethoven sich selbst nicht ernst? Lacht er uns aus, weil wir immer noch auf dem Tragödentrip sind?

Es gibt eine interessante Stelle, den Übergang zur Reprise ab Takt 153, da kippt der Jubel plötzlich. Ich mache davor gerne ein Ritardando, um die Bühne zu bereiten: Da wird es nämlich wieder nebelig, und es fängt an zu pochen, eine Reminiszenz an den Scherzo-Übergang. Vergesst den Zweifel nicht, sagt Beethoven, der spielt immer mit! Der Spuk ist aber genauso schnell wieder vorbei, wie er gekommen ist, und dann rundet sich die Welt. In der Fünften wird die Welt rund. Das Finale ist ein Perpetuum mobile, das nicht aufhören kann, sich zu drehen. Vor Lebenslust, vor Aufbruchslust. Wie bei den Schlussakkorden, von denen kann Beethoven auch nicht genug kriegen. Nochmal! Nochmal! Nochmal! Nochmal! Nochmal! Das bedeutet nicht – gegen diese Interpretation wehre ich mich –, dass Beethoven sich wie in der Eroica selbst nicht glaubt und die Sache deshalb acht- oder neunfach bekräftigen muss. Nein, hier glaubt Beethoven. Hier macht er sich keine Sorgen. Und wir sollten es auch nicht tun.

5

Helles im Dunkeln

Der deutsche Klang

Warum der «deutsche Klang» ein Reizthema ist, verstehe ich bis heute nicht. Man spricht doch auch vom französischen oder amerikanischen Orchesterklang oder von der Wiener Oboe, ohne dass es die Gemüter erregt. Den deutschen Klang aber identifiziert man sofort mit Deutschtümelei und den Ansichten politisch ewig Gestriger. Ich halte das nicht nur für überzogen, sondern auch – historisch, ästhetisch – für völlig falsch. Als würde man nicht «deutsch» klingen können, ohne zu tümeln. Und als hätte der Klang einer Kulturlandschaft keine Folgen für das, was komponiert wird. Als wären Bach, Beethoven oder Brahms nicht in spezifischen Klangwelten groß geworden.

Die letzte größere Debatte um den deutschen Klang – was er ist, was er sein soll und ob man ihn heute überhaupt noch braucht –, entzündete sich 2006 an den Berliner Philharmonikern. Und zwar interessanterweise weniger an ihrem Klang als an ihrem Repertoire. Ein Traditionsorchester, das alles spiele und dem scheinbar alles gleich wichtig sei, von Ockeghem bis Thomas Adès, verliere seine Identität und seine klangliche Unverwechselbarkeit, argumentierten die einen (Symptome dafür meinten sie am Spiel der Philharmoniker festzustellen); ein Orchester, das sich im klassisch-romantischen Repertoire zu Hause weiß und daran festhält, von Exkursionen in die eine oder andere Richtung abgesehen, so argumentierten die anderen, verkruste und sei nicht mehr konkurrenzfähig. Dabei waren die Berliner Philharmoniker nur stellvertretend gemeint, für die Dresdner und die Berliner Staatskapelle, für Leipzigs Gewandhausorchester, die Münchner Philharmoniker und etliche andere mehr. Die Welt beneidet uns um den Reichtum der deutschen Orchesterlandschaft. Mit Recht.

Ich will und kann hier nicht den Richter spielen. Aber auch ich bin in den sechziger und siebziger Jahren in Berlin in einer bestimmten Klangwelt aufgewachsen, und es hat mich immer gestört, wenn gesagt wurde, der deutsche Klang, ja ja, der sei dunkel und schwer. Seit meiner kindlichen Begegnung mit Beethovens Egmont-Ouvertüre habe ich ein Faible für die Bratschen-Celli-Bass-Lage in der Musik, fürs Dunkle also. Ich weiß nicht, woher das kommt, ich weiß nur, dass dieses Faible mich mein Leben lang begleitet. Ob der dunkle Klang der Egmont-Ouvertüre nun *deutsch* war oder nicht, hat mich als Acht- oder Neunjährigen bestimmt nicht interessiert. Was mich interessierte, war, was in dieser Dunkelheit steckte, was darin alles zu entdecken war. Sich einen Sack über den Kopf zu stülpen und die Augen zu schließen ist langweilig. Spannend ist das Spiel von Licht und Schatten, sind die Nuancen, die Tiefen, das Sehen bis auf den Grund. Insofern ist der deutsche Klang für mich immer beides: dunkel *und* durchsichtig. Sein Geheimnis ist, dass er um Wagner *und* um Mendelssohn weiß. Alles andere ist eine Karikatur.

Im Berliner Schloss Charlottenburg gibt es seit 2018 eine muntere Dauerausstellung, die sich mit den Hohenzollern beschäftigt

(«Das Preußische Königshaus – Einführung in die Dynastie»). Da kann man einiges lernen, zum Beispiel, dass die deutsche Pickelhaube eigentlich aus Russland stammt. Militärisch war das keine unbedeutende Erfindung, der Pickel auf der Haube sollte helfen, das gegnerische Schwert abzulenken. Einer der Hohenzollern war davon auf Russlandreise so angetan, dass er den Pickel mit nach Hause nahm – und plötzlich trugen alle «Helm mit Spitze», Soldaten und Polizisten in Bayern und überall. Als Symbol für deutschen Militarismus aber blieb die Pickelhaube an den Preußen kleben. In der Ausstellung musste ich an die Diskussion über den deutschen Klang denken: Wer dem heute etwas abgewinnen kann, ist sozusagen automatisch pickelhaubenverdächtig. Ich finde solches Denken bedauerlich. Was entgeht uns nicht alles!

Der deutsche Klang beginnt bei Beethovens Ich. Beethoven ist der erste Komponist, der sich von den Fesseln der Tradition befreit, indem er sein Ringen damit in Töne setzt. Beethoven reflektiert, was er tut, und er lässt uns daran teilhaben. Das hat eine objektive Seite – die Beherrschung der musikalischen Regelwerke, der Konventionen – und eine subjektive: das Künstler-Ich in seinem Veränderungswillen. Daran knüpfen sowohl Richard Wagner als auch Felix Mendelssohn an, jeder auf seine Weise. Wagner mit einem unbändigen Drang zur Subjektivität (manche nennen es Größenwahn) und Mendelssohn in seinem klassizistischen Streben, ein möglichst vollkommener, ja perfekter Komponist zu sein. Die Bewegung des deutschen Klangs im 19. Jahrhundert sieht demnach wie ein Y aus: Am Anfang steht Beethoven, der alles umfasst, später differenziert es sich aus in die Wagner- und in die Mendelssohn-Linie. Beide bilden ihrerseits Traditionen, bei Komponisten wie Interpreten, deren Spuren sich bis in unsere Gegenwart hinein verfolgen lassen: bei den Anhängern eines helleren, brillanteren (objektiveren) Klangs und bei den Anhängern einer dunkleren, rotweinseligeren (und subjektiveren) Tongebung. Der Komparativ ist hier ausschlaggebend, denn in Reinkultur dürfte weder das eine noch das andere existieren.

Auf Beethoven haben sich Wagner wie Mendelssohn gezielt bezogen. Wagner in seiner Schrift *Über das Dirigieren* oder in seiner Novelle *Pilgerfahrt zu Beethoven*; die neunte Symphonie, die für ihn eine große Bedeutung hatte und 1872 bei der Grundsteinlegung des Bayreuther Festspielhauses erklang, nannte er das «menschliche Evangelium der Kunst der Zukunft». Mendelssohn wiederum hat mit seiner Schwester Fanny ganz früh Beethoven-Sonaten gespielt, und als er 1835 sein Amt als Leipziger Gewandhauskapellmeister antrat, stand neben seiner eigenen Ouvertüre *Meeresstille und glückliche Fahrt* Beethovens Vierte auf dem Programm. Mendelssohn war es auch, der in Leipzig die «Historischen Konzerte» ins Leben rief: Konzerte, in denen – damals durchaus unüblich – Musik von verstorbenen Komponisten erklang. Von Bach, Händel, Schubert oder Beethoven.

Klang ist immer – auch – eine Frage der Instrumentenwahl. Im Laufe des 19. Jahrhunderts zeigt das Y alle möglichen Triebe, es verästelt sich, es wuchert hie und da – und mit den Konzertsälen wachsen die Orchester und die Lautstärken, was wiederum die Instrumente verändert. Wenn man heute vom «Wiener Klangstil» spricht, den man unweigerlich mit Beethoven und den Wiener Klassikern identifiziert, dann meint das ein größtmögliches Spektrum an Farben zu Lasten einer moderneren, oft besseren technischen Spielbarkeit. Die Wiener Orchester waren immer schon stur und haben nach Beethovens Tod viele Neuerungen im Instrumentenbau abgelehnt. Horn (das Wiener Horn!), Posaune und Tuba zum Beispiel behielten weitgehend ihre alte, oft etwas zartere Bauart, und die Holzbläser spielten leichtere Rohrblätter (die berühmte Wiener Oboe!). Die Folge: Die Klangfarbe war (und ist) in diesen Gruppen obertonreicher und eine Spur heller als bei deutschen Orchestern. Bei den Klarinetten und Trompeten hingegen ist sie obertonärmer und dunkler. Es herrschen also andere Mischungsverhältnisse, und im Wesentlichen geht es darum, mit der Klangfarbe auf die verschiedensten musikalischen Gegebenheiten reagieren zu können. Das ist Beethovens Welt, die interessanterweise in dem Maße ins Wanken geriet, wie er mit seinen Instrumentierungen dagegenarbeitete. Indem er das Helle nicht noch heller machte, sondern eher ein Faible für die mittlere bis tiefe Lage entwickelte. Ist die Idee vom romantischen Beethoven am Ende also gar nicht so falsch?

Je größer nun die Orchester (Wiener wie deutsche, bei Johannes Brahms oder Richard Strauss), desto leiser und feingliedriger sollte die Musik gespielt werden. Warum komponiert Strauss für solche Riesenapparate, fragt man sich, warum hat er seine Opern nicht für Kammerorchester geschrieben? Das hätte den Vorteil, dass die Sänger auf der Bühne nicht so brüllen müssten. Dahinter steht die (romantische) Überzeugung, dass Musik mehr ist als eine im Guckkasten zu besichtigende Kunstform. Sie ist eine Existenz- und Lebensweise. Eine Realität. Aber nur wenn man es schafft, die *Frau ohne Schatten* so leise zu musizieren, dass man vor lauter Glitzer und Glimmer in der Musik schier betrunken ist, dann weiß man, warum Strauss es so gemacht hat. In der wilhelminischen Übersteigerung der musikalischen Mittel liegt die Lust am schimmernden Detail. Im deutschen Dunkel lockt die alte Wiener Helligkeit.

An Beethoven scheiden sich viele Geister, wie wir gesehen haben. Es gibt kaum einen Komponisten, der so divers gelesen und gehört worden ist wie er. Und nach wie vor gehört und gelesen wird. Beethovens Musik birst vor Energie, daher war die Versuchung groß, sie klanglich zu wagnerisieren. Man glaubte, ihre überwältigende Kraft und Energie, ihren überwältigenden Geist mit überwältigenden Mitteln besser abbilden zu können. Das mag historisch nicht korrekt sein, ist aber nachvollziehbar (und sagt im Zweifelsfall mehr über die Wagnerisierer als über Beethoven). Dagegen steht, um im Jargon zu bleiben, die Mendelssohnisierung Beethovens, die weniger auf Überwältigung setzt als auf den Klassiker und auf klangliche Luzidität. Beide Male steht Beethoven auf einem Sockel – und beide Sockel dürften gleich hoch sein.

Beispiele für den deutschen Beethoven-Klang gibt es zahllose, und sie hier zu sortieren ist nicht leicht. Schon daran sieht man, dass es *den* deutschen Klang im Grunde nicht gibt. Wenn Bruno Walter 1953 mit dem New York Philharmonic Orchestra Mozarts g-Moll-Symphonie dirigiert, dick besetzt, hochdramatisch, dann klingt das fast wie Beethovens Fünfte. Ist das richtig oder falsch, ist es deutsch oder vielleicht bewusst nicht deutsch (Walter lebte seit 1939 im amerikanischen Exil)? In jedem Fall steht eine leidenschaftliche Überzeugung hinter dieser Einspielung, und natürlich muss man sie aus ihrer Zeit heraus verstehen. Drei Jahre zuvor, 1950, spielt Erich Kleiber mit dem Amsterdamer Concertgebouw-Orchester die Eroica ein. Das ist eine schnittige Angelegenheit, in den Tempi wie in den kurzen, luftigen Phrasierungen. Man hört den Despoten, der Kleiber war – und man hört mit einiger Überraschung auch, wie «deutsch» die Tongebung des Orchesters ist. Dieser Amsterdamer Klang hat etwas Griffiges, Unpoliertes. Spricht daraus noch die Ära Willem Mengelberg, der das Concertgebouw-Orchester bis 1945 leitete und als Verfechter des romantischen «deutschen» Stils galt? Orchester haben ein langes Gedächtnis. Als einer der ersten Dirigenten überhaupt nimmt Mengelberg 1939/40

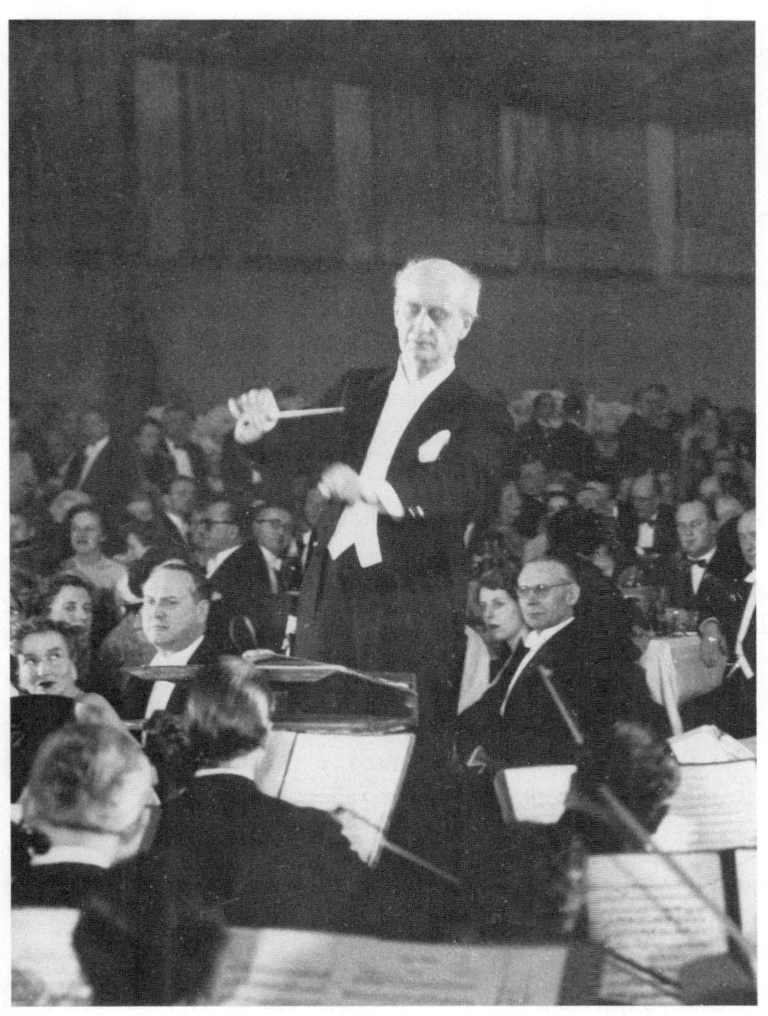

Wilhelm Furtwängler mit den Berliner Philharmonikern, 1952

alle neun Beethoven-Symphonien auf Schallplatte auf. An Temperament und Feuer steht seine Eroica der Kleiberschen nicht nach. Auch die Tempi sind nur unwesentlich langsamer, aber er geht viel freier damit um.

Manche Aufnahmen aus dem früheren 20. Jahrhundert empfinden unsere heutigen Ohren als stilistisch ziemlich daneben. Weil sie über-romantisieren oder so zuchtmeisterlich zu Werke gehen, dass es auch nicht schön ist. Die große Ausnahme bildet Wilhelm Furtwängler. Auch Furtwängler mag gelegentlich den Bogen überziehen, aber fast immer gelingt ihm das Kunststück, die Musik mit so viel Sinn und Seele zu füllen, dass es praktisch nicht falsch sein kann.

Dafür brauchte er Orchester, die symbiotisch mit ihm arbeiten. Die Berliner und vor allem die Wiener Philharmoniker haben ihn geliebt. Die konnten ihn lesen. Furtwängler trat auf, und die Musiker wussten sofort, das wird heute irgendwie chaotisch. Oder ganz groß. Furtwängler hatte eine unorthodoxe Zeichengebung, und die Geschichte, dass die Musiker sich fragten, wo beginnt bei ihm der Schlag, auf Höhe des dritten oder des vierten Knopfes vom Frackhemd, sagt viel. Über die Magie des Ungefähren. Und über das Risiko, das er einging. Was mir an Furtwängler so wahnsinnig gefällt, ist die Bereitschaft zum Total-Risiko. Er nimmt die Möglichkeit in Kauf, dass alles auseinanderbricht, dass die Spannung nicht hält oder sich etwas so überhitzt, dass er es nicht mehr kontrollieren kann; und macht es trotzdem. Das ist eine Qualität, die uns nahezu abhandengekommen ist. Heute sind wir in erster Linie textgläubig. Wir brauchen Sicherheiten, ziehen hier ein Netz ein und dort noch eins, stellen Vergleiche an, vergewissern uns lieber einmal mehr als einmal weniger. Wir wollen alles richtig machen. Furtwängler wollte das nie. Furtwängler wollte so dirigieren, wie

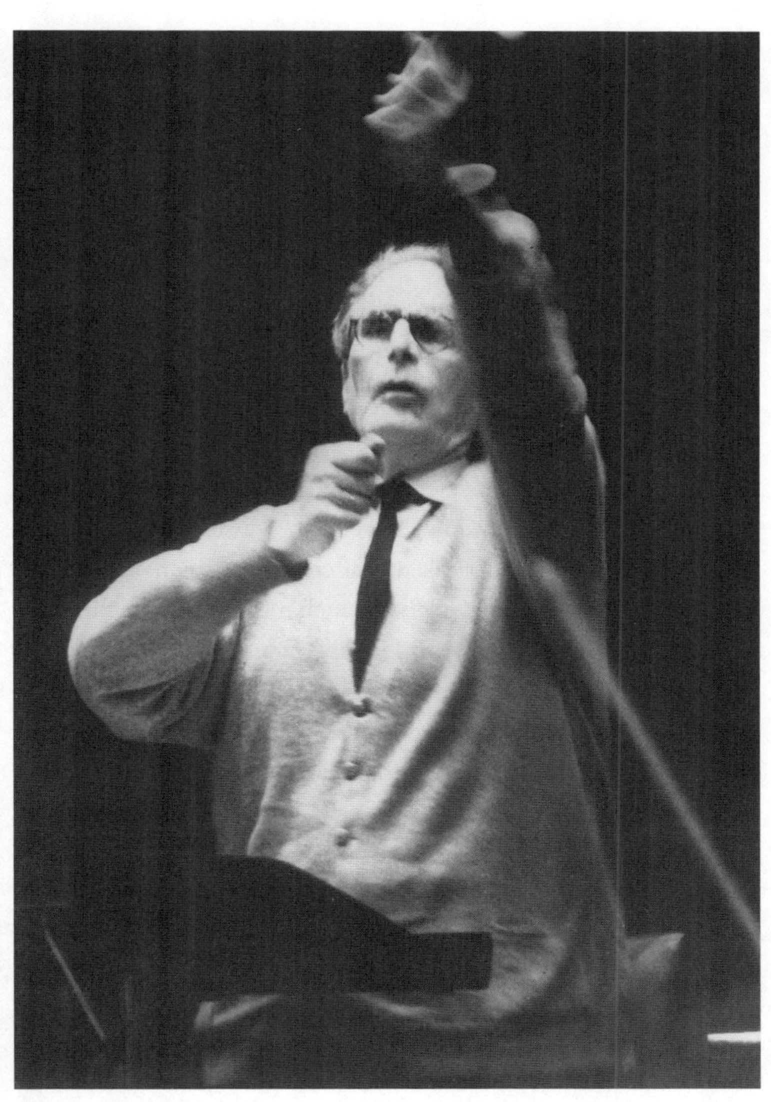

Otto Klemperer, 1957

Beethoven komponierte. «Quasi una fantasia» nennt er seine beiden Klaviersonaten Opus 27.

Sicher war Furtwängler nicht immer gleichermaßen inspiriert. Bei einem Künstler, der so mit dem Feuer spielt, kann das gar nicht anders sein. Und er galt auch nicht als unantastbar – es wird ja gerne so getan, als hätte es nur ihn gegeben in den dreißiger und vierziger Jahren, hier Furtwängler und da Toscanini, und innerhalb dieser beiden «Lager» wäre man sich stets einig gewesen. 1931 hat Furtwängler in der alten Berliner Philharmonie in der Bernburgstraße die Neunte dirigiert – und Otto Klemperer ein paar Tage davor oder danach in der Krolloper. Das war von beiden Seiten eine Ansage. In der Presse erschein eine Doppelkritik, in der Furtwängler wenig überschwänglich bedacht wurde: Es sei gut und schön gewesen und sehr subjektiv, aber Klemperer in seiner Klarheit – ich paraphrasiere jetzt – habe doch mehr aus der Symphonie herausgeholt. Furtwängler wurde nicht gerade verrissen, aber das eindeutig bessere Urteil galt Klemperer. 1927 hatte Klemperer seine Ära an der Krolloper mit Beethovens *Fidelio* begonnen, sehr programmatisch und in einer sagenhaften eigenen Inszenierung. Das war der Startschuss für das, was wir heute Regietheater nennen. 1931 gab der «Kapellmeister-Regisseur» mit der Neunten dann seinen Abschied vom Haus am Tiergarten, die Nazis trieben ihn als «Kulturbolschewisten» ins Exil. 1936 schreibt Klemperer aus Los Angeles an die Pianistin Lonny Epstein über seine neue Heimat: «Das Land ist wundervoll, aber ‹etwas fehlt›. Was ist es? Ich könnte mir denken, dass man sich in einem kleinen österreichischen Alpendorf, das landschaftlich gewiss nicht an Californien reicht, viel besser fühlt. Wieso schmeckt das Brot hier nicht wie in Wien? Es ist doch derselbe Weizen. Aber es ist nicht derselbe Boden! (im umfassendsten Sinne).»

Etwa zur gleichen Zeit kündigen sich die Vorläufer von Neu-Bayreuth an, Heinz Tietjen inszeniert auf dem Grünen Hügel *Die Meistersinger von Nürnberg*, den *Ring*, den *Parsifal*, *Tristan und Isolde* und den *Fliegenden Holländer*, Emil Preetorius gestaltet die Bühnenbilder. Das sind unglaublich moderne, anti-romantische Aufführungen, die ästhetisch kaum im Sinn der politischen Zeitläufte gewesen sein dürften. Darauf hat Wieland Wagner seinerseits 1951 zurückgegriffen und aufgebaut. Das Objektive lag förmlich in der Luft.

Doch noch einmal zurück zu Klemperer, der zu den Dirigenten gehörte, deren Tempi im Alter immer langsamer wurden. Bei seinem Kollegen Sergiu Celibidache hatte das philosophisch-esoterische Gründe, bei Klemperer hat man das Gefühl, er wollte sich die Partituren in minutiöser Genauigkeit anschauen, wie unter der Lupe. Ein großer Metaphysiker war der gebürtige Breslauer nie, aber dass er als «Dirigent der Moderne» zu den Wegbereitern der historisch informierten Aufführungspraxis zählen würde, hätte er wohl nicht im Traum gedacht. Hört und sieht man den nach einer Hirntumor-Operation halbseitig gelähmten Klemperer die Neunte dirigieren, 1970 mit dem New Philharmonia Orchestra in London, hat das eher statuarische Größe, ein bisschen wie vom Reißbrett.

Zu diesem Zeitpunkt hatte die Originalklang-Bewegung in England wie in Deutschland bereits Fahrt aufgenommen. Beethoven geriet mit einiger Verspätung in ihr Visier, aber die Stoßrichtung war klar: weg von der Romantisierung, Wagnerisierung und Furtwänglerisierung des klassischen und frühklassischen Repertoires, hin zu mehr Rhetorik in der Musik, zu Rhythmik und Gestik. Die Devise lautete: Klangrede statt Klang! Das, mit Verlaub, war kaum weniger «deutsch» als alles andere – und Beethoven lieferte das

Material. Mit seinen Sforzati, seinen Fortissimi im Blech, seiner Ungeduld. Den Zeitgenossen wollte er vielleicht nur sagen: Damit ihr es nicht macht, wie ihr es immer macht, nämlich ungeprobt und ungefähr, schreibe ich auf jede Note einen Akzent. Der moderne Originalklang-Adept glaubt deshalb, jede Note müsse einzeln herausmodelliert werden, und setzt den Meißel an. Er glaubt auch, das dunkle Register bei Beethoven klinge zu sehr nach Brahms und müsse aufgelichtet werden. Falsch! Richtig ist vielmehr, dass Brahms sich auch im Register an Beethoven orientierte. Ansonsten hat er sich mit dessen Riesenschatten natürlich fürchterlich schwergetan, gerade als Symphoniker.

Ich denke das historische Klangbild immer mit. Ich lese auch Jonathan del Mars Urtext-Ausgabe von Beethovens Symphonien, und wenn es neuere Erkenntnisse aus der Aufführungspraxis gibt, fließt das bei mir mit ein. Als Dirigent kann ich nicht anders, als alles aufzusaugen. Aber ich möchte immer wissen, *warum* hat Beethoven etwas so oder so gemacht? Und ich habe etwas gegen apodiktische Antworten. Letztlich können alle nur spekulieren, und das sklavische Befolgen des Notentextes ist eine schlechte Ausrede dafür, keine eigene Meinung zu haben. Hat Beethoven eine krude Metronomzahl wie Halbe = 138 im Kopfsatz der Hammerklaviersonate vielleicht aus eher didaktischen Gründen festgelegt, damit der Satz nicht zu langsam genommen wird? Soll ich das als Pianist wirklich so spielen und akzeptieren, dass es wie Mickymaus klingt? Als Beethoven-Interpret ist man oft hin- und hergerissen. Man möchte dem Komponisten entsprechen. Manche entsprechen ihm durch unbedingte Noten- und Texttreue, andere (wie ich) durch die Freiheiten, die sie sich nehmen. Angreifbarer ist sicher Letzteres.

Der Charakter eines Orchesters spielt bei all diesen Überlegungen ebenfalls eine große Rolle. Der Wiener Klang zum Beispiel war schon zur Beethoven-Zeit fein und süß und rund und ist dafür bis heute berühmt. Auch das Wiener Café Demel gibt es seit dem frühen 19. Jahrhundert, und die Sachertorte wurde 1832 erfunden (im Auftrag Metternichs!). Wenn ein Komponist in diesem Ambiente *sforzato* in seine Partituren schreibt, ist das etwas anderes, als wenn er das für ein Orchester mit einem von Haus aus deutlich beherzteren klanglichen Zugriff tut. Insofern führt uns die Urtext-Ausgabe bisweilen in die Irre. Dann geht der Kollege oder die Kollegin im fernen Montreal nämlich her und sagt, liebe Musiker, da steht *sforzato*, und wir spielen das jetzt so scharf und heftig, wie wir können – und bedenkt dabei weder das historische Wiener Flair noch die Umstände, auf die Beethovens musikalische Ideen trafen. Solche Dinge beschäftigen mich sehr. Gerade in Dresden, wo der Klang eine ähnliche Süße besitzt wie in Wien (nicht von ungefähr nannte Wagner die Dresdner Staatskapelle seine «Wunderharfe»). Wenn ich mit diesem Orchester Beethoven spiele, setze ich in der Regel etwas deutlichere Akzente, als wenn ich vor den Berliner Philharmonikern stehe.

Der Weg zu einem helleren, klareren, bewussteren «deutschen» Klang vollzog sich im letzten Jahrhundert auf den verschiedensten Ebenen. Die Opernregie spielte genauso eine Rolle wie die Bach-Pflege eines Rudolf Mauersberger und eines Günther Ramin. Beide dachten bereits Ende der zwanziger, Anfang der dreißiger Jahre nicht mehr genuin romantisch und prägten damit die Tradition des Dresdner Kreuzchores und der Leipziger Thomaner. Das «deutsche» Musikmachen wurde insgesamt schmuckloser, insofern war der «lateinische» Erich Kleiber ein Vorläufer von Nikolaus Harnoncourt und der «objektive» Artur Schnabel ein Geistes- und Seelenverwandter etwa von Maurizio Pollini und Alfred Brendel.

Man höre den langsamen Satz der Hammerklaviersonate (*Ada-*

gio sostenuto, Appassionato e con molto sentimento in fis-Moll) einmal von dem britischen Pianisten Solomon gespielt, Anfang der 1950er Jahre, und einmal mit dem Russen Emil Gilels – und man versteht auf Anhieb, was es mit objektivem und subjektivem Musizieren auf sich hat. Diese beiden Aufnahmen trennen Welten! Solomon – hypersensibel, hypernervös, Enkelschüler von Clara Schumann – gleitet hier in geradezu Chopinsche Verzweiflungszustände und Modulationen ab, alles scheint nur noch Klang zu sein. Gilels dagegen liefert eine Art goldenen Schnitt, man folgt der Struktur des Satzes, erstes Thema, zweites Thema, Variationen, Ende in Fis-Dur. Ebenfalls großartig.

In den letzten Jahren bin ich, was Pianisten betrifft, auch auf Artur Rubinstein gekommen. Rubinstein mit dem Vogelnest auf dem Kopf und seinen legendären Trio-Aufnahmen mit dem Geiger Jascha Heifetz und dem Cellisten Gregor Piatigorsky (unübertroffen: Mendelssohns g-Moll-Klaviertrio in einer amerikanischen Filmproduktion!). Rubinstein, der am Klavier so sorglos wirkt, fast oberflächlich, ohne je oberflächlich zu sein. Der gar nichts macht – und alles. Wenn er Beethoven spielt, die Appassionata oder die Mondscheinsonate, hört sich das im ersten Moment etwas flach an, als langweilten sich seine Virtuosenfinger, weil sie nicht genug zu tun kriegten. Sein Beethoven klingt manchmal wie sehr guter Mendelssohn, und das meine ich als Kompliment.

Auch Heifetz' Beethoven-Spiel interessiert mich ungemein. Ist es wirklich so kalt und virtuos, wie man immer sagt, oder fasziniert es einen doch? In der Figur Heifetz treffen sich die Linien, die objektive und die subjektive. In seinem Virtuosengestus ist er subjektiv und objektiv zugleich: objektiv, weil er technisch keine Grenzen kennt, und subjektiv, weil er damit jedes musikalische Geschehen dominiert, ob er will oder nicht.

Ganz ähnlich verhält es sich mit Herbert von Karajan. Im Grunde assoziiert man Karajan nicht wirklich mit Beethoven. Warum? Weil er einerseits kein Romantiker ist und weil es andererseits seit Toscanini schnittigere, konsequentere Interpretationen gibt als seine. Karajan steht zwischen diesen Polen, und er tut das aus strategischen Überlegungen heraus. Dreimal nimmt er alle Neune mit den Berliner Philharmonikern auf, 1963, 1977 und 1984. Das Massenmedium Schallplatte, das Massenmedium CD, schließlich auch die berüchtigten Filme, die er mit Regisseuren wie Henri-Georges Clouzot oder Hugo Niebeling anhand der Symphonien drehte oder drehen ließ: All das fand eine irre Verbreitung. Irgendein Karajan-Beethoven lag bei jedem zu Hause im Schrank. Das hatte auch etwas Wirtschaftswunderliches: Der Krieg ist vorbei, wir haben wieder Geld und nehmen das Alte nicht mehr so wichtig und gewichtig. Wir suchen klanglich nicht mehr das Dunkle, sondern verlegen uns aufs Hellere, Brillante. In der alten «deutschen» Orchesteraufstellung sitzen die ersten und zweiten Geigen einander gegenüber, links und rechts außen vom Publikum aus gesehen. Karajan setzte die Geigen zusammen, nebeneinander links. Prompt hatte der Klang weniger Spannung, weniger Tiefe und mehr Homogenität. Carlos Kleiber war der Erste, der irgendwann zur alten Aufstellung zurückkehrte. Ich folgte ihm gern. Heute spielen wieder alle so, sogar in der Oper.

Karajans erster Beethoven-Zyklus ist mir komischerweise am fremdesten. Da zeigt er am stärksten seine eigene Pranke, und die Tempi sind sehr flott. Da kurvt er mit dem Privatjet über die Landschaften der Pastorale, da brettert er mit dem Maserati über die A9. Bei Wagner hat Karajan sich sehr wohl an Knappertsbusch und Furtwängler orientiert, da konnte er einen wunderbar langsamen und ruhigen Atem entfalten, auch bei Bruckner. Bei Beethoven aber löckt er wider den Stachel und scheint sich zu sagen: Ich will etwas ganz anderes machen, anders als alle anderen. Vielleicht musste er das aber auch tun. Weil er sich von dem übermächtigen Furtwängler absetzen wollte, seinem Vorgänger bei den Berliner Philharmonikern, der immer noch in aller Munde und Ohren war. Das kann ich gut verstehen. Manchmal muss man einfach protestieren, gegen Achtel = 108 oder gegen einen mächtigen Schatten der Vergangenheit. Man schaut, wo sind die Lücken, die Leerstellen, wie kann ich mich profilieren? Aber man muss damit auch wieder aufhören können, und das konnte Karajan nicht, deshalb kam es zu einer Anti-Reaktion. Die Beethoven-Symphonien sind schließlich nicht irgendetwas, sie sind absolutes philharmonisches Kernrepertoire, der Kern der Kerne!

Was wäre Karajans Alternative gewesen? Hätte er Furtwängler nachgeahmt, hätte man ihm das mindestens genauso übel genommen. Da kommt ja nischt, hätten die Berliner gemeckert. Kennen wir alles schon, und zwar besser. Wie sagt der kleine Nepomuk Schneidewein in Thomas Manns *Doktor Faustus*, wenn er von etwas genug hat? «'habt!»

Karajan ging also hin und merzte die Furtwänglerischen Ritardandi aus. Nicht mit dem eisernen Besen, so clever war er, aber mit der ihm eigenen Konsequenz. Die Philharmoniker klangen in den sechziger Jahren noch sehr Furtwänglerisch, das darf man nicht vergessen. Und Karajan hat sich von ihnen manches auch einfach vorspielen lassen, um seine eigenen Vorstellungen und Ideen geschickt dazwischenzufädeln. Ein bisschen nach dem Prinzip «die guten ins Töpfchen, die schlechten ins Kröpfchen». Bei Brahms war das wohl auch so. Daneben aber hat er viele Stücke ins Repertoire gehoben, die das Orchester von Furtwängler her nicht so kannte, Tschaikowsky zum Beispiel. Karajan stellte das Kernrepertoire sozusagen vor einen neuen Horizont, in einen neuen Kontext, das war schlau. Deshalb gilt sein erster Beethoven-Zyklus als so bedeutend. Beim zweiten konnte er sich dann gereift zeigen, da schloss er mit Furtwängler innerlich seinen Frieden und rückte ihm in den Tempi sogar ein Stückchen näher.

Vom Typ her war Karajan eher technisch. Während Furtwängler beim langsamen Satz der Neunten nur selbstvergessen vor sich hin zu starren brauchte, musste Karajan (sich) alles bewusst machen. Das war sein Unglück und Glück zugleich. Doch die beiden trennte auch eine Generation, das dürfen wir nicht vergessen. Furtwängler war 68, als er starb, aber irgendwie immer ein alter Mann. Karajan war zwanzig Jahre jünger, als er bei den Berliner Philharmonikern antrat, und musste an seiner Ausstrahlung noch arbeiten. Später hatte er diese Ausstrahlung. Wenn er sich mit seinem bösen Rücken und mit letzten Kräften vor dem Orchester auf diese komischen Fahrradsattel hievte, die Augen schloss und auf eine unbestimmte, fast fahrige Weise anfing zu taktieren, dann knisterte es.

Bei Karajan hatten viele Orchestermusiker noch unter Furtwängler gespielt, bei Claudio Abbado viele noch unter Karajan, bei Simon Rattle viele unter Abbado, und bei Kirill Petrenko haben die meisten Rattle erlebt. Und so geht es weiter. Das Orchester trägt an seiner Tradition, und jeder neue Chef bringt seine Klangvorstellung mit. Das ist nicht immer leicht zu synchronisieren, vor allem braucht es Zeit. Die Wiener Philharmoniker verfolgen ein anderes System, sie haben keinen Chefdirigenten. Der Effekt ist aber ganz ähnlich. Man ist eingeladen, das Neujahrskonzert zu dirigieren, und nimmt sich die *Sphärenklänge* von Josef Strauss vor? Ach, sagen die Wiener und gucken einen etwas mitleidig an, das haben wir schon mit Karajan gespielt. Und mit Carlos Kleiber. Und mit Mariss Jansons und mit Riccardo Muti. Schrecklich!

Am Ende gibt es immer nur einen Weg: den eigenen. Gerade bei Beethoven. Beethoven ist der Lackmustest. Man muss nur wissen, wo das eigene Herz schlägt. Und es sollte einem klar sein, dass historisch gesehen aufs Subjektive gern das Objektive folgt und aufs romantische «Gedöns» die Aufführungspraxis. Das eine provoziert sozusagen das andere, und vielleicht ist genau das der Punkt, warum die Diskussion über den deutschen Klang oft mit einiger Gereiztheit geführt wurde: weil man diejenigen, die wiederum mit der Aufführungspraxis nicht viel anfangen konnten oder wollten, als Konterrevolutionäre abstempelte. Der Freund einer gewissen Basslastigkeit bei Beethoven steht dann schnell im Ruch, das Rad der Geschichte zurückdrehen zu wollen. Selbst wenn er nachweislich von den Erkenntnissen der sogenannten Objektiven oder Lateinischen oder Rhetorischen profitiert hat und *seine* persönliche Summe aus der Beethoven-Rezeption zieht.

Ich finde solche Abstempeleien ungehörig und unnötig. Im Leben sind wir unfrei genug, in der Musik sollten wir frei sein. Welches Mittel hatte Beethoven denn, um sich gegen Napoleon oder gegen Metternich zu erklären? Waren Furtwänglers Dirigate in der NS-Zeit nicht Demonstrationen der Freiheit? Und steht uns heute stilistisch nicht *alles* zu Gebote, sollten wir uns mit Beethoven nicht ausleben, jeder nach seiner Kraft und Façon? Jüngere Kollegen wie Andris Nelsons oder Teodor Currentzis tun das, und es macht mich froh, dass sie zur Frage des deutschen Klangs ein ebenso unverkrampftes Verhältnis haben wie zu manchen aufführungspraktischen Gedanken. Wobei ich mich mit Beethoven auf Darmsaiten nie, nie, nie anfreunden werde. Aber was soll's!

Eine Künstlerpersönlichkeit wie Wilhelm Furtwängler hat sich nie untergeordnet, keinem politischen System und im Grunde auch keinem Komponisten. Furtwängler war unbestechlich frei. Er war selber Komponist und hat sich am Dirigentenpult als Nachschöpfender begriffen. Das verträgt sich nicht mit Ideologie. Man hat ihm immer vorgeworfen, mit zu viel Pathos zu dirigieren. «Pathos» kommt aus dem Griechischen, παθεῖν («pathein») heißt erleben, erfahren, erleiden, erdulden. Was soll daran schlecht sein? Pathos meint das volle Ausschöpfen der Gefühle. Wenn man liest, dieses oder jenes sei «wohltuend unpathetisch», ärgere ich mich oft darüber. Warum kann etwas nicht auch «wohltuend pathetisch» sein? Die großen Gefühle handeln immer von Sein oder Nicht-Sein. Das wahre Pathos sagt: Ich gehe über Grenzen. Nichts anderes hat Beethoven getan. Nichts anderes tut Furtwängler, auch in vielen Aufnahmen. Dafür bewundere ich ihn.

Furtwängler hat Deutschland zwischen 1933 und 1945 nicht verlassen, obwohl er die Möglichkeit dazu gehabt hätte. War das Opportunismus oder innerer Widerstand? Bis heute gehen die Meinungen darüber auseinander. Das Taschentuch, mit dem er sich am 19. April 1942 die rechte Hand abwischt, die eben noch Goebbels' Hand geschüttelt hat: Ändert es etwas an einer Aufführung der Neunten unter Hakenkreuzbannern? Furtwängler war in die Machenschaften des NS-Regimes verstrickt, ob er wollte oder nicht, und als er sich 1944 sukzessive in die Schweiz absetzte, war absehbar, dass Deutschland den Krieg nicht gewinnen würde. Man kann das verurteilen oder ihm als Schwäche auslegen. Was nicht geht, finde ich, ist, die politische Lage mit Furtwänglers romantischer Beethoven-Auffassung kurzzuschließen. Und was überhaupt nicht geht, ist, alle, die an dieser Auffassung Gefallen finden, politisch in eine Ecke zu stellen. Furtwängler war im Übrigen nie in der Partei. Karajan war in der Partei, er trat sogar zweimal ein.

6

Ein episches Maiengrün und entfesselte Energien

Die Symphonien 6 und 7

Der dritte Abend

Der dritte Abend unseres imaginären Beethoven-Zyklus bricht an. Er gilt der sechsten und der siebten Symphonie, eine Konstellation, für die der Dirigent seine Kräfte erneut gut ausbalancieren muss. Zwei gleich starke Werke, die sich auch noch beide auf die Fünfte beziehen – das wird spannend. Zwei sehr verschiedene Blicke zurück nach vorn, wenn man so will. Die Sechste und die Fünfte verhalten sich in ihrer Gegensätzlichkeit zueinander wie die beiden Seiten einer Medaille. Die Siebte hingegen wird vom Gestus her und bei allen gravierenden Unterschieden eher als eine Fortsetzung der Fünften betrachtet. Arbeitet sich diese aus der Nacht zum Licht, so steht jene schon mit dem ersten Ton im vollen Strahlenkranz.

Symphonie Nr. 6 F-Dur Opus 68 (Pastorale)

Beethovens Sechste, die Pastorale, hat für mich eine helle Farbe. Ein helles Grün, ein Maiengrün, F-Dur. Das ist traditionell die Tonart für die ländliche Idylle, für Schäferspiele und Hirtenleben.

Entstehungsgeschichtlich ist die Pastorale ein Geschwisterwerk der Fünften, was man sich bei den Unterschieden kaum vorstellen kann. Oder gerade sehr gut? Die Sechste ist die «epische Schwester» der dramatischen Fünften. Beide werden im selben Akademiekonzert uraufgeführt, am 22. Dezember 1808 im Theater an der Wien, und das Publikum begreift zwar, dass Beethoven mit der Pastorale neue Wege beschreitet, findet es aber merkwürdig, dass die Musik versucht, bestimmte Gefühle zu wecken. Man tut sich schwer, die Naturschilderungen nicht wörtlich zu nehmen. Noch Debussy spottete, aus dem Bach (im zweiten Satz) tränken offenbar die Kühe. Ich höre in der Pastorale die Wagnerschen Naturszenen, das *Rheingold*-Vorspiel, das Waldweben in *Siegfried*. Und Tondichtungen von Richard Strauss bis Anton Webern.

Der Titel der Symphonie ist etwas umständlich, aber präzise: «Pastoral-Symphonie oder Erinnerung an das Landleben, mehr Ausdruck der Empfindung als Malerei». Zum ersten Mal gibt es überhaupt einen solchen Titel, zum ersten Mal kommt Beethoven ins Erzählen! Dabei geht es nicht um Illustration oder Lautmalerei, wie er sagt, sondern um die Natur, wie sie auf den Menschen wirkt. Um eine Idee der Natur, in Wachtel-, Nachtigall- und Kuckucksrufen! Beethoven, der Romantiker.

Die Sechste ist einerseits größer besetzt als die Fünfte und andererseits auch nicht. Beethoven differenziert satzweise, das ist neu. Der erste und der zweite Satz sind Holzbläsern, Hörnern und Streichern vorbehalten, im vierten Satz (der Gewitterszene) kommen Piccoloflöte, Posaunen und Pauke dazu, der fünfte, das Finale, behält davon nur die Posaunen. Die Titel der fünf Sätze sind ausführlich, auf die italienische Satzbezeichnung folgt jeweils ein deutsches «Programm». Außerdem gehen der dritte, vierte und fünfte Satz ineinander über.

Ich habe mich mit der Pastorale nie schwergetan. Im zweiten Satz, in der «Szene am Bach», muss man das Tempo gut treffen, das ist manchmal heikel. Und nach dem Gewitter darf man nicht zu viel hineingeheimnissen in die Musik. Die Harmonie, die Beethoven am Ende beschwört, die Versöhnung von Mensch und Natur, ist nicht argwöhnisch. Die ist so. Wir vermuten heute hinter allem irgendeinen Bruch und sind ratlos, wenn sich keine Brüche auftun, und finden das dann harmlos oder langweilig. Beethoven sagt: Die Natur ist niemals langweilig oder harmlos.

Die Schwierigkeit zu Beginn der Symphonie ist es, nicht zu viel *action* zu machen. Beethoven schreibt – mal wieder – *Allegro ma non troppo* (Halbe = 66), das ist bewegt, aber nicht unruhig. Alles im Einklang. Es gibt viele Aufnahmen, die nehmen den Anfang zu hektisch, was dann gar nicht pastoral ist. Da hoppeln die Rehe durchs Gebüsch, und die Vögel piepen um ihr Leben. Man sollte als Dirigent keine Effekte suchen. «Erwachen heiterer Empfindungen bei der Ankunft auf dem Lande», steht über den Noten. Das heißt: Man kommt von woanders her, aus der Stadt wahrscheinlich, und ist gehobener Stimmung. Die Vögel singen, ein paar Wolken ziehen am Himmel, ich freue mich auf mein Butterbrot. Sonst passiert nicht viel. Es schwingt, es schillert, die Luft ist gut. Als Dirigent muss, ja darf ich nicht viel machen, nur der Musik folgen. Das Ganze ist ein Stimmungsbild, ein Tableau der Farben und Perspektiven. Es gibt keine große Entwicklung, keine Konflikte, auch harmonisch tut sich wenig. Das muss man genießen können. «Wie froh bin ich, einmal in Gebüschen, Wäldern, unter Bäumen, Kräutern, Felsen wandeln zu können, kein Mensch kann das Land so lieben wie ich», schreibt Beethoven 1810 an seine Schülerin und Freundin Therese Malfatti. «Geben doch Wälder, Bäume, Felsen den Widerhall, den der Mensch wünscht!»

Der erste Satz zeigt den Menschen in der Natur, sein Erleben. Im zweiten («Szene am Bach») scheint die Natur selbst zu Wort zu kommen. *Andante molto mosso* lautet die Tempobezeichnung, Beethoven verwendet sie in seinem ganzen Werk nur dieses eine Mal. Ein bewegtes, sehr bewegtes *Andante* schwebt ihm hier vor, 12/8-Takt, punktierte Viertel = 50. Die Vorschläge, Triller, Fortepiani in den ersten Geigen, all das muss sich entfalten können. Ich nehme das Tempo etwas rascher als Furtwängler (bei dem der Bach eher einem Flüsslein gleicht) und langsamer als Carlos Kleiber oder Karajan. Nicht zu langsam, aber so, dass man sich an den Details erfreuen kann, am Zwitschern, Plätschern und Rascheln.

Auch der zweite Satz ist in erster Linie ein Bild, die Schilderung eines Zustandes. Es wird gesungen, schön gesungen, alles spinnt sich in der größten Absichtslosigkeit fort. Der Bach kennt keinen Stau, keine Steine, es gibt keine Überraschungen, erst recht keine bösen. Und die berühmte Vogelrufstelle ab Takt 129 kurz vor Schluss – Nachtigall in der Flöte, Wachtel in der Oboe, Kuckuck in der Klarinette – ist naturalistisch und nicht-naturalistisch zugleich: Den Kuckuck lässt Beethoven eine große Terz anstimmen, in Wirklichkeit ist es, wie wir wissen, eine kleine.

Dritter Satz, «Lustiges Zusammensein der Landleute», *Allegro*, punktierte Halbe = 108. Jetzt wird's handfester, Kuckuck hin, Klarinette her. Schluss mit allen Spintisierereien – jetzt sägen die tiefen Streicher, und die Dorfkapelle macht schrumm-schrumm. Das ist fast parodistisch, aber nur fast, und ich halte nichts davon, es zu überzeichnen. Es steht doch alles in den Noten! Wie sagte Gustav Mahler zu Bruno Walter, als der ihn am Attersee besuchte und die Berge bewunderte? «Da brauchen Sie gar nicht mehr hinzusehen – das habe ich alles schon wegkomponiert.» Dazu muss man wissen, dass Walter durchaus Ambitionen als Komponist hatte.

Der dritte Satz ist mit gut fünf Minuten so kurz, dass man ihn auch als vergrößerte Überleitung zum vierten betrachten könnte. «Gewitter, Sturm», der äußere Höhepunkt der Symphonie. Großartig, wie eins aus dem anderen erwächst! Es bewölkt sich, man sieht's aber nicht richtig oder will's nicht sehen, es tröpfelt, auch da denken die Leute noch, wird schon nichts sein, wir trinken noch eins, *Presto, fortissimo*, lustig ist's. Beethoven macht das sehr subtil, die Musik wird innerlich immer erregter, man weiß, irgendetwas stimmt nicht, aber man weiß nicht, was. Das sind feinste Andeutungen, Tremolo in den Bässen, hinten zuckt ein Blitz, hier kommt ein Wind auf, es könnte auch alles nur ein Spuk sein, pure Einbildung. Was für ein Psycho-Stück! Und während man das hört, beschleicht einen retrospektiv der Verdacht: Vielleicht war der Bach gar nicht so ein liebes Bächlein, vielleicht habe ich schon bei der «Ankunft auf dem Lande» etwas übersehen? Kann ich meiner Wahrnehmung noch trauen? Es wird einem mulmig zumute, und dann bricht das Gewitter los: Fortissimo, f-Moll, absolutes Chaos! Es scheppert und kracht, die Luft riecht nach Schwefel, man fühlt sich als Spielball der Naturgewalten und ist doch nur Opfer der eigenen Fantasie.

So schnell, wie er hereinbricht, verzieht sich der Lärm auch wieder. Auch hier gibt es keine Satzpause, sondern einen nahtlosen Übergang. «Hirtengesang. Frohe und dankbare Gefühle nach dem Sturm», dichtet Beethoven. Befriedung der Natur, Befriedung der

Seele. Man sammelt sich, erst räuspern sich die Klarinetten, dann rufen die Hörner im 6/8-Takt, *dolce* und in F-Dur. Und dann setzen mit der gleichen Melodie die ersten Geigen ein, hohe Lage, *pianissimo* und *legato*. Was für ein Gesang! Er ist dem Sturm abgetrotzt, irgendwie sich seiner selbst nicht ganz sicher und doch engelsgleich. Hoffen wir, dass nichts zurückbleiben wird von dem Getöse, sagt diese Musik, mal schauen, wie viele Gläser zu Bruch gegangen sind, und wohin hat es eigentlich die Tischdecken geweht?

Das Gewitter ist der äußere Höhepunkt der Symphonie, der Hirtengesang ist der innere. Die Ordnung stellt sich wieder her, der Mensch begreift, dass er Teil der Schöpfung ist und dass es um Harmonie geht. Der Schluss der Symphonie aber stellt ein Problem dar. Das ist nämlich keiner. Es fasert mehr aus, als könne die Musik kein Ende finden. Irgendwie fehlt Beethoven die Puste, es gebricht ihm an Überzeugung. Also doch? Ist das die Überraschung, auf die wir gewartet haben? Hat das Landleben seine Naivität und Ungebrochenheit verloren? Mich erinnert dieser Schluss an den der Missa solemnis. Der gleiche 6/8-Takt, fast die gleichen Töne sogar, «dona nobis pacem … pacem … pacem …» – das ist auch kein Schluss. In der Missa misstraut Beethoven dem göttlichen Frieden, in der Pastorale gibt er uns am Ende zu verstehen, dass nach dieser Landpartie vielleicht doch Zweifel bleiben. So richtig verlassen kann man sich auf die Schönheit der Natur offenbar so wenig wie auf die der Musik.

Der Dirigent kann diesen Schluss nicht erzwingen. Nur der allerletzte Takt ist *fortissimo*, alles andere davor ein Irrlichtern im *Pianissimo*. Da kann man nichts machen. Carlos Kleiber lässt den Schluss total in der Luft hängen, die Zuhörer wissen nicht, dürfen sie jetzt klatschen oder nicht? Das ist mir zu extrem, aber er legt den Finger schon in die richtige Wunde. Ich federe den Schluss trotzdem lieber mehr ab. Beethovens Fünfte schraubt sich in einen Schlussakkord-Rausch hinein, wie wir gesehen haben; seine Sechste macht das totale Gegenteil. Das ist Konzept. Über solche Korrespondenzen hat er sicher nachgedacht. Ich kann einen Wald von Ausrufezeichen an den Schluss einer Symphonie setzen – ich kann die Musik aber auch abebben lassen und drei Punkte machen …

Nochmal: Taubheit

Beethovens Taubheit beschäftigt mich sehr. Ich stelle mir manchmal vor, wie das gewesen ist. 1806, wie gesagt, beschließt er, sein schlechtes Gehör nicht länger geheim zu halten. Fragt sich nur, was der größere Stress ist: so tun zu müssen, als würde man hören – oder zu wissen, dass alle wissen, dass man kaum mehr etwas hört. Eine Wahl zwischen Pest und Cholera. Jetzt veranstaltet er eine eigene Akademie, das berühmte Konzert von 1808 zum Beispiel, in dem unter anderem die Fünfte und die Sechste uraufgeführt werden. Das Konzert dauert vier Stunden und ist ein Fundraising in eigener Sache. Beethoven brauchte Geld, er brauchte immer Geld. Seine «Rente» entwertete sich durch die wirtschaftliche Lage von selbst, die Verleger zahlten, aber sie zahlten nicht üppig. Also musste ein Benefizkonzert her, mit dem er etwas einnehmen konnte.

Die Musik ist bei solchen Gelegenheiten das eine; das andere ist das Gesellschaftliche. Wie sollte ein schwerhöriger Komponist Kontakte knüpfen oder Smalltalk treiben? Was sollte er zu seiner eigenen Musik sagen, wenn er weder hörte, wie sie klang, noch, wie die Leute darauf reagierten? Es müssen sich groteske Szenen abgespielt haben, auch mit den Musikern. Da wäre ich gerne dabei ge-

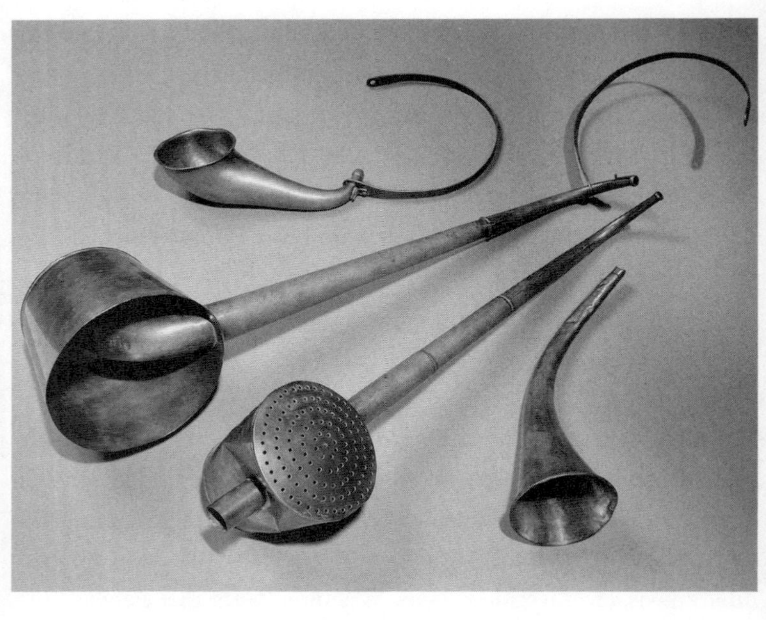

Beethovens Hörrohre,
gefertigt von Johann Nepomuk Mälzel, 1813

wesen. Nicht aus Voyeurismus, sondern um zu begreifen, wie Beethoven damit umgegangen ist. War er verrückt vor Verzweiflung? Hat er gute Miene zum bösen Spiel gemacht, für das die anderen ja auch nichts konnten? Als Pianist ist Beethoven nach diesem Konzert nicht mehr öffentlich aufgetreten. Als Dirigent sehr wohl.

Am 7. Mai 1824 zum Beispiel, da war er längst «stocktaub», wie berichtet wird, sollte er im Kärntnertortheater ein großes Konzert dirigieren. Auf dem Programm: die Ouvertüre *Die Weihe des Hauses*, Teile aus der Missa solemnis und die neunte Symphonie! Beethoven dirigierte also, hinter ihm aber stand ein anderer Kapellmeister, Michael Umlauf, dem die Musiker in Wahrheit folgten. Was für eine Situation! Ich denke, man hat es aus Respekt vor Beethoven so eingefädelt. Nicht einmal den Applaus hat er am Ende gehört, da haben sie ihn bei den Schultern genommen und zum Publikum gedreht, damit er sich verbeugt. Das Konzert war übrigens ein riesiger Erfolg.

In manchen Momenten tut Beethoven mir wahnsinnig leid. Er schreibt eine so herrliche Musik wie das Sanctus aus der Missa – und kann sie nicht hören. Hat gar nichts davon. Er hört sie innerlich, gewiss. Aber das ist nicht dasselbe. Hören ist zuhören, ist einander hören, miteinander hören. Beethoven aber hört nur noch sich und seine Musik.

Streichquartette und Klaviersonaten

Als Dirigent bin ich bei Beethoven in erster Linie mit dem befasst, was er für Orchester geschrieben hat: mit den Symphonien, der Missa solemnis, den Ouvertüren, dem Violinkonzert, den Klavierkonzerten, gegebenenfalls mit *Fidelio* und noch einigem anderen.

Ich glaube auch, dass er sich im Orchester am allerbesten ausdrücken konnte. Durch die Farben, überhaupt durch die Vielfalt der Mittel. Das bedeutet nicht, dass er beim Schreiben von Kammermusik oder von Sonaten ganz anders gedacht hätte. Beethoven denkt spezifisch, er weiß um die Stärken und Schwächen der verschiedenen Genres, er kennt ihre jeweiligen Grenzen (und sei es, um sie zu übertreten). Aber man hört auch viele Querbezüge, es gab für ihn beim Komponieren ja keine Gattungshygiene, und meist schrieb er wild durcheinander. Manche Orchesterstellen kommen einem daher «quartettig» vor – und manches in den Quartetten, vor allem in den späteren, orchestral. Selbst in der Missa solemnis gibt es Stellen, bei denen ich mir denke, wenn das jetzt nicht so viele Musiker wären, könnte man sie sich in ihrer Transparenz sehr gut für Streichquartett vorstellen. Oder für ein Septett.

Am experimentierfreudigsten ist Beethoven wohl in seinen Klaviersonaten. Da gibt es in Opus 109 oder Opus 110 regelrecht rezitativische Geschichten – es ist kaum mehr ein Tempo auszumachen, es gibt keine Taktstriche mehr, die Noten werden ganz klein. Wie in einer Improvisationsvorlage, als stellte Beethoven den Musikern frei, was sie an der Stelle spielen wollen. Möglicherweise ist bei den Klaviersonaten aber auch ein Schuss Pragmatismus mit dabei, vielleicht hat er sich gedacht, ein Orchester kann so etwas nicht, und ich kriege sowieso keine Proben, also probiere ich bestimmte Dinge eher am Klavier aus. Oder im Streichquartett.

Der musikalischen Praxis sind auch viele Bearbeitungen und Arrangements geschuldet. Beethoven-Bearbeitungen für andere Besetzungen gibt es viele. Oft war dies der einzige Weg, neue Stücke überhaupt bekannt zu machen und zu verbreiten. Nicht jeder Musikliebhaber lebte schließlich in einer großen Stadt mit einem ausgebildeten bürgerlichen Musikleben. Außerdem bedeuteten Bearbeitungen Geld – für den Komponisten wie für seine Arrangeure. Frühe Bearbeitungen von Beethovens Stücken lieferten seine Schüler Ferdinand Ries und Carl Czerny, Johann Nepomuk Hummel richtete die Symphonien 1 bis 7 für Klavierquartett ein, und auch Franz Liszt sorgte für Aufsehen, als er 1837 alle neun Symphonien für Klavier transkribierte. Für viele Menschen war das die Erstbegegnung mit den Beethoven-Symphonien überhaupt! Im Zeitalter der schrankenlosen Reproduzierbarkeit von Kunst können wir uns das heute kaum vorstellen.

Auch Beethoven selbst hat Beethoven bearbeitet: die Klaviersonate in E-Dur Opus 14,1 existiert als Streichquartett (in F-Dur), und das vierte Klavierkonzert gibt es in einer Fassung für Klavier und Streichquintett, in der der Solo-Part noch anspruchsvoller ist. Das Klaviertrio in Es-Dur Opus 38 (das «Grand Trio») wiederum geht auf Beethovens Septett Opus 20 zurück, wobei die Geige im Trio auch von einer Klarinette gespielt werden kann.

Die Wiener Philharmoniker und ich haben ein Projekt, auf das ich mich sehr freue: Wir wollen Beethovens cis-Moll-Quartett Opus 131 und die Große Fuge in einer Fassung für Streichorchester aufnehmen. Das haben die Wiener schon einmal gemacht, 1977 mit Leonard Bernstein. Zwölf oder dreizehn Proben! Bernstein hat später gesagt, keine andere Platte, die er je gemacht habe, liege ihm so am Herzen wie dieses Opus 131. Dabei musste er erst Überzeugungsarbeit leisten, dass es überhaupt möglich ist! Wenn vier Leute es schon nicht spielen können, wie sollen es sechzig schaffen? – das war die Stimmung unter den Philharmonikern. Hinterher waren natürlich alle begeistert. Bernstein ließ sieben Kontrabässe spielen, auch die Cellogruppe wurde verstärkt, ein verrückter Klang. Man verstehe nichts von Mahler, wenn man dieses Stück nicht verstehe, das berühre und schmerze, sagt Bernstein in einem Interview einmal, und das stimmt.

Ich habe nie begriffen und werde nie begreifen, wie Beethoven diese Musik schreiben konnte, obwohl er völlig taub war. Er muss ein solches inneres Ohr gehabt haben, eine solche Vorstellungskraft, dass er alles Akustische, Physische negieren konnte. Wenn man die Große Fuge hört, in einer guten Interpretation, schaue man Beethoven direkt ins Gehirn – auch das hat Bernstein gesagt. Ich weiß gar nicht, ob ich das will. Ich kann die Große Fuge ohnehin nur schwer aushalten, wenn ich nicht gerade im Konzert sitze. Das ist unmögliche Musik. Musik jenseits aller Musik. Wie Bachs *Kunst der Fuge* oder das *Musikalische Opfer*.

Hält man bei Beethoven die späten Streichquartette gegen die frühen, hört man, was für eine irre Entwicklung er durchmacht. Wieder gleicht kein Werk dem anderen, wieder knüpft er erst bei Haydn und Mozart an, um dann in einer rasanten Volte eigene Wege zu gehen. Interessant ist, dass er in den verschiedenen Genres nicht immer gleich experimentell unterwegs ist. Als er 1801 seine ersten Quartette veröffentlicht, die sechs Quartette Opus 18, ist er in den Klaviersonaten schon auf einem ganz anderen Trip. Später egalisiert sich das dann. Das Quartetto serioso in f-Moll Opus 95 zum Beispiel, ein Höhepunkt der sogenannten mittleren Schaffensphase, hat in seinem Feuer, seiner explosionsartigen Leidenschaft Anklänge an die fünfte Symphonie. Es ist aber auch ein Spiegelwerk zur Egmont-Musik. «Welch zerstörendes, wüstes Leben um mich her, nichts als Trommeln, Kanonen, Menschenelend in aller Art», schreibt Beethoven 1809 an seinen Verleger. Österreich hat den Krieg verloren, Napoleon ist obenauf. In der Egmont-Ouvertüre versucht Beethoven, die allgemeine Depression zu überwinden; im f-Moll-Quartett sind es mehr deren Affekte, die sich entladen.

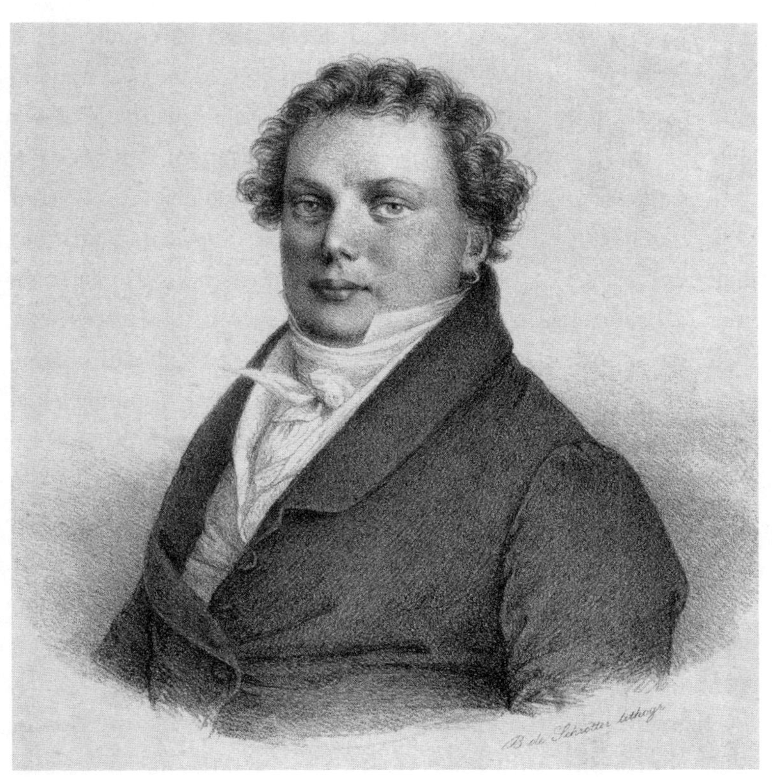

Beethovens Freund, der Geiger Ignaz Anton Schuppanzigh

«Glaubt er, daß ich an seine elende Geige denke, wenn der Geist zu mir spricht?», soll Beethoven zu seinem Freund und Vertrauten, dem Geiger Ignaz Anton Schuppanzigh, gesagt haben, als dieser sich über gewisse Schwierigkeiten seiner Quartettstimme beklagte. Ohne Schuppanzigh, der mehrere Streichquartette gründete, sind Beethovens sechzehn Quartette kaum denkbar. Und natürlich bedeutete es dem Komponisten etwas, sich über das, was er gerade schrieb, professionell austauschen zu können. Vier Streicher trommelt man schneller zusammen als ein Orchester. Die Uraufführungen des Schuppanzigh-Quartetts waren teilweise Riesenerfolge. Und ohne Schuppanzighs Rückkehr aus Russland nach Wien Mitte der 1820er Jahre hätte es die fünf späten Quartette (ab Opus 127) nie gegeben. Interpreten, die ihrer Zeit voraus sind, indem sie nicht nur verstehen, was sie spielen, sondern sich auch öffentlich dafür einsetzen? Was für ein Glück! Zumal Beethoven mangels Gehör so gut wie nichts mehr zur Erarbeitung seiner Partituren beitragen konnte. Schrecklich.

Die frühen Quartette sind ganz anders zu spielen als die späten. Wobei mich eine Aufnahme wie die Gesamtaufnahme des Amadeus Quartets auch deshalb fasziniert, weil sie Opus 18 schon mit einer gewissen Vorahnung spielen. Die spielen das nicht aus, aber untergründig ist es da. Man hat Norbert Brainin, dem ersten Geiger, gerne vorgeworfen, nicht ganz sauber zu spielen. Ich konnte das nie finden, oder wenn es bei ihm mal eine leichte Eintrübung in der Intonation gab, hat sie mich nicht gestört. Konzerte mit dem Amadeus Quartet waren das Beste, was man in den sechziger und siebziger Jahren hören konnte. Großartig fand ich auch das Tokyo String Quartet in seiner Ur-Besetzung, das Nuovo Quartetto Italiano oder das Smetana-Quartett. Dass es in vielen Städten heute keine großen Kammermusik-Reihen mehr gibt, ist ein herber Verlust. Denn auch für Beethovens Quartette und Klaviersonaten gilt: Man sollte alle kennen, alle 16, alle 32. Nur dann musiziere und höre ich die Musik mit einem inneren Überblick.

Bei Beethoven wäre ich sehr gerne auch Pianist. Leider fehlen mir für die Sonaten die Technik und das nötige Sitzfleisch. Alle 32 Sonaten zu spielen ist eine Herkulesaufgabe, eigentlich unmenschlich. Ich bewundere Künstler wie Daniel Barenboim oder Rudolf Buchbinder, die die Nerven haben, sich dieser Aufgabe regelmäßig zu stellen. Und die alle Sonaten auswendig präsent haben! Als jemand, dem das nicht gegeben ist, stelle ich mir manchmal vor, ich soll die Sonate Nr. 10 spielen oder überhaupt eine von den unbekannteren, leichteren, kleineren – und weiß plötzlich nicht mehr, wie der dritte Satz geht! Oder ich verwechsle zwei Sätze! Grauenvoll! Das sind natürlich laienhafte Ängste. So wie der Pianist sich die Sonaten Abend für Abend zurechtlegt, lege ich mir als Dirigent bei einem Zyklus ja auch die Symphonien zurecht. Und dirigiere sie auswendig.

Es gibt viele Pianisten, deren Beethoven-Spiel ich bewundere und die mich inspiriert haben. Wilhelm Kempff, Wilhelm Backhaus, Walter Gieseking, um mal die alten «Deutschen» zu nennen, der Schweizer Edwin Fischer, Clara Haskil, die Russen. Auch Horowitz finde ich spannend, der neben Rubinstein ja als der letzte echte Romantiker gilt. Wenn die beiden Beethoven spielen, weht einen etwas von der alten Virtuosenschule des 19. Jahrhunderts an. Dann sieht man Rubinstein mit diesen tollen Händen, die zwei Oktaven Spannweite hatten, oder Horowitz, bei dem man denkt, die Finger machen gar nichts, die liegen nur auf den Tasten – und man weiß, was Rubinstein meinte, als er sagte, er habe von klein auf das Gefühl gehabt, er sei für das Klavier geboren. Er merke im Grunde gar nicht, dass er spiele.

Kann man für Beethoven geboren sein? Das wäre mir ein zu großes Wort. Aber es gibt schon Komponisten, bei denen man spürt, dass man *nicht* für sie geboren ist.

Die Klavierkonzerte

Da wir gerade bei Rubinstein sind: Es gibt ein Filmchen, da sieht man ihn unterrichten. Und was sagt er zu seinem Schüler am Klavier? «Articulate!» – sei deutlich, artikuliere! Darüber könnte man schmunzeln, Rubinstein gilt nicht gerade als Meister der Überdeutlichkeit. Trotzdem ist es interessant, gerade für Beethoven. Man muss nämlich beides haben als Pianist, das, was man Anschlag nennt, am besten eine gewisse Versonnenheit im Ton (und dafür *war* Rubinstein berühmt!) – und man muss artikulieren können. Wer nur artikuliert, erzeugt Musik ohne Atmosphäre; und wer nur aufs Pedal tritt oder sich am eigenen Anschlag berauscht, der geht auch fehl. Wie viel Beethoven hat eigentlich Chopin gekannt? Interessante Frage. Gekannt hat er wohl einiges, gespielt auch. Wirklich geschätzt aber hat er ihn angeblich nicht. Zu obskur, zu eigensinnig. Dann lieber gleich Haydn und Mozart, Moscheles oder Hummel.

Beethoven war, wie wir wissen, ein fantastischer Pianist. Und er hat fantastisch fürs Klavier geschrieben, nicht nur in den Sonaten, sondern auch in seinen Konzerten. Im Grunde präsentiert er der Musikwelt hier die nächste Bibel: nach der Symphonien-Bibel, der Quartett-Bibel, der Klaviersonaten-Bibel nun die Klavierkonzert-Bibel (nicht chronologisch zu verstehen!). Wobei er es bei den Konzerten mit einem übermächtigen Vorbild zu tun hat: mit Wolfgang Amadeus Mozart und dessen 23 Klavierkonzerten. Vor allem die beiden Moll-Konzerte KV 466 (d-Moll) und KV 491 (c-Moll) bewunderte und verehrte Beethoven. Nach Mozart galt die Gattung als ausgereizt, ausgeschöpft, der Gipfel als erklommen, welche Ruhmestat sollte noch folgen?

Abgesehen davon, dass Beethoven sich nicht in einem so vordergründigen Sinn in Konkurrenz zu Mozart sah, gab es ganz praktische Gründe für ihn, Klavierkonzerte zu komponieren: Er brauchte Stücke, mit denen er auftreten konnte. Und er brauchte Konzerte, die *nicht* von Mozart waren. Also schrieb er sich selber welche (ganz wie einst Mozart). Das erklärt auch, warum er nach 1809 keine Klavierkonzerte mehr komponierte: Da war sein Gehör bereits so schlecht, dass ihm das Musizieren mit Orchester unmöglich wurde. Die Klavierkonzerte gehören in Beethovens frühe und mittlere Schaffensphase, wenn man diese Schubladen ziehen möchte. Sie entstehen zwischen 1794 und 1809.

Wieder geht es – so banal es klingt – um Tradition und Fortschritt, wieder geht es darum, die Ansprüche einer Gattung zu erfüllen *und* sich davon frei zu machen. Deutlich wird das gleich an den ersten beiden Konzerten, die noch in Mozarts Schattenwurf stehen. Beethovens erstes Klavierkonzert nämlich (B-Dur Opus 19) wird auf eigenen Wunsch erst nach seinem zweiten veröffentlicht (C-Dur Opus 15), weshalb die gängige Zählung nicht stimmt (Nr. 1 ist Opus 15, Nr. 2 ist Opus 19). Nach dem C-Dur-Konzert hatte Beethoven offenbar das Gefühl, sich künstlerisch bereits überholt zu haben. 1800 schreibt er an Friedrich von Matthisson, den Dichter seines Liedes *Adelaide*: «Sie wissen selbst, was einige Jahre bei einem Künstler, der immer weiter geht, für eine Veränderung hervorbringen; je größere Fortschritte in der Kunst man macht, desto weniger befriedigen einen seine älteren Sachen.» Veröffentlicht wurde das B-Dur-Konzert trotzdem, auch wenn man hier das eine oder andere Rokoko-Schößchen fliegen sieht. Zur gleichen Zeit hatte Beethoven immerhin schon seine beiden ersten Symphonien geschrieben und die Klaviersonaten Opus 27!

Ich finde es ausgesprochen reizvoll, im Konzert Beethoven mit Beethoven zu kombinieren. Klavierkonzert plus Symphonie, das passt unverschämt gut. Man kann dabei auf Gegensätze bauen, also beispielsweise das C-Dur-Konzert mit der fünften Symphonie kombinieren. Oder man spielt das dritte Konzert mit der Fünften; oder das dritte und die Eroica, c-Moll und Es-Dur. Egal wie, es ist eigentlich immer wie aus einem Guss.

Worüber ich bei den Konzerten so staune, ist Beethovens Formgefühl. Jedes der fünf ist in sich perfekt, auch die beiden ersten. Und das gilt sogar – soweit es sich erahnen lässt – für das Fragment des sechsten Konzerts von 1814/15, von dem nur Skizzen erhalten sind. Da nahm Beethoven offenbar noch einmal einen Anlauf. Der Musikwissenschaftler Nicholas Cook hat den Kopfsatz 1987 auf der Grundlage des vorhandenen Materials vervollständigt, später kamen eine Kadenz und ein neuer Schluss hinzu. Was man jetzt hören kann (auch auf CD), ist fast Brahmsisch. Die zweite Hälfte des 19. Jahrhunderts lässt jedenfalls grüßen. Das ist die Richtung, die Beethoven einschlägt, und wie immer ist er für Überraschungen gut. Das dritte Konzert hat einen heldischen Ernst, das Klavier emanzipiert sich in seiner Rolle, das Orchester aber auch. Das ist ein enormer Entwicklungsschritt, ähnlich vielleicht dem zwischen der zweiten und der dritten Symphonie. Und der langsame Satz steht unfassbarerweise in E-Dur! In Konzert Nr. 4 beginnt erst einmal das Klavier allein (was auch bei Mozart vorkam) und in einem Tempo, das weder schnell noch langsam ist. *Allegro moderato*, schreibt Beethoven, mäßig schnell. Und das fünfte Konzert fängt mit einer Geste an, als zöge der Komponist seinen Hut: mit der

Solo-Kadenz nämlich, die eigentlich ans Ende des ersten Satzes gehört. Gewidmet ist das Fünfte Erzherzog Rudolph («Dédié à Son Altesse Imperiale Roudolphe Archi-Duc d'Autriche»). Dieser Widmung und seinem beherzten Zugriff verdankt das Konzert seinen Beinamen «Emperor Concerto». Herrlich ist der langsame Satz, *Adagio un poco mosso*, ein etwas bewegtes Adagio. Lyrischeres, Verträumteres, Schumanneskeres hat Beethoven kaum geschrieben. Spektakulär ist auch der Übergang zum Rondo-Finale.

Mit seinen Klavierkonzerten schreitet Beethoven erneut einen Kreis aus. Es ist alles da, das Feine, das Heroische, das Romantische. Wobei man das Romantische à la Liszt oder Chopin nur denken darf, man darf es nicht machen als Interpret, sonst wird es grotesk. Was danach bei Beethoven noch hätte kommen sollen? Schwer zu sagen. Jüngere Komponisten zeigten sich jedenfalls beeindruckt: Mendelssohn noch am wenigsten, er bringt es auf drei eigene Konzerte, Schumann aber komponiert nur eins und selbst Brahms nur zwei. Alle stehen sie in Beethovens Bann.

Schaut man sich die Rolle des Pianisten an, wird die von Konzert zu Konzert anspruchsvoller und schwerer, der Solist, die Solistin arbeitet sich hoch zum Dramatischen, wenn man so will. Mir erscheint diese Entwicklung logisch. Es hat immer wieder Pianisten gegeben und es gibt sie bis heute (Barenboim, Buchbinder, Jan Lisiecki), die führen die Konzerte ohne Dirigent auf oder dirigieren selbst vom Klavier aus. Wenn man Autorität besitzt, funktioniert das, zumindest bei den ersten dreien. Bei Nr. 4 und Nr. 5 bin ich mir nicht sicher, das sind große Konzerte. Aber ich spreche natürlich als Dirigent.

Eine Zeit lang wurde gesagt, die Beethoven-Konzerte seien musikalische Dramolette: Das Klavier übernehme die Rolle des Individuums, das Orchester die der Gesellschaft, und jetzt schauen wir mal, wie die beiden miteinander ringen. Ich halte das für ziemlichen Unfug. Das Orchester umarmt den Pianisten, so ist es! Das geht nicht immer konfliktfrei vonstatten, vor allem im dritten Konzert nicht, aber letztlich sind sie füreinander da, miteinander da. «Der Mensch repräsentiert einzeln ebenso das Gesamtleben der Gesellschaft wie die Gesellschaft nur ein etwas größeres Individuum vorstellt», lautet ein Ausspruch Beethovens von 1801. Genau das zeigt er in seiner Musik. Mozart kennt Einsamkeiten, sein Orchester ist auch kleiner. Bei Beethoven gibt das Kollektiv deutlich mehr Impuls und ist insgesamt selbständiger. Beethoven stärkt die Rolle des Orchesters. Ganz klar, dass das zu Brahms führt. In Beethovens Musik wird einem bewusst, wer gerade spricht.

Symphonie Nr. 7 A-Dur Opus 92

Bei der Siebten muss sich der Dirigent am allermeisten am Zügel reißen. Die Siebte entfesselt eine Energie, die schwer wieder einzufangen ist, wenn man sie loslässt. Ganz anders als in der Fünften übrigens, die man charakterlich gern in die Nähe der Siebten rückt. Die Fünfte ist musikalisch aber viel riskanter. Da ist man als Interpret viel mehr auf der Hut.

Beethovens siebte Symphonie entsteht in einem knappen Dreivierteljahr, zwischen Herbst 1811 und Mai 1812. Die Uraufführung anderthalb Jahre später, am 8. Dezember 1813 im Wiener Universitätssaal, ist ein Triumph, der zweite Satz muss wiederholt werden. Im Orchester sitzen Ignaz Schuppanzigh als Konzertmeister, Louis Spohr, Johann Nepomuk Hummel, Giacomo Meyerbeer und der alte Salieri. Beethoven selbst dirigiert und hält später fest, diese Uraufführung sei das «Nonplusultra der Kunst» gewesen. In einer

Rezension heißt es, die Siebte sei die «melodiereichste, gefälligste und fasslichste» aller Beethoven-Symphonien. Das stimmt!

Das ist es auch, was sie von allen anderen Symphonien unterscheidet. Sie ist positiv! Schon der Anfang ist ein Sonnenaufgang: Wir haben Napoleon in die Wüste geschickt! Wir haben uns befreit! Sogar der langsame Satz ist im Grunde positiv, obwohl er in Moll steht. Da wallen noch Nebel über den Schlachtfeldern, und der Sieg hat uns etwas gekostet, aber wir haben es geschafft. Davon erzählt die Musik. Interessanterweise war die Aufführung im Universitätssaal zugleich ein Wohltätigkeitskonzert für die Invaliden der Befreiungskriege – und neben der Siebten erklang *Wellingtons Sieg oder die Schlacht bei Vitoria*. Das war sicher keine zufällige Kombination. Die Schlacht hatte nur ein halbes Jahr vor dem Konzert stattgefunden, Beethoven komponierte mit *Wellingtons Sieg* also sozusagen Musik zur Lage. Was nicht heißt, dass auch die Siebte nur vom Krieg handelt. Zeitgenössische Ohren mögen das so gehört haben, wir hören es heute anders.

Bei der Siebten habe ich das Gefühl, sie knüpft mehr an die Erste, Zweite und Vierte an als an die Fünfte. Ihre Besetzung ist klassisch, sie hat vier Sätze und wagt keine größeren formalen Experimente, jedenfalls nicht auf den ersten Blick. Ihr Thema aber ist der Rhythmus, die Bewegung als Bewegung – und das ist vielleicht doch Experiment genug. Vier Sätze lang dekliniert Beethoven durch, welche Funken er aus den unterschiedlichen rhythmischen Konstellationen schlagen kann. Je weniger das stampft und drischt, finde ich, desto interessanter wird es.

Was wurde in diese Symphonie nicht alles hineingelesen bzw. aus ihr herausgehört! Den Anfang macht Richard Wagner mit seinem berühmten Wort von der «Apotheose des Tanzes». Das stammt aus seinem Aufsatz *Das Kunstwerk der Zukunft* von 1849 und ist der Symphonie ein bisschen zum Verhängnis geworden, jedenfalls wird es gebetsmühlenhaft zitiert und wenig durchdacht. «Diese Symphonie ist die Apotheose des Tanzes selbst», schreibt Wagner, «sie ist der Tanz nach seinem höchsten Wesen, die seligste That der in Tönen gleichsam idealisch verkörperten Leibesbewegung.» Ich glaube nicht, dass Beethoven «Leibesbewegungen» im Sinn hatte, als er die Siebte schrieb. Auch sonst wimmelt es in der Rezeption von blumigen Metaphern. Der Musiktheoretiker und Beethoven-Zeitgenosse Adolph Bernhard Marx sieht «friedlich heimkehrende Nordlandkrieger» durch das Trio des Scherzos ziehen, Romain Rolland spricht von einer «Orgie des Rhythmus», Harry Goldschmidt von einer «Symphonie gegen Napoleon». Sind das Argumente für oder gegen die Musik?

Der erste Satz hat eine langsame Einleitung (*Poco sostenuto*, «ein wenig gehalten») und geht nach sechzig Takten in den Hauptteil über (*Vivace*), in dem der Rhythmus dann endgültig steht. 6/8-Takt, punktierte Viertel = 104, heißt es in der Partitur. Man kann viel ausprobieren, aber ich würde schwören, dass Beethoven nicht gewollt hat, dass das Tempo durchgehalten wird. Was meiner Ansicht nach aufgeht, ist der Anfang des *Vivace*, da entspricht das Tempo, das man nimmt, wundersamerweise ziemlich exakt den 104. Es gibt Tempovorgaben, die gehen auf. Wobei ich nicht aufs Metronom schaue, ich spüre die Schlagzahl mehr innerlich.

Die Durchführung im ersten Satz ist kurz, wieder gibt es nur ein Thema. Die rhythmische Keimzelle des Satzes, wenn man so will, lautet «punktiertes Achtel – Sechzehntel – Achtel». Dann aber gibt es eine Stelle in der Durchführung, da steht in den Streicherstimmen mit einem Mal ein Achtel mit einer Sechzehntel-Pause statt des punktierten Achtels. Das eine ist länger, das andere kürzer. Wobei bei den Bläsern pikanterweise auch an dieser Stelle die Punktierung bleibt. Die Streicher spielen hier also kürzer und die Bläser *tenuto*, länger. Beethoven differenziert, und er hat sich das genau überlegt. Wenn ich das Thema aber von Anfang an rhythmisch kurz und klein hacke, gehen solche Differenzierungen verloren. Was doch schade wäre! Später taucht anstelle des Achtels sogar ein Viertel auf, also ein noch längerer Wert! Will Beethoven hier ausformulieren, will er vielleicht singen? Diesen Fragen muss man nachgehen. Wenn man das nicht tut und keine Fantasie hat, wird sogar diese Symphonie lahm. Dann begreift man ihre Schönheiten nicht.

Es gibt noch so eine tolle Stelle, in der Reprise. Takt 300, Fermate, ein klingender Gedankenstrich, nachdem das Thema gerade erst wieder in seiner eigentlichen Gestalt zu vernehmen war. Die Bläser ergreifen die Initiative, Oboe, Flöte, Klarinette, Fagott, und mit einem Mal driftet das harmonisch und motivisch merkwürdig weg. Ich nehme diese Fermate nicht besonders lang, aber es sind Fragezeichen, die Beethoven hier komponiert. So stabil scheint der Rhythmus also gar nicht zu sein! Jedenfalls braucht es ein kräftiges Orchester-Tutti, das den Bläsern unter die Arme greift, um das Ganze in geordnete Schlussbahnen zu lenken. Sind die Solo-Bläser nun abtrünnige Individuen, und das Orchester ist das rettende Kollektiv, die «Gesellschaft»? Mir sind solche Deutungen suspekt.

Der Knackpunkt der Siebten ist ihr langsamer Satz, das *Allegretto*. Der gibt Rätsel auf, das fängt schon bei der Satzbezeichnung an. *Allegretto* meint, wörtlich genommen, ein kleines *Allegro*, also weniger als *Allegro*, nur *etwas* bewegt, *etwas* schnell. Das Metronom sagt Viertel = 76, das kommt hin. Doch was soll das Ganze sein? Ein Trauermarsch? Eine Litanei, ein Tempeltanz? Der «Marsch aller befreiten Völker», wie ich irgendwo gelesen habe? Schon wieder viel zu viel Programmatik! Wie sagt Mendelssohn? Musik ist viel zu konkret, um sie in Worte zu fassen.

Das *Allegretto* steht in a-Moll und beginnt mit einem merkwürdigen Akkord in den Holzbläsern: einem Quartsext-Akkord auf der Quinte. Als würden die Musiker falsch einstimmen oder als würde der Boden für etwas Seltsames bereitet. Dann kommt der Rhythmus, lang – kurz – kurz – lang – lang, ein Schreiten, ein Schreit-Tanz. Die Kunst besteht darin, die beiden hinteren langen Werte, zwei Viertel, nicht zu sehr abzuphrasieren, damit es weitergeht. Es darf nicht aufhören, nicht abreißen, sonst fällt die Spannung ab. Außerdem ist natürlich wieder die Frage, bleibe ich standhaft im Tempo oder lasse ich es trotz des Schreitens ein bisschen fließen? Die Aufnahme mit Carlos Kleiber beispielsweise bleibt gnadenlos im Tempo, trotzdem kriegt er die Wiener Philharmoniker dazu, sehr farbig zu spielen. Da merke ich beim Hören die gute Absicht und bin *nicht* verstimmt! Ich würde es nie so dirigieren, ich würde vor allem im Dur-Teil ab Takt 102 im Tempo zurückgehen, aber die Aufnahme hat eine Konsequenz. Das sind Entscheidungen, die man eben treffen muss.

Bernstein nimmt das Tempo etwas romantischer, und das gefällt mir persönlich besser. Das ist sogar unausweichlicher in dem schreitenden Gestus, einfach weil es nicht ganz so vorhersehbar ist. Beethoven schreibt die Viertel mit Punkt darüber, das heißt, wenn man es singen müsste, würde man nicht *laalalalaalaa* singen, leiernd, sondern man würde es ein bisschen federn lassen. Es empfiehlt sich übrigens, dem Orchester manchmal zu sagen: Versuchen Sie es doch einmal zu singen! Meistens klärt und erklärt sich die Stelle dann von selbst.

Eine der besten Aufnahmen des *Allegretto* ist die mit Furtwängler und den Berliner Philharmonikern 1943. Warum hat Furtwängler eigentlich immer Recht? Wie kriegt er es hin, den schreitenden Duktus so zu verdichten, dass er unerbittlich wird –

und trotzdem die Melodie nicht verliert, dass er nicht nur Stampfen ist und Rhythmus, sondern Magie und Melancholie? Das ist ein melancholisches *Allegretto*, mit dem ersten Crescendo weiß man, was hier veranstaltet wird, ist nicht lustig. Offenbar doch ein Trauermarsch! Nicht für Prometheus oder einen einsamen Helden wie in der Eroica, sondern für alle, für uns alle. Das vermittelt einem Furtwängler. Und damit wir nicht in der totalen Depression versinken, macht er vor der Dur-Stelle ein Ritardando. Er blendet sich aus der Unerbittlichkeit aus und lässt einen Sonnenstrahl hinein. Dieser Strahl kann ein Gräberfeld erhellen oder eine Landschaft, aber die Sonne scheint. Auch wenn der Satz im gleichen Pianissimo endet, mit dem er angefangen hat, mit dem gleichen etwas unheimlichen Quartsext-Akkord im Holz.

Im *Allegretto* ist Furtwängler recht langsam, im *Presto*, dem dritten Satz, auch. Ich dirigiere das Scherzo (das nicht so heißt) schneller, aber es ist interessant und mutig, dass Furtwängler es so gemessen angeht. Warum? Weil ein gemessenes Tempo in schnellen Sätzen oft schneller wirkt als ein schnelles, das nur vorüberrauscht. Je mehr man hier darauf achtet, dass die Geigenfiguren ausgespielt werden, desto schneller wirkt es. Man kann die Achtel-Vorschläge in den Holzbläsern und Streichern zum Maßstab nehmen und sich fragen: Will ich Raserei oder will ich Deutlichkeit? Außerdem darf man das Ganze nicht aus den Augen verlieren. Sowenig wie ich mich im ersten Satz verausgaben sollte, so wenig darf ich im dritten überziehen. Es kommt ja noch einer!

Der dritte Satz ist ein typisches Beethoven-Scherzo – indem er völlig untypisch ist. Harmonisch pendelt er zwischen F-Dur und A-Dur, der Grundtonart, ohne dass einem das Sicherheit gäbe. Das Trio wird wiederholt (wie in der vierten Symphonie) und kommt breit und gewichtig daher, geradezu betont symphonisch. Vom ursprünglichen Divertimento-Charakter der Form ist nichts mehr übrig. Eher hat man das Gefühl, es würde hier eine Bühne gebaut fürs große Finale.

Presto notiert Beethoven wie gesagt, punktierte Halbe = 132. *Presto* heißt sehr schnell, aber das ist etwas anderes als *Presto possibile* («so schnell wie möglich») oder *Prestissimo* («äußerst schnell»). Die Tempogrenze ist für mich in der Toscanini-Aufnahme mit dem NBC Symphony Orchestra erreicht. Die hat am Anfang einen gewissen Übermut, etwas Burleskes, das mir gefällt. Auf Dauer aber wirkt es doch kurzatmig. Im Plattenladen würde ich lieber zu Daniel Barenboim und der Berliner Staatskapelle greifen, die wissen genau, was sie hier tun.

Das Finale, der vierte Satz, verfehlt seine Wirkung nie. Halbe = 72, *Allegro con brio*, also mit Schwung. Einerseits läuft das von selbst, einfach durch den rhythmischen Motor; andererseits darf man es nicht einfach laufen lassen. Ich finde, man muss auch hier die Sechzehntel in den Streichern und Holzbläsern hören können – Beethoven hätte sie nicht so geschrieben, wenn er das nicht gewollt hätte. Wenn aber das Tempo zu schnell wird, höre ich nur noch Untergrundrauschen. Und das ist nicht gemeint. Eine Symphonie wie die Siebte, die permanent nach vorne will, die vom ersten Satz an so ein starkes inneres Drängen hat, die muss man als Dirigent eher abbremsen. Damit man das Drängen spürt! Erst ganz zum Schluss serviert man die Stretta, auf die alle warten. Das ist genau überlegt und kalkuliert. Ich will doch erreichen, dass die Leute sich fragen: Warum lässt er denn nicht los? Und selbst im Loslassen darf ich die Zügel nicht schießen lassen, sonst übertönen die Bläser nämlich den Rest und ich höre nur Hörner und Trompeten.

Es macht einen großen Unterschied – und dafür ist dieses Finale ein Paradebeispiel –, ob ich es in solchen Sätzen mit einem Orchester zu tun habe, das ich antreiben muss, weil Beethoven nicht zu seinem täglich Brot gehört, oder ob das Orchester von sich und der Musik so begeistert ist, dass sich jedes Forte in ein Fortissimo verwandelt und ich eher bremsen muss. Es gibt Orchester, von denen kommt wenig, dann muss ich andere Bewegungen und Gesten machen. Andere reagieren sofort, die spielen «am Schlag», wie es heißt. Und wieder andere spielen hinterm Schlag, da muss ich dann weiter vor dirigieren. Im Grunde arbeitet man als Dirigent mit jedem Orchester anders. Das macht das Gastieren so erfreulich oder unerfreulich, je nachdem. Ich muss mich einstellen können, ich muss ein Orchester lesen können, begreifen, erfassen. Das alles kann man nicht lernen. Ich kann lernen, wie man einen 3/4-Takt schlägt, aber ich kann nicht lernen, wie ich mit dem umgehe, was ein Orchester mir anbietet. Und wie ich es dazu bringe, mir das anzubieten, was ich haben will.

Für all das, wie gesagt, ist das Finale der Siebten ein perfektes Beispiel. Beethovens Zeitgenossen haben den Satz in seiner Ausgelassenheit allerdings viel weniger positiv erlebt, als wir das tun. Es gebe darin «nur wenige heitere Sonnenblicke», schreibt ein Rezensent 1817, und das finde ich erstaunlich. Das Rhythmische wurde offenbar eher mit den kriegerischen Zeiten in Verbindung gebracht, in denen man lebte, als mit der Befreiung daraus, und sei es durch Kunst. Dem dionysischen, entfesselten Gestus der Musik aber konnte und kann sich niemand entziehen. Das eint die Menschen über alle Zeiten und Konflikte hinweg.

7

Eine gnadenlose Aufgabe

Beethoven aufführen

Beethoven hat mein gesamtes musikalisches Denken geformt. Weil er mich vor Entscheidungen stellt. In der Beschäftigung mit Beethoven sehe ich, wer ich bin (das ist nicht esoterisch gemeint!), und muss Farbe bekennen. Beethoven wirft Interpretationsfragen auf, deren Antworten nicht nur Konsequenzen für die Musik haben, sondern fürs Leben. Meine Jahre mit Wagners *Ring des Nibelungen* im Bayreuther Festspielhaus haben mich sicher tief geprägt. Auch das Neujahrskonzert der Wiener Philharmoniker war eine einschneidende Erfahrung. Das Größte aber ist es, die neun Beethoven-Symphonien an vier oder fünf Tagen hintereinander zu dirigieren. Auch weil diese Musik so unverschämt populär ist. Alle wissen, wie es geht – und viele wissen vor allem, wie es *nicht* geht. Wie soll man diesem Wust aus Traditionen, Rezeptionen und Erwartungen je gerecht werden? Und sich dabei selbst treu bleiben?

Räume

Heute wird Beethoven hauptsächlich in den großen professionellen Konzertsälen aufgeführt. Im Wiener Musikverein, von der Bauform her eine «Schuhschachtel», klingt seine Musik mit am besten – und für mein Gefühl intimer als etwa in der Berliner Philharmonie. Die hat auch eine hervorragende Akustik, durch ihre «Weinberg-Architektur» aber (das Publikum sitzt um das Podium herum) ist der Kontakt weniger direkt. Auch die Suntory Hall in Tokio oder der Amsterdamer Concertgebouw klingen herrlich. Und es gibt viele neue Säle, in denen ich gerne auftrete: Luzern zum Beispiel, da kann man schön kammermusikalisch arbeiten. Oder in Dortmund. Beethoven braucht Räume, die einem gemischten, runden Klang förderlich sind. Für den richtigen Beethoven-Klang benötige ich eine Grundlage, eine Art gut ausgerollten Teig, den ich dann mit allerlei Pikantem oder Scharfem würzen und belegen kann.

Das Eine ist also die Akustik. Ist sie eher trocken (dann hat sie eine kürzere Nachhallzeit), ist sie nicht trocken? Das hat Konsequenzen für die Spielweise. Das Nächste – davon war hier bereits die Rede – ist die Sitzordnung: Wie sitzt das Orchester? In der alten Sitzordnung hat man die ersten Geigen links und die zweiten rechts vom Dirigentenpult. Damit entsteht eine andere Durchsichtigkeit, als wenn die hohen Streicher links kompakt nebeneinandersitzen. Und zugleich – und das ist wichtig – mehr Bassbetonung! Warum haben ältere Aufnahmen oft mehr Bass als neuere? Aus einem einfachen Grund: Hinter den ersten Geigen sitzen die Bässe, und wenn ich zu den Geigen hin dirigiere, kitzele ich zwangsläufig die Ober- und die Unterstimme gleichzeitig. Der Klang bekommt einen Rahmen. Sind es aber zwei Geigengruppen, die links von mir sitzen,

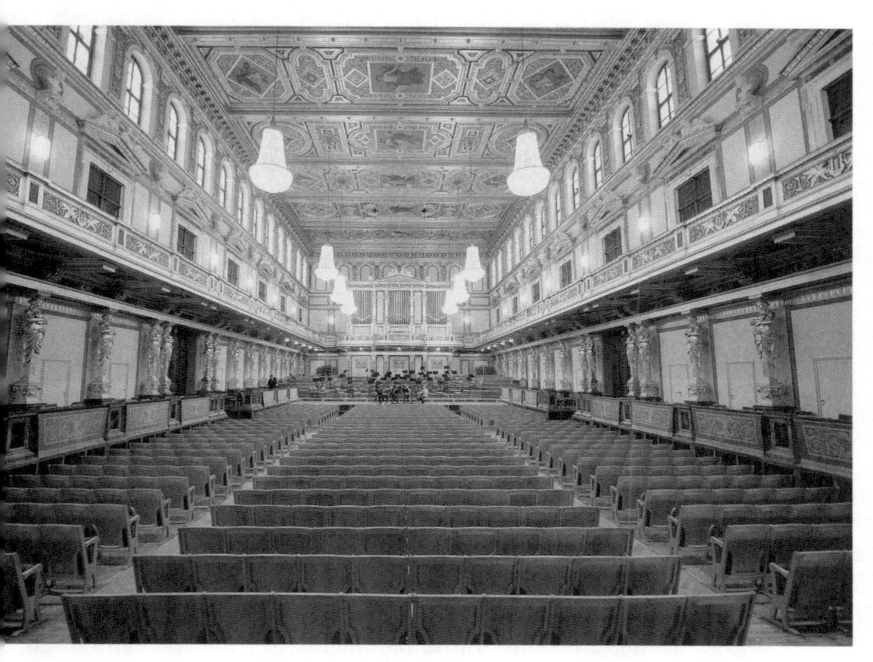

Der Goldene Saal im Wiener Musikverein

wird meine Aufmerksamkeit hier mehr beansprucht – und ich vernachlässige möglicherweise die Bässe auf der rechten Seite. Die neuere Sitzordnung à la Karajan arbeitet mit einer Geigenballung, die alte geht von einer Geigensymmetrie aus, einem Geigenvorhang zu beiden Seiten. Daraus ergibt sich ein völlig anderes Klangbild.

Der Dialog mit dem Orchester

Wenn ich mich beim Dirigieren wohl fühle, dann ist das, als ob ich in eine Art Knete greife. Die Knete kann grün sein oder rot, das spielt keine Rolle, es gibt nicht *das* Beethoven-Orchester. Aber es gibt Musiker, mit denen ich mich besser verstehe als mit anderen. Wenn ich am Pult der Wiener Philharmoniker stand und Rainer Küchl war der Konzertmeister und schaute mich vor dem ersten Einsatz so an, auf seine unnachahmliche Weise, dann wurde ich ganz ruhig. Dann fiel alle Nervosität von mir ab, und ich wusste, jetzt machen wir etwas Schönes zusammen, das wird ein guter Abend. Genauso kann ein Orchester mich verunsichern. Wenn die Cellogruppe dauernd in die Noten schaut, frage ich mich: Mögen die mich nicht? Fehlt ihnen das Zutrauen zu mir oder zu dem Stück? Das sind Dinge, die lehrt einen die Erfahrung. Heute weiß ich, dass ich auf einen gewissen Blickkontakt zu den Musikern angewiesen bin. Manchmal sage ich das auch in der Probe: Ich brauche an dieser oder jener Stelle mehr Blicke. Bei den Wienern, den Berlinern, bei meinen Dresdnern oder in Bayreuth kriege ich sie dann auch.

Der Konzertmeister ist eminent wichtig. Bei einem sehr guten Konzertmeister habe ich das Gefühl, wir arbeiten Hand in Hand. Natürlich gibt es bei Proben kurze Besprechungen. Das Meiste aber läuft nonverbal, als Dirigent sollte ich das, was mir vorschwebt, in erster Linie mit den Händen zeigen können. In der Rechten führe ich den Taktstock, der schlägt, wie der Name schon sagt, (meistens) den Takt, die Linke ist frei und für den Ausdruck zuständig, die Nuancen. Oft brauche ich mit der Linken nur eine winzige Geste oder Bewegung zu machen, oder es reicht eben ein Blick, und der Konzertmeister gibt mir ein bisschen mehr oder ein bisschen weniger Zucker. Das bedeutet mir unglaublich viel, buchstäblich nur mit dem kleinen Finger zucken zu müssen, und es macht einen Effekt! Dafür muss ich den und die Musiker aber wirklich sehr gut kennen, ihre Eigenheiten, ihre Charakterstärken. Wobei es bei einem tollen Geiger immer sein kann, dass er sich am Abend, in der Konzertsituation verändert. Das geschieht in einem gewissen Rahmen, im Grunde aber gibt es dafür zwischen uns *no limits*.

Wenn ich mit dem Orchester vertraut bin, dirigiere ich einen anderen Beethoven, als wenn ich das nicht bin. Warum waren die Alten gerade bei Beethoven so gut? Weil sie sich lebenslang mit ihm auseinandergesetzt haben – und weil sie mehr oder weniger immer mit denselben Orchestern gearbeitet haben. Mit wem hat ein Furtwängler die Beethoven-Symphonien gemacht? Mit den Berliner Philharmonikern, dem Gewandhausorchester in Leipzig und mit den Wienern. Der hat sich nicht in der ganzen Welt verausgabt.

Mit dem kleinen Finger allein ist es natürlich nicht getan. Man muss den Musikern schon auch klare Anweisungen geben, vor allem sollte ich eine Vorstellung davon haben, wie sie meine Ideen technisch umsetzen können. Da muss ich mir oft etwas einfallen lassen. Spielen Sie bitte nicht so am Steg, gehen Sie etwas mehr zum Griffbrett, damit es runder klingt oder dunkler oder weniger dunkel. Was oft Wunder wirkt, sind Anweisungen, die lauten: Machen Sie ein Crescendo, indem Sie es nur denken! Nicht *machen*, sondern *denken*, die Imagination arbeiten lassen. Es ist die alte Geschichte:

Geht die Linie do-re-mi-fa-sol-la-si nach oben, werden viele Musiker automatisch lauter, geht sie nach unten, werden sie leiser. Dabei muss man, um Spannung zu erzeugen, genau das Gegenteil tun (oder denken)! Man muss vor allem sehen – das habe ich von meinem Lehrer Roloff gelernt –, wo will die Phrase hin, wo hat sie ihren Höhepunkt? Diese Arbeit geht oft richtig in die Details hinein. Welchen Bogenstrich nehmen wir an dieser Stelle? Aufstrich oder Abstrich, obere Bogenhälfte oder untere, mehr am Frosch oder mehr in der Mitte? Bei einem Komponisten wie Beethoven, der einen solchen Farbenreichtum in die Musik bringt, sind das essentielle Fragen. In solche Bereiche dringe ich aber wiederum nur vor, wenn ich seine Stücke sehr oft dirigiert habe. Wenn ich mit dem verdammten *Andante con moto* aus der Fünften nie wirklich zufrieden war und mir jahrelang das Hirn zermartere: Was ist da nur los, woran liegt es?

Aber es gibt auch weniger technische Anweisungen, solche, die mit Emphase zu tun haben oder einer distanzierteren Spielweise. Proben sind letztlich dazu da, Dinge auszuprobieren. Wenn man zum ersten Mal vor einem (guten) Orchester steht, traut man sich das vielleicht nicht. Sobald aber ein Vertrauensverhältnis da ist, kann ich sehr gut sagen: Ich möchte jetzt mit Ihnen etwas ausprobieren. Ich bin mir nicht sicher, ich habe da so eine Idee, aber ich weiß nicht, ob sie etwas taugt. Der Dirigent ist der einzige Musiker ohne Instrument. Sein Instrument *ist* das Orchester. Meine Damen und Herren, wollen Sie es bitte zuerst einmal *so* spielen und dann einmal *so*. Einmal voller Emphase, einmal mit Distanz. Vielleicht ist das Distanzierte am Ende ja viel emphatischer? Das kann unglaublich spannend sein! Am Ende treffe ich dann eine Entscheidung, und alle wissen, warum.

Mit plumper Basisdemokratie hat der Dirigentenberuf nichts zu tun. Mit demonstrativer Machtausübung allerdings auch nicht. Bei maximalem Vertrauen kann ich zu einem Konzertmeister, einer Konzertmeisterin sogar sagen, bitte führen Sie, fangen Sie an! Ein solches Vertrauensverhältnis hatte ich zu Herrn Küchl, wie gesagt, und habe ich zu Matthias Wollong von der Dresdner Staatskapelle. Auch für Rainer Honeck von den Wiener Philharmonikern gilt das unbedingt, ebenso für die beiden Berliner Philharmoniker Daniel Stabrawa und Guy Braunstein, für Lorenz Nasturica-Herschcowici von den Münchner Philharmonikern und Detlev Grevesmühl von der Deutschen Oper Berlin. Da geht es nicht darum, dass der eine (der Dirigent) oben steht, auf einer Kiste, und alle anderen sitzen um ihn herum und schauen zu ihm auf. Da geht es um Partnerschaft, um feine, sensible Amalgamierungsprozesse. Man könnte in solchen Konstellationen meinen, die Macht des Dirigenten nimmt ab, er begibt sich in die Hände der Musiker, ja, er liefert sich ihnen bis zu einem gewissen Grad aus. Das stimmt und stimmt nicht. Denn auf der anderen Seite wird man durch dieses Vertrauen stärker, stärker denn je! Es bedingt sich gegenseitig. Ihr gebt nach, und ich gebe nach. Man teilt die Macht, der eine kann nicht ohne die anderen und umgekehrt.

Heutige Orchester sind im Durchschnitt besser als frühere und schlechter zugleich: technisch besser und fantasiemäßig weniger versiert. Ich würde die technische Qualität gerne beibehalten und sie mit einem Musizieren aus dem Augenblick heraus kombinieren, wie es einst gang und gäbe war. Nicht missverstehen: Ich will nicht «zurück», ich bin nicht nostalgisch, indem ich vergangene Zeiten verkläre. Ich möchte mich neu auf Fantasie und Freiheit besinnen. Die Vergangenheit war politisch oft unfrei, und man hat sich auf den Podien exorbitante musikalische Freiheiten genommen. Das war schon zu Beethovens Zeiten so, und nicht erst da. Heutzutage leben wir in der freiesten aller Welten – und trauen uns keine Ritardandi mehr zu machen, wenn die Partitur sie uns nicht vorschreibt.

Ausgaben

Bei meinem Wiener Beethoven-Abenteuer habe ich mit dem alten Philharmoniker-Material gearbeitet. Das stammt noch aus der Vorkriegszeit. Bei meinen Dirigierpartituren stand zum Beispiel hinten auf dem Deckel: Richard Strauss hat das dirigiert, in den 1920er Jahren in Buenos Aires. Am Teatro Colón gab es damals «Deutsche Saisons», das heißt, alle berühmten Opernhäuser und Orchester sind nach Südamerika gefahren, mit dem Schiff, um dort zu gastieren. Ich hatte und habe einen irren Respekt vor diesen Noten. Sie inspirieren mich. Wie in Dresden, bei Strauss' eigenen Kompositionen, auch. Ich habe *Arabella* aus der Uraufführungspartitur dirigiert, ich habe *Elektra* aus der Uraufführungspartitur dirigiert. Warum sollte ich es nicht tun, wenn es dieses Material gibt? Alte Dresdner Orchestermusiker haben mir übrigens erzählt, dass es lange Zeit gar nicht üblich war, dass alle Streicher denselben Bogenstrich nehmen. Das war mir neu! Und es heißt natürlich etwas für den Klang, für seine innere Bewegtheit. Wie das allerdings bei Symphoniekonzerten ausgesehen hat, kann ich mir beim besten Willen nicht vorstellen. Der eine so, der andere so?

Die alten Ausgaben haben sicher ihre Druckfehler und Schrecklichkeiten. Aber sie haben eine Aura, eine Patina, eine Atmosphäre, und das gefällt mir. Ich weiß, wessen Augen auf diesen Partituren geruht haben, Furtwänglers, Knappertsbuschs, Karajans, Kleibers! Ich finde es großartig, in dieser Reihe stehen zu dürfen. Auch in Bayreuth dirigiere ich aus den alten Partituren. Wenn man ehrlich ist, ist man doch immer abhängig von dem, was andere vor einem gemacht haben. Und man ist sehr gut beraten, es zur Kenntnis zu nehmen. Das bedeutet nicht, dass ich traditionshörig wäre oder rückwärtsgewandt; es bedeutet, wissen zu wollen, woher man kommt. Und nicht jedem Klischee zu folgen. Die 1920er und 1930er Jahre waren eben nicht nur die Zeit der hochromantischen Beethoven-Interpretationen, sondern es gab auch den jungen Otto Klemperer oder den nicht mehr so jungen Hans Pfitzner, die mit schnellen, geradezu harschen Tempi durch die Partituren fegten. Das lerne ich, wenn ich mir ihre Aufnahmen anhöre.

Nun gibt es beim Bärenreiter Verlag seit 2000 die vollständige Urtext-Ausgabe aller Beethoven-Symphonien, die Ausgabe von Jonathan del Mar, und natürlich kenne ich sie. In Wien und auch in Dresden habe ich mir jeweils beide Ausgaben aufs Pult gelegt, um zu vergleichen. Wie groß sind die Unterschiede? Woraus kann ich besser dirigieren? Die Antwort mag vielleicht nicht überraschen, aber ich kann sie begründen: Ich dirigiere lieber aus dem alten Material. Nicht nur, weil ich nicht negieren kann und will, wie diese Musik vor mir gespielt und interpretiert worden ist, sondern auch, weil mir das alte Partiturbild besser gefällt. Eine Partitur hat Augen, sie schaut dich an. Das Druckbild in der Del-Mar-Ausgabe finde ich ziemlich gut. Die Taktabstände sind groß, vor allen Dingen sind sie nahezu gleich groß, egal ob ich einen schnellen Satz mit vielen Noten vor mir habe oder einen langsamen mit weniger Noten. In der Regel umfasst die Urtext-Ausgabe deshalb mehr Seiten als die alte Peters-Ausgabe oder die alte Breitkopf-Ausgabe. Die sind im Bild viel dichter. Das heißt: Der «kritische» Beethoven ist zunächst einmal praktisch, er ist übersichtlicher und besser gegliedert, ich kann alles auf Anhieb erkennen. Die Del-Mar-Ausgabe ist auf Funktionalität eingestellt, aufs Besichtigtwerden. Das ist zweifellos viel wert.

Ihr Manko aber ist: Es gebricht ihr an Atmosphäre. Ich fühle mich definitiv nicht inspiriert. Ich würde sogar sagen: Wäre ich ein junger Dirigent und würde mir meine erste Beethoven-Symphonie überhaupt in der Urtext-Ausgabe zurechtlegen, die Ausgabe würde mich lähmen. Sie würde mich leer anschauen, wie ein klinisches Bild, eine Autopsie. Tatsächlich tut sie das nicht, weil sie ein Zusatzeindruck für mich ist, weil sie mir zusätzliche Informationen gibt. Ich kann ja wie gesagt die verschiedenen Ausgaben nebeneinanderlegen. Was mir freilich vor allen Details ins Auge fällt, ist, dass die alten Stecher – früher wurden Noten in weiche Metalle und Legierungen «gestochen», die dann als Druckvorlagen dienten – eine individuelle Handschrift hatten, einen eigenen Schwung. Auch das spricht zu mir.

Was den Vergleich der Notentexte angeht, findet man natürlich Divergenzen. Die Frage ist nur: Wie bedeutend sind sie? Ändern sie etwas an der Musik und an meiner Interpretation? Von den alten Editionen ist bekannt, dass sie sich meist nur auf eine Quelle bezogen. Für mehr reichte die Zeit nicht, oft wusste man auch einfach nicht, dass von ein und derselben Partitur mehrere Kopien existierten. Kopien mit wechselnden Irrtümern. Von Beethovens Neunter sind heute zwanzig verschiedene Quellen bekannt, die an neun Orten verstreut in ganz Europa liegen! Daraus ergibt sich ein riesiges editorisches Puzzle (bei den anderen Symphonien verhält es sich etwas übersichtlicher). Aus philologischer Sicht ist das hoch spannend, und man kann Jonathan del Mar für seine Arbeit nur danken. Dass er den Beethoven überhaupt lesbar gemacht hat in dieser Weise! Ich kenne zwar keine Original-Autographe, aber sehr gute Reproduktionen. Selbst die sind schwer auratisch, keine Frage, aber sie sind auch das reinste Augenpulver. Man kann sie wirklich kaum lesen, Beethoven hatte eine furchtbare Sauklaue.

Ein interessanter Punkt ist jedoch: Ist es nun der wahrere, authentischere Beethoven, der mir bei del Mar begegnet? Sind Interpretationen, die mit seiner Ausgabe arbeiten, die besseren, korrekteren und historisch-rezeptionsästhetisch unbelasteteren?

Ich habe bei den Proben in Wien und in Dresden festgestellt, dass mir mit der Del-Mar-Ausgabe nicht mehr zur Musik einfällt als mit den alten Ausgaben. Eher sogar etwas weniger, wenn ich ehrlich bin. Mich stört eine gewisse Haltung: Was in der kritischen Ausgabe nicht steht, existiert faktisch nicht und sollte interpretatorisch auch nicht gemacht werden. Da brauche ich nur Anton Schindler ins Feld zu führen, was er 1840 über die Tempomodifikationen bei Beethoven schreibt oder über den Gebrauch von Rubati, um das in Frage zu stellen. Gerade bei Beethoven, denke ich, ist man mit jeder Art von Verdikt auf dem Holzweg.

Meine praktische Erfahrung mit den verschiedenen Ausgaben ist, dass die Unterschiede so gravierend nicht sind – jedenfalls die Unterschiede, die ich hörbar machen kann. Liest man den Revisionsbericht von del Mar, wird unendlich viel über Keile, Punkte und Striche diskutiert: Welches Symbol steht für welchen Akzent? Punkte sagen offenbar Staccato, und Keile sagen Marcato, also gehaltener. Ich bin mir nicht sicher, ob Beethoven selbst in diesen Fragen immer konsequent war. Mir ist es jedenfalls nie passiert, dass ich im Urtext eine Stelle entdeckt habe, die mir immer schon ein Rätsel war – und plötzlich wusste ich, warum. Die hätte ich natürlich sofort so übernommen! Gibt es in dem Sinne aber nicht. Es gibt ein sehr ausführliches Vorwort, es gibt viel mehr Spiel- und Vortragsanweisungen. Und es gibt die Auffassung, dass Beethoven minutiöse Unterschiede gemacht habe bei den Akzenten, wie gesagt: Keil, Punkt, Strich, Sforzato, das soll alles unterschiedlich artikuliert werden. Wie soll das gehen? Die Proben wären jedenfalls die Hölle. Wie musikerfreundlich sind kritische Ausgaben, wie praxisnah müssen sie sein? Auch das sind Fragen, die sich mir stellen.

Vor allem über die Akzentgebung habe ich mit den Wiener Philharmonikern interessante Gespräche geführt. Wenn eine bestimmte Art des harschen Klangs, wenn gewisse Akzente sich permanent wiederholen, dann erschöpft sich das schnell. Ich würde immer für Varianz plädieren. Ich finde, gerade im Bewusstsein der Urtext-Ausgabe muss ich in der Lage sein, auch mal alle Fünfe und Siebene und Dreie gerade sein zu lassen. Mir ist bewusst, was der Herausgeber an dieser oder jener Stelle meint – aber ich kann und will mein persönliches Klangempfinden nicht außen vor lassen. Außerdem macht es einen Unterschied, ob ich mit einem Originalklang-Ensemble arbeite wie dem Orchestre Révolutionnaire et Romantique oder mit der Dresdner Staatskapelle. Mit einer Abordnung der Kapelle könnte man sicher auch in Richtung Originalklang gehen. Aber wäre das nicht schade? Wir sollten die Vielfalt unserer Ausdrucksmöglichkeiten nicht reduzieren, sondern genießen. So wie ich mir die Fünfte auch mit Teodor Currentzis und seinem Musicaeterna-Ensemble anhöre oder die Tempi von anderen und mir manchmal sage: Auf diese Idee hättest du auch kommen können! Oder: Das geht mir jetzt völlig gegen den Strich!

Es ist völlig klar, dass es in den alten Ausgaben vor Fehlern nur so wimmelt. Bei Beethovens Krakeleien haben die Verleger und Stecher sich schnell mal verlesen. Hier ein falsches Fortepiano, dort falsche Töne, da nicht vier Bindebögen, sondern ein großer Bogen. Was für ein Chaos! Und dann kam die Wissenschaft und befand, das geht so nicht weiter, das können wir mit unseren modernen editorischen Maßstäben nicht länger verantworten, wir lesen alles noch einmal ganz gewissenhaft neu. Daraus resultiert seit 1996 neben der Ausgabe von Jonathan del Mar bei Bärenreiter auch die Neue Beethoven-Gesamtausgabe beim Henle Verlag.

Bei mir zu Hause habe ich die Studienpartituren. Das Aufführungsmaterial lasse ich mir üblicherweise schicken, und zwar die Del-Mar-Ausgabe und die Peters-Ausgabe. Ich übe mich sozusagen im doppelten Blick. Abgesehen davon, dass in alten Partituren schon mal «Richard Strauss, Buenos Aires 1923» steht, habe ich es an sich lieber, wenn in den Noten gar nichts steht. Wenn es geht, bitte ich um alte Drucke, neu faksimiliert. Ich will keine von fremder Hand eingekringelten Fortepiani sehen, keine Ausrufezeichen, keine Buntstiftpfeile von hier nach da. Ich selber schreibe so gut wie nichts in meine Partituren. Wenn ich sie nämlich später wieder zur Hand nehme, sähe ich ja die Noten vor lauter Kritzeleien nicht. Und bliebe festgelegt auf das, was ich früher in der Partitur gesehen habe.

Zur Vorbereitung unseres Beethoven-Zyklus mit der Sächsischen Staatskapelle Dresden 2020 habe ich etwas gemacht, was ich noch nie gemacht habe: Ich habe mir absichtlich nur die Del-Mar-Ausgabe angeschaut, um sozusagen aus meiner Erinnerung der Peters-Ausgabe zu schöpfen. Und wieder konnte ich pikanterweise nicht so viele Unterschiede feststellen, wie ich geglaubt hatte. Das Ganze war insofern lustig und interessant, als nur *ich* die Del-Mar-Ausgabe hatte – und das Orchester aus dem alten Material spielte. Da gab es ein paar Stellen, bei denen ich in der Probe gesagt habe, spielen Sie das doch bitte so und das so. Das wurde dann in den Noten vermerkt. Anders wäre es viel aufwendiger gewesen. Dann hätten wir das Del-Mar-Material anschaffen müssen und von Anfang bis Ende bezeichnen. Für mich steht dagegen auch ein gewisser Schauder der Tradition, auf den ich nicht verzichten möchte. Außerdem hebe ich ungern den Zeigefinger. Ich bin nicht der Lehrer, der es besser weiß. Das wäre mir unangenehm.

Im Grunde ist «Urtext» schon das falsche Wort. Akademisch mag es der richtige Terminus sein; lieber wäre mir, man spräche von einer Zusammenführung, einer Kompilation der verschiedenen Quellen. Vor allem in der Vermarktung klingt es aber leider so, als hielte man mit der Urtext-Ausgabe die ultimative Beethoven-Bibel in der Hand. Das impliziert: Wer sich nicht daran hält, wer es anders macht, ist ein Ungläubiger und eben nicht informiert. Das empfinde ich als Beschneidung meiner Fantasie. Zumal die Ausgabe selbst vieles auf angenehm dezente Weise handhabt. Die Metronomzahlen zum Beispiel sind meist nur in Fußnoten vermerkt: Beethoven hat dann und dann die und die Angabe dazu gemacht. Das klingt gar nicht fordernd. Damit kann ich gut leben und arbeiten.

Die Beschäftigung mit den Urtexten lässt mich Beethoven heute anders lesen, daran besteht kein Zweifel. Und sie hat mich im Umgang mit der Musik unabhängiger werden lassen. Ich sehe, was bei del Mar anders ist, ich sehe den Radius der Deutungsmöglichkeiten – und weiß mich darin bestärkt, mir meine Meinung alleine bilden zu müssen. Es ist bei mir womöglich das Gegenteil eingetreten von dem, was man sich von einem Urtext-Dirigenten erhofft: dass er sklavisch, ja minutiös jedem Fähnchen folgt. Alles Sklavische weckt in mir ohnehin Trotz. Musikmachen ist etwas unerhört Lebendiges. Es ist von so vielen Faktoren abhängig, von der Saal-Akustik, den Interpreten, ihrer Tagesverfassung, von der Zeit, in der man lebt, von den sozialen, politischen und historischen Umständen. Im Grunde ändert sich permanent alles. Und da sollen wir ausgerechnet Beethoven festhalten wollen? Etwas festhalten, was nicht festzuhalten ist? Die Auseinandersetzung mit Notentexten ist letztlich immer spekulativ, es geht nicht um richtig oder falsch. Es geht darum, sich als nachschöpfender Künstler überzeugend ins Verhältnis zu setzen.

Die technische Seite

Jeder, der ein Instrument spielt oder gespielt hat, weiß, wozu Etüden gut sind. Czerny auf dem Klavier, Fiorillo oder Ševčík auf der Geige: Man übt Technik allein (was manchmal keine gute Laune macht, aber unerlässlich ist). Auch die Beethoven-Symphonien sind in gewisser Weise Etüden, Etüden für Orchester, einfach weil sie so schwer sind und weil sie sich natürlich nicht nur mit dem Technischen nicht begnügen, sondern dies voraussetzen. Als sei es das Natürlichste von der Welt. Die Symphonien sind Etüden der Spieltechnik, des Rhythmus, des angemessenen Vibratos und der richtigen Tempowahl. Etüden der schrankenlosen Farbmischungen. Und Etüden vor allem darin, wie ich alle Techniken und Mittel so miteinander in Einklang bringe, dass ich als Interpret frei gestalten kann. Mit einem klug dosierten Vibrato etwa kann ich das Tempo verändern: Kaum lässt man etwas mehr Vibrato zu in den Streichern, gewinnt man den Eindruck, das Tempo ginge voran. Was es, mit dem Metronom gemessen, in den meisten Fällen nicht tut. Solche Sachen haben dazu geführt, dass Beethoven auf technische Fragen immer weniger Rücksicht nahm. Der Reichtum an Valeurs, der ihm vorschwebte, die symphonischen Dimensionen ließen das irgendwann einfach nicht mehr zu. Dadurch hat er sich und seinen Interpreten (nicht nur den zeitgenössischen) auch Gewalt angetan. Er wollte, dass es funktioniert – also hatte es zu funktionieren.

Wir haben uns technisch enorm entwickelt, wahrscheinlich wäre Beethoven überglücklich, wenn er heute ein gutes Orchester in einem tollen Saal die Eroica spielen hörte. Mit vierzehn oder sechzehn ersten Geigen! Die Uraufführung im Palais Lobkowitz hingegen – um den Vergleich anschaulich zu machen – muss ein

Desaster gewesen sein. Dürre Streicherbesetzung, dafür drei Hörner, Pauken und Trompeten (insgesamt 28 Musiker!), kaum Proben, alles dauernd auseinander. Den Leuten müssen die Trommelfelle geplatzt sein! Kleine Ensembles in kleinen Räumen sind oft lauter als große Ensembles in großen Räumen. Es gibt eine Aufnahme unter Martin Haselböck von 2016, die versucht, das historische Klangbild am authentischen Ort, im heutigen «Eroicasaal», einzufangen. Mein Fall ist das erwartungsgemäß nicht, aber die Wiener Akademie spielt natürlich um Lichtjahre besser, als Beethovens Musiker es seinerzeit getan haben. Man hat Messungen durchgeführt, um die Eroica-Erfahrung der Beethoven-Zeitgenossen auf heutige Verhältnisse zu übersetzen. Demnach müssten in der Berliner Philharmonie tausend Musiker sitzen, um annähernd den gleichen Schalldruck zu erzeugen. Ist das nicht verrückt?

Was ich sagen will: Beethoven zu spielen ist immer auch eine handwerkliche, eine physische Angelegenheit. Das heißt nicht, dass größere Orchester in eine Art Brutalismus ausbrechen sollten, um die Intensität der Erfahrung widerzuspiegeln; oder dass es beim Musizieren nur darum geht, das Hässliche hörbar zu machen, die Oberfläche mit dem ganz groben Schmirgelpapier zu bearbeiten. Im Gegenteil. Die Wiener Philharmoniker spielen mit Klang, aber immer so, dass man erkennt, es handelt sich um klassische Stücke und nicht um eine vorgezogene Spätromantik.

Am intensivsten klingt Beethoven, wenn er ganz einfach wird. Da gibt er uns Musikern auch technisch zu verstehen: Du hast hier nicht viel zu tun, mach am besten gar nichts. Der Beginn des Quartetts in *Fidelio* ist so eine heilige Stelle, «Mir ist so wunderbar»: *Andante sostenuto*, 6/8-Takt, die tiefen Streicher mit fast simplen Noten *sempre pianissimo*, die Sänger *sotto voce*. Das muss man ganz schlicht und gerade spielen, dann lupft es einen wie von selbst aus dem Stuhl.

Der Funke des Augenblicks

In der Oper lässt sich sogar bei Beethoven manches wiedergutmachen. Da kann es vielleicht passieren, dass die Ouvertüre nicht richtig sitzt, aber dann kommt eben dieses wunderbare Quartett und ist himmlisch poetisch. Bei den Symphonien geht das nicht, dafür sind sie in sich viel zu idiomatisch und auch viel zu bekannt. Da gibt es eben nicht erst die Einleitung *zu* oder den Anfang *von*, sondern alles ist immer gleich selbst etwas, und wenn es das nicht *ist*, dann ist es falsch und verloren. Mich als Ausübenden setzt das furchtbar unter Druck. Weiß ich, wie ich heute drauf bin, bevor der erste Ton erklingt? Nein, weiß ich nicht. Das lehren mich die ersten Takte. Weiß ich, wie das Orchester drauf ist? Erst recht nicht. Bei der Beethoven-Interpretation schießen einem in *einem* Moment mehrere Gedanken gleichzeitig quer durch den Kopf, und einer gewinnt letztlich die Oberhand. Wird es der richtige für diesen Abend sein? Gelingt es mir, das Publikum mitzureißen?

Aber ich darf auch nicht nur am Denken und Zirkulieren sein, sonst springt kein Funke über. Carlos Kleiber hat den Musikern immer gerne gesagt, nachdem er sie penibelst gequält hatte mit irgendwelchen Details: Vergessen Sie alles, was wir geprobt haben. Spielen Sie einfach! So ist es, das stimmt. Wir vergessen – aber es ist natürlich trotzdem alles da. Nur nicht so explizit.

Die vollkommene Interpretation gibt es nicht. Dafür sorgt das Leben. Nach dem Konzert ist leider vor dem Konzert. Es gibt gute Abende, aber die relativieren sich mit dem Blick auf den nächsten, der vielleicht schon morgen ist. Vielleicht trinke ich nach dem Konzert noch einen Whiskey, dann gehe ich ins Bett, und dann rumort es schon wieder. Weil man sich sagt: Ich habe es heute sehr anständig hingekriegt – beim nächsten Mal könnte ich versagen. Ich weiß nicht, warum. Meine Angst ist immer, dass ich denke, ich habe den Funken nicht. Ich hatte ihn heute, aber morgen bleibt er mir versagt, und ich kann nichts dagegen tun (oder dafür). Je besser die Musik ist, mit der man es zu tun hat, desto schlimmer wird diese Angst. Je effektvoller und äußerlicher ein Programm ist, desto leichter ist es, einen Erfolg einzufahren. Und *diese* Erfolge lassen sich auch leichter reproduzieren. Bei Beethoven ist das definitiv nicht so, deswegen wird der Respekt, den ich vor seiner Musik habe, auch nicht kleiner mit den Jahren, sondern größer. Es ist eben nicht so, dass man sich bei Beethoven in irgendeiner Weise auf dem Erreichten ausruhen könnte. Das treibt er einem aus. Ich habe das Tempo der «Szene am Bach» in der Pastorale 2010 bei den Wiener Philharmonikern gut getroffen? Das heißt nicht, dass ich es 2020 in Dresden wieder treffen werde. Außerdem will ich mein Beethoven-Bild ja weiter verfeinern. Wird mir das gelingen? Oder falle ich eines Tages hinter meine eigenen Erwartungen zurück? Der Drang, nicht stehenbleiben zu dürfen, hat etwas Gnadenloses. Das lernt der Beethoven-Interpret oft auf schmerzliche Weise.

Historisch informiert

Noch vor der Urtext-Ausgabe hat vor allem die sogenannte historisch informierte Aufführungspraxis unser Beethoven-Bild verrückt. Weg vom romantischen Klangideal, hin zur Klangrede, zur Rhetorik. Generell wissen wir heute mehr über Beethoven, auch über seine Biographie. Wir interessieren uns mehr für die Umstände künstlerischer Arbeit im frühen 19. Jahrhundert. Das ist so lange hilfreich, solange man nicht meint, die Kunst aus diesen Umständen restlos erklären zu können.

Was mich an der Originalklang-Bewegung stört, ist die Tatsache, dass sie als Bewegung bei Beethoven, Schubert und spätestens bei Schumann endet. Chopin spielt man auch auf dem Hammerklavier, aber bei Brahms ist Schluss. An Wagner hat sich bislang noch niemand gewagt. Mein Kollege Kent Nagano erarbeitet mit Concerto Köln für 2021 einen *Ring des Nibelungen*, der die Instrumental-, Gesangs-, Sprach- und Bühnenpraxis der Wagner-Zeit rekonstruiert (nach musikhistorischen Kriterien). Ich stehe solchen Projekten skeptisch gegenüber, wiewohl ein Blick ins Museum immer aufschlussreich ist. Nimmt man die Sache ernst, müssten wir allerdings auch die schrecklichen Hörner akzeptieren, die Wagner seinerzeit zur Verfügung standen. Interessant wäre ein Testlauf im Bayreuther Festspielhaus. Was hat Wagner damals selbst gehört? Können unsere Ohren das nachvollziehen?

Die viel größere Frage ist (auch im Blick auf Beethoven): Tun wir ihm damit überhaupt einen Gefallen? Wir wissen, dass Wagner nach der Uraufführung des *Rings* äußerst unzufrieden war. «Er möchte am liebsten sterben», berichtet seine Frau Cosima, und das bezieht sich nicht nur auf die quietschende Bühnentechnik, auf falsch wallende Nebel oder die Spezialanfertigung des Drachen Fafner, die ohne Hals geliefert wurde. Auch die musikalischen Mittel der Zeit empfand Wagner als unzureichend. So viel Scheitern nach so viel Arbeit? Ich muss an den schönen Satz von Wagner denken, den Cosima 1872 in ihrem Tagebuch überliefert und der schon in meinem Wagner-Buch steht: «Dieses Nibelungen-Komponieren sollte längst vorüber sein, es ist ein Wahnsinn, oder ich müsste gemacht sein, wild wie Beethoven.»

Wild wie Beethoven? Der soll nicht wenige Klaviere eigenhändig zertrümmert haben und war zeitlebens auf der Suche nach dem idealen Instrument. Die Melodiestimme sollte singen, die Akkorde sollten klingen. Die Flügel aus dem Hause Stein sind ihm zu zart, die Instrumente von Anton Walter zu schwer im Anschlag, die englischen Broadwoods klingen dumpf und sind nicht flexibel genug. «Die Art, das Klavier zu spielen, ist noch die unkultivierteste von allen Instrumenten bisher», beklagt sich Beethoven bei dem Klavierbauer Andreas Streicher. «Man glaubt oft, nur eine Harfe zu hören, und ich freue mich, Lieber, dass Sie von den Wenigen sind, die einsehen und fühlen, dass man auf dem Klavier auch singen könne, sobald man nur fühlen kann. Ich hoffe, die Zeit wird kommen, wo die Harfe und das Klavier zwei ganz verschiedene Instrumente sein werden.» Ein alter Blüthner- oder Bechstein-Flügel wäre Beethoven später bestimmt zupassgekommen, mit dieser sonoren Cello- und Basslage. Kein nervöses, französisches Instrument jedenfalls. Und Beethoven auf dem Steinway wiederum kann ziemlich amerikanisch klingen.

Es geht mir nicht um eine Abrechnung mit der Originalklang-Bewegung, wie käme ich dazu. Sie hat uns vielfach die Ohren geöffnet, und sei es, damit wir es anders machen als sie. Die Frage aber, ob wir Beethoven etwas Gutes tun, wenn wir ihn in ihrem Sinne auf sich selbst zurückführen, halte ich für legitim. Beethoven will nicht ins Museum, er will immer nach vorn. Er hat unter der Unzulänglichkeit der Umstände gelitten – warum sollten wir ihm diese Umstände heute auf dem Silbertablett präsentieren? Werden sie dadurch besser? Verstehen wir seine Musik besser, wenn sie auf Darmsaiten und im Stehen gespielt wird? Ich finde nicht. Die Farben sind matter, die Rhythmen knattern. Und die Tempi werden radikal durchgehalten.

Andererseits hat die Rezeption nicht automatisch Recht, nur

weil sie zeitlich am längeren Hebel sitzt. Wenn es Belege dafür gibt, dass Beethoven mit den Tempoangaben in seinen Werken freizügig umgegangen ist, dann müsste die Aufführungspraxis auch das als Quelle beachten! Tut sie aber leider nicht. Das verstehe ich nicht. Das Abenteuer Musik besteht in der Unterschiedlichkeit der Interpretationen. Die historisch informierten Kräfte haben wie gesagt, als sie aufkamen, auf bestimmte Interpretationsstile reagiert, auf die Tendenz, Beethoven und das klassische Repertoire zu überromantisieren. Das war richtig und wichtig. Längst profitieren auch Nicht-Aufführungspraktiker von ihren Erkenntnissen, selbst große Symphonieorchester sind im Umgang mit Spiel- und Vortragsanweisungen nicht mehr nur unbescholten und naiv. Genauso aber müsste es möglich sein, denke ich mir, beim Begriff «Originalklang» den *Klang* stärker zu betonen.

Eine Frage des Geschmacks

Bei aller Auseinandersetzung mit solchen Fragen – meine künstlerischen Entscheidungen treffe ich letztlich rein gefühlsmäßig. Oft denke ich mir hinterher, ich hätte es auch anders machen können. Natürlich nicht ganz anders, aber innerhalb eines bestimmten Rahmens anders. Deshalb ist es schön, ein und dasselbe Programm mehrfach zu dirigieren. Und mit dem Repertoire, das einem nahe ist, zu leben.

Die Kriterien für meine Entscheidungen kommen aus meiner Erfahrung. Und ein bisschen aus Lust und Laune. Das mag jetzt willkürlich klingen, ist es aber nicht. Jede künstlerische Entscheidung hat Konsequenzen, für den Satz einer Symphonie, für das ganze Stück, einen ganzen Zyklus. Die muss ich vorher bedenken.

Ich werde mir etwas Leichtfertiges also immer sehr gut überlegen. Grundsätzlich, finde ich, darf der eigene musikalische Geschmack alles. Wenn ich mein Publikum damit überzeuge oder auch wenn ich es in gewisser Weise gegen mich aufbringe, weil ich so ein bisschen wider den Stachel löcke, dann habe ich etwas erreicht. Schlimm ist nur, langweilig zu sein. Keine Stellung zu beziehen. Ich darf alles, ich darf nur keinen Idioten aus mir machen. Obwohl hin und wieder eine Prise Willkür auch ganz schön ist. Lasst uns gelegentlich eine Prise Willkür nehmen, aber nicht um der Willkür willen.

Bei lebenden Komponisten habe ich die Erfahrung gemacht, dass sie – mit wenigen Ausnahmen – ihren Interpreten gegenüber unglaublich tolerant sind. Hans Werner Henze war erfreut, wenn man seine Musik ein wenig gegen ihren Strich bürstete, sei es, dass ich mal ein unverhofftes Ritardando machte, sei es, dass ich das Finale seiner zehnten Symphonie («Ein Traum») in München etwas schneller nahm, als er sich das wohl vorgestellt hatte. Henze freute sich, dass man ihn interpretierte. Das war für ihn das erste Echo. Genauso schätze ich Beethoven ein, der war auch so ein unangepasster Herzensmusikant. Der hat nicht gesagt, das geht nur *so*. Solche Komponisten existieren natürlich auch. Hans Pfitzner muss so gewesen sein, der saß bei der Uraufführung von *Palestrina* in München 1917 hinter dem Dirigenten Bruno Walter und nörgelte nur herum und wusste alles besser. Auch Wagner behauptete gern, eine Aufführung des *Rheingold* dürfe nicht länger als zwei Stunden dauern. Das hat er natürlich aus didaktischen Gründen gesagt, die Kapellmeister waren in seinen Ohren alle Langweiler, da konnte es nicht schaden, ihnen ein wenig Feuer unterm Pult zu machen.

Beethoven erzieht uns zur Toleranz, er macht uns menschlich.

Ich habe als Dirigent meinen Geschmack, andere haben ihren. Ich kann bei Beethoven sogar extrem tolerant sein. Meinem Empfinden nach stößt er die Tür zur Romantik so weit auf, dass wir spüren, was nach ihm kommt. Wir spüren Brahms' erste Symphonie, wir spüren den frühen Mahler. Andere sehen in Beethoven eher einen Vollender, die hören den Nachhall von Mozart und Haydn. Auch das kann ich akzeptieren. Wenn mir jemand etwas vorschlägt, eine neue Interpretation, und die Musik gibt es her, dann interessiert mich das immer.

Ein verantwortungsvoller Künstler setzt sich bei den Stücken, die er aufführt, selber Grenzen. Diesen Rahmen lotet er aus, und damit ihm das in allen Facetten gelingt, sollte er die Werke, die ihm wichtig sind, so oft wie möglich wiederholen. An Beethovens Symphonien muss ich mich abarbeiten, wieder und immer wieder. Nur dann komme ich ihnen mit der Zeit etwas näher. Beethovens C-Dur-Messe dagegen ist gewiss ein schönes Stück, aber ich persönlich muss es nicht so oft machen. Es war natürlich lustig, als Glenn Gould gesagt hat: Ich mag diese Sonate nicht – und jetzt spiele ich sie auch so, dass alle hören, dass ich sie nicht mag. Doch man hat ihm das auch übel genommen. Ein richtiger Künstler liefert keine Karikaturen ab. Und von manchen Werken, die einem nicht liegen, sollte man einfach die Finger lassen.

Atmosphäre

In der Musik geht es darum, die richtige Atmosphäre und Stimmung zu erzeugen. Stimmung meint aber auch: die «Stimmung» der Instrumente in einem Orchester. Die kann höher und tiefer ausfallen, je nachdem. Seit 1939 hat man den Kammerton a' international auf 440 Hertz festgelegt. Bis heute gibt es davon Abweichungen, auch das akustische Hören hat seine Traditionen. Symphonieorchester in Deutschland und Österreich stimmen nach 443 Hertz, und in der historischen Aufführungspraxis schwankt der Ton sogar beträchtlich: zwischen 415 Hertz für barocke, 430 Hertz für klassische und 438 Hertz für romantische Instrumente. Originalklang-Ensembles liegen also hörbar tiefer (in der Barockmusik bis zu einem Halbton!) als Symphonieorchester. Auch in der Beethoven-Zeit wurde tiefer eingestimmt als heute, allerdings nur geringfügig.

Ich glaube generell, entweder man ist als Musiker ein Klangmensch oder man ist es nicht. Es gibt irre begabte Kolleginnen und Kollegen, die lieben und beherrschen Partituren, in denen alle drei Takte der Takt wechselt. Und servieren das dem Publikum wie Florettfechter! Das bewundere ich. Ich war immer mehr auf der klanglichen Seite zu Hause – so wie der Beethoven-Pianist nicht unbedingt Strawinskys *Sacre* vierhändig am Klavier spielt. Man macht das mal aus Spaß, aber dann kehrt man doch zu seinen inneren Idealen zurück.

Dass Beethoven nicht dazu neigt, besonders hell zu instrumentieren, habe ich schon erwähnt. Möglicherweise hat das Nachlassen seines Gehörs – vor allem der früh einsetzende Verlust der Obertöne – sogar dazu geführt, dass seine Tessitura beim Komponieren intuitiv weiter nach unten rutschte. Mittlere und tiefe Töne konnte er besser hören als hohe, wenigstens eine Zeit lang noch. Hätte er eine hellere, höhere Musik geschrieben, wenn er besser gehört hätte? Ich glaube das nicht. Ich glaube, Beethovens Hang zum Romantischen, zum volleren Klang, bringt das dunklere Timbre geradezu mit sich. Das hat nichts mit Schwere oder einem Dauerespressivo zu tun, ganz im Gegenteil. Die guten romantischen Interpretationen haben kein Dauerespressivo, die können auch *poco vibrato* spielen, mit *etwas* Vibrato. Was bei einer Haydn-Symphonie übrigens nicht geht, dafür bietet die Musik zu wenig Fläche. Auch bei Brahms geht das nicht – die musikalische Textur erlaubt es nicht, im Ausdruck so weit zurückzugehen. Das geht nur bei Beethoven.

Metronomzahlen

Wenngleich von den Beethovenschen Metronomzahlen schon die Rede war, möchte ich das Thema noch einmal aufgreifen. Mit dem Erfinder des Metronoms, Johann Nepomuk Mälzel, war Beethoven seit 1792 befreundet. Es lag also nahe, als die ersten Apparate von sich reden machten und auch erhältlich waren, dass Beethoven von der neuen Technik Gebrauch machte. 1817 war das, eine bewegte Zeit. In Wien ist die Rossini-Mode ausgebrochen, alle sind plötzlich verrückt nach italienischer Oper, Beethovens Taubheit beschert ihm nach wie vor Seelenqualen, und der Sorgerechtsstreit um seinen Neffen Karl eskaliert. Mehrfach beschwört Beethoven in seinen Tagebüchern, dass er nur mehr «in seiner Weise» komponieren wolle – und bringt doch kaum etwas zustande. An den Musikschriftsteller Johann Friedrich Rochlitz schreibt er: «Seit einiger Zeit bring' ich mich nicht mehr leicht zum Schreiben. Ich sitze und sinne und sinne; ich hab's lange; aber es will nicht aufs Papier. Es graut mir vorm Anfang so großer Werke. Bin ich drin, da geht's wohl.» Die großen Werke sind ein Oratorium, das die Wiener Gesellschaft der Musikfreunde bei ihm bestellt hat (und zu dem es nie kommt), sowie zwei große Symphonien im Auftrag der Philharmonic Society in London (die eine wird die Neunte, die Beethoven bis 1824 fertigstellt, die andere ist die Zehnte).

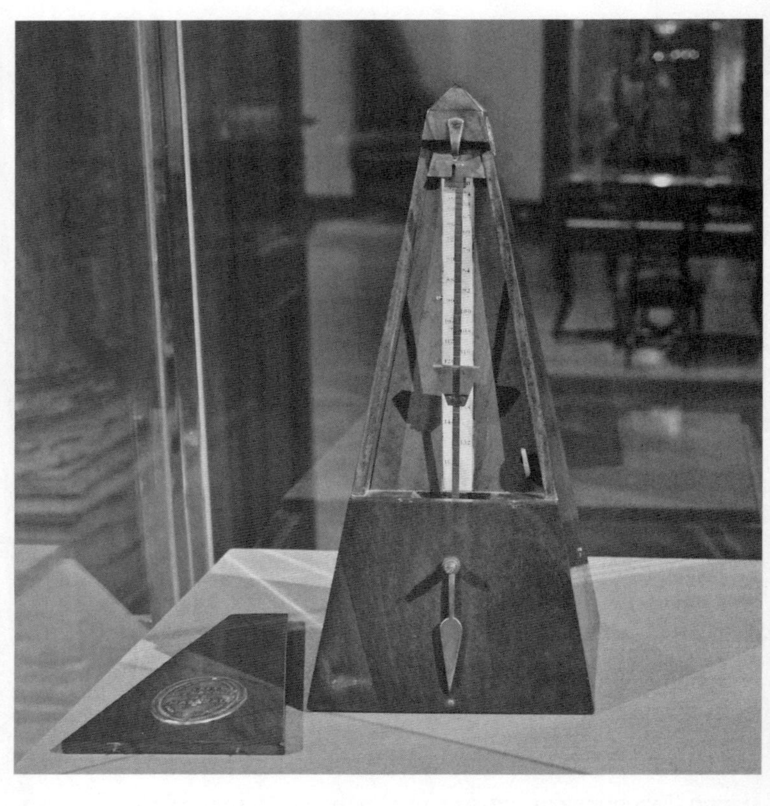

Metronom von Johann Nepomuk Mälzel, 1815

Just in dieser Zeit gehen die ersten Metronome in Serie, und dass Beethoven sich gleich daranmacht, seine bis dahin entstandenen Werke nachträglich zu metronomisieren, sagt viel. Es zeigt, wie wichtig ihm Tempofragen waren, und es zeigt, wie unzufrieden er mit den traditionellen italienischen Tempobezeichnungen war, die natürlich nur Näherungswerte lieferten. Plötzlich gab es etwas, das ihm die «richtigen» Tempi für alle Zeiten garantierte! Trotzdem sind die Metronomzahlen geradezu ein Politikum in der Diskussion. Warum? Weil sie oft keinen rechten Sinn ergeben. Mal wird die Musik unspielbar, mal klingt sie nach Mickymaus, mal erscheint der ganze Werkzusammenhang unlogisch. Die Gründe dafür gehören ins Reich der Spekulation. War Beethovens Taubheit daran schuld? Hat er seine diversen Metronome falsch abgelesen? Oder waren die Dinger einfach unzuverlässig? Wahrscheinlich ist es eine krude Mischung aus allem. 1826 jedenfalls verflucht Beethoven die neue Erfindung: «Hohl' der Teufel allen Mechanismus!»

Als Ausübender ist es immer interessant, sich diese Zahlen zu vergegenwärtigen. Auch wenn ich sie nicht um jeden Preis befolge. Manchmal weiß ich genau, diese oder jene Zahl ist obszön, die kann und will ich nicht befolgen. Dann übe ich mich in zivilem Ungehorsam und fahre eben bei Rot über die Ampel oder parke im Halteverbot. Ist doch auch mal schön! Manchmal muss man einfach das Gegenteil von dem machen, was verlangt wird. Ich genieße das dann. Die langsame Stelle im Finale der Eroica zum Beispiel, das berüchtigte *Poco andante* in Takt 349, über das Beethoven Achtel = 108 schreibt (*piano, con espressione!*): Diese Stelle habe ich mit den Wienern geradezu unverschämt langsam genommen. Und ich finde, sie ist uns wahnsinnig gut gelungen. In Dresden war sie meinem Empfinden nach sogar noch etwas langsamer. Und wenn ich dann in die glücklichen Gesichter im Orchester schaue, denke ich mir: Gott, ist das eine einmalige Stelle! Wer das so schnell nimmt wie gefordert, der berauscht sich an der Metronomzahl und begreift nicht, worum es eigentlich geht. Es geht um einen Lichtstrahl, eine Innerlichkeit, für einen Moment reißt das ganze heldische Gewölk auf. Ich bin ungehorsam, sagt uns Beethoven, ich bin sogar im Ungehorsam noch ungehorsam. Fortissimi sind nur Intensitätsangaben, hat Richard Strauss einmal gesagt. Für Beethoven könnte gelten: Auch Metronomzahlen sind nur Intensitätsangaben.

Konzertprogramme

Ich bin ein großer Verfechter konventioneller Konzertdramaturgien. Ouvertüre, Konzert, Symphonie: Das gilt heute als langweilig, ja, es traut sich niemand mehr, solche Konzerte zu programmieren. Immer muss alles etwas Extriges und Besonderes haben. Ouvertüren zum Beispiel hört man fast gar nicht mehr. Wer fängt einen Abend noch mit der Coriolan- oder der Egmont-Ouvertüre an? Mit *König Stephan* oder der *Weihe des Hauses*, um zwei weniger bekannte Beethoven-Ouvertüren zu nennen? Gerade bei und mit Beethoven funktionieren solche Programme sehr gut – aber das setzt eben auch, so meine Theorie, eine gewisse Einheit in der Klanglichkeit voraus. Und die steht nicht mehr so im Fokus.

Das Publikum ist meist extrem dankbar, wenn Beethoven auf dem Programm steht. Jenseits von Jubiläumsjahren und Zyklen hört man ihn ja eher selten! Überhaupt gibt es ein gewisses Kernrepertoire, das aus unserem Konzertalltag nahezu verschwunden ist. Mozarts g-Moll-Symphonie gehört dazu, Schumanns Erste erklingt so gut wie nie, ebenso seine Vierte. Das war neben der

Rheinischen Symphonie mal absoluter Kanon. Beethoven, Schubert, Schumann, Brahms, Bruckner, das war der Nukleus, und daraus formierte sich die Kapellmeister-Tradition. Diese Tradition reichte von Mozart – den man dann eben etwas romantischer spielte – bis Mahler, als er in den 1960er und 1970er Jahren aufkam. Wo ist die eigentlich geblieben?

So viele Aufnahmen

Die alten Kapellmeister haben uns viele Aufnahmen hinterlassen, die wir heute toll finden. Warum? Weil nicht groß daran herumgedoktert wurde und wegen ihrer Subjektivität. Diese Dirigenten waren so, wie sie waren. Auch wir sollten heute so sein, wie wir sind. Es ist unglaublich beeindruckend, wenn Knappertsbusch mit seinen Hosenträgern und seinem irre langen Taktstock da vor dem Orchester sitzt. Er ist einfach er. Danach kam eine Zeit – ich nenne sie mal die Karajan-Ära –, da durfte man als Musiker plötzlich nicht mehr dick sein oder Geheimratsecken haben oder aus sonstigen Gründen nicht fotogen sein. Gut war, was sich verkaufte, und was sich verkaufte, war ein gewisser Mainstream. Der Plattenmarkt schlug zurück, wenn man so will, erst LPs, dann CDs, alles war immer zu haben, jeder war immer zu haben, und das Subjektive, Eigene (so sehr man es als «Ware» auf den Sockel hob) störte eher. Diese Entwicklung dauerte bis zu den «Drei Tenören», also etwa bis 2000. Heute sind wir davon ziemlich weit weg, und das finde ich gut. Der schwächelnde Markt war gut für die Musik, man musste sich auf das besinnen, was wirklich trägt.

Beim Vergleich verschiedener Aufnahmen eines Stückes muss man unbedingt berücksichtigen, ob es sich um eine Studio- oder eine Live-Aufnahme handelt und wann sie entstanden ist. Die Situationen sind jeweils total unterschiedlich, es wäre nachgerade gemein, das gegeneinander antreten zu lassen. In einer Live-Aufnahme der Eroica von 1944 klingt der Trauermarsch natürlich anders, das Orchester spielt anders als in einer Studio-Aufnahme von 1988. Im Publikum sitzen vielleicht Parteibonzen, aber auch andere Menschen, Leute, deren Söhne oder Väter im Krieg gefallen sind, die selber womöglich ausgebombt wurden und wissen, die Russen stehen kurz vor Wien. Das ist eine ganz andere existenzielle Situation, als wenn ich im Aufnahmestudio der geheizten Philharmonie sitze und mich über den Tonmeister ärgere. Die Unwägbarkeiten des Lebens machen eine Interpretation erst zu einer Interpretation.

Auch deshalb finde ich Live-Aufnahmen viel interessanter als Studio-Aufnahmen. Live ist ehrlicher, selbst wenn man hinterher noch den einen oder anderen Nachschnitt machen muss, weil etwas danebenging. Das kann ja passieren. Im Studio fällt es mir persönlich viel schwerer, die richtige Atmosphäre für ein Stück zu kreieren. Die Musiker sitzen alle vor ihren Mikrofonen, haben Alltagsklamotten an, es ist nicht so der Augenblick, der zählt. Die meisten Aufnahmen, die ich gemacht habe, sind Live-Aufnahmen. Beim Beethoven-Zyklus in Wien haben wir pro Symphonie drei Abende mitgeschnitten, plus Generalprobe. Man sammelt Material und baut daraus die Aufnahme. Ein paar Mal brauchten wir überhaupt keine Nachschnitte, was man hört, ist also tatsächlich so im Konzert erklungen. Das freut mich.

Genau erinnern kann ich mich noch an einen Tag, den Tag von Wolfgang Wagners Trauerfeier. Morgens hatte ich eine Aufnahme für Beethovens Fünfte und Sechste im Theater an der Wien. Dann bin ich nach Bayreuth geflogen und habe Ausschnitte aus *Lohen-*

grin, *Götterdämmerung* und den *Meistersingern* dirigiert, um am gleichen Abend zurückzufliegen, ein Schnitzel zu essen und ins Bett zu fallen. Tags darauf hatten wir das zweite Konzert mit der Fünften und Sechsten, und es war ziemlich gut.

Bei Live-Aufnahmen kann ich komischerweise mehr loslassen und mehr kontrollieren zugleich. Im Studio kann ich nicht loslassen. Schon die rote Lampe macht mich verrückt. Im Studio mit roter Lampe und ohne Publikum habe ich mehr Angst als mit Publikum im Saal. Wenn man mal überlegt: Wie viele Karajan-Aufnahmen sind eigentlich vor Publikum entstanden? Ganz wenige! Für ihn bedeutete Kontrolle die Kontrolle der technischen Möglichkeiten. Für mich bedeutet Kontrolle, dass ich mich der Situation in gewisser Weise ausliefern kann.

Live-Aufnahmen sind ein großes Paradox: Man fängt den Augenblick für die Ewigkeit ein. Alte Tonbänder sind früher wenigstens noch zerfallen, Schellackplatten hatten irgendwann so viele Kratzer, dass es nicht mehr schön war; heute aber, dank der Digitalisierung, ist alles für die Ewigkeit, unverwüstlich. Die Musik geht nie wieder weg. Das ist eine schöne, aber auch eine grausige Vorstellung.

Ich höre mir nicht dauernd meine eigenen Aufnahmen an, aber wenn ich dann immer noch finde, es gefällt mir, auch noch Jahre später, dann freut mich das. Eine Aufnahme ist wie ein altes Foto. Da war man vielleicht noch jung, war dünner, hatte nette Haare und keine Falten. Heute hat man ein gereiftes Gesicht, was auch schön ist! Beides gegeneinander auszuspielen wäre dumm. Das einzig Schlimme am Alter ist für mich die Vorstellung, dass ich eines Tages vielleicht nicht mehr die Kraft habe, die ich brauche, um ein Orchester im Griff zu halten. Die Musik darf einem nicht entgleiten.

Die Live-Aufnahme hält fest, was nach Konzerten meist in meinem Kopf passiert: Da läuft ein ganzer Abend noch einmal ab. Woran erinnere ich mich? Was war gut, welche Details, was nehme ich mir bei dieser oder jener Stelle fürs nächste Mal vor? Das passiert oft gar nicht am nächsten Tag, sondern viel später. Wie ein Film, den man länger nicht mehr gesehen hat.

8

Ein Kurzresümee des Lebens und Zukunftsmusik

Die Symphonien 8 und 9. Und die Missa solemnis

Der vierte Abend

Das Finale unseres Zyklus! Wieder könnten die Symphonien kontrastreicher nicht sein. In jedem Fall ist die Achte kein Anfängerstück, sie ist nichts für Beethoven-Debütanten. Man könnte zwar auf die Idee kommen, denn sie ist kurz, eine handliche Partitur, aber das wäre ein Missverständnis. So richtig merkt man das, wenn man sie zusammen mit der Neunten an einem Abend dirigiert. Eine tolle Kombination! Ein echtes Farbenfeuerwerk! Die Achte dauert ungefähr eine halbe Stunde, dann eine halbe Stunde Pause, dann die Neunte mit einer Stunde und zehn Minuten. Und weil ich als Kapellmeister an so einem Abend weiß, dass ich die Neunte noch vor mir habe, dirigiere ich die Achte entsprechend. Nicht mit weniger Verve, nicht weniger intensiv, das wäre unredlich, aber doch mit einem gewissen Gefühl für Ökonomie und den Wechsel der Temperamente.

Symphonie Nr. 8 F-Dur Opus 93

Die Achte ist von allen die absolute Ausnahmesymphonie. Die Achte ist skurril. Ironisch, skurril und so ziemlich gegen alles, gegen sämtliche Erwartungen. Das fängt gleich mit den ersten Takten des *Allegro vivace e con brio* an: Beethoven schreibt hier einen 3/4-Takt, der es einem wirklich schwer macht. Denn es ist eben kein Tanz, kein Walzer. Dirigiere ich das auf Drei, auf Vier oder auf Ganze? Ich habe damit lange rumlaviert, meistens habe ich's dann auf Drei geschlagen. Und warum ist das so schwer? Weil es viel konventioneller und ordentlicher aussieht, als es ist. Dieser Kopfsatz, nein, diese ganze Symphonie wimmelt nur so von Täuschungsmanövern. Melodien marschieren, Märsche singen, Phrasenenden überlappen sich mit Phrasenanfängen, Gerades entpuppt sich als ungerade. Nichts ist so, wie es scheint.

Die Achte hat einen sehr besonderen Charakter, ein starkes Gesicht. Sie steht zwischen der theatralisch rasenden Siebten und der mythischen Neunten und verhält sich zu beiden wie eine «Symphonette» zur Symphonie (analog zu Operette und Oper). Die Achte wagt mehr Spielbein als Standbein, um beim Theater zu bleiben, sie macht auf leicht, auf unbedarft – und ist doch alles andere als das. Ähnlich wie die Vierte hat man die Achte gerne unterschätzt, bis heute. Sie gilt als Verlegenheitslösung, als kompositorisches Atemholen. Der frische Wind aber, den sie bringt, hat es in sich. Der erste Satz, wie gesagt, ist kein Walzer, der zweite ist definitiv kein langsamer Satz (*Allegretto scherzando*), das Menuett holpert und humpelt, und das Finale streckt einem endgültig die Zunge heraus mit seinen Paradoxien und gefühlten siebzehn Schlussakkorden. Das Stilmittel der Achten ist, flapsig ausgedrückt, die Veräppelung.

Beethoven komponiert seine F-Dur-Symphonie im Sommer 1812, direkt im Anschluss an die Siebte. Es ist eine Symphonie aus der Sommerfrische (Gustav Mahler lässt grüßen!), Beethoven kurt wegen seiner Magen- und Verdauungsbeschwerden in Teplitz, Karlsbad und Eger und arbeitet währenddessen an der Achten. Schon aus zwei Gründen ist es für ihn ein ereignisreicher Sommer: Es kommt zum Bruch mit der «unsterblichen Geliebten», wer auch immer sich hinter diesem Mysteriosum in Beethovens Biographie verbirgt (Giulietta Guicciardi, Therese Brunsvik, Amalie Sebald, Dorothea von Ertmann, Antonie Brentano, Bettina von Arnim oder, vielleicht am aussichtsreichsten: Josephine von Brunsvik). Und am 19. Juli findet die legendäre Begegnung mit Goethe in Teplitz statt. So richtig sympathisch ist man einander nicht. Goethe schreibt hinterher an Zelter: «Sein Talent hat mich in Erstaunen gesetzt; allein er ist leider eine ganz ungebändigte Persönlichkeit, die zwar nicht unrecht hat, wenn sie die Welt detestabel findet, aber sie freilich dadurch weder für sich noch für andere genußreicher macht.» Und Beethoven äußert sich fast abschätzig: «Goethe behagt die Hofluft zu sehr, mehr als es einem Dichter ziemt. Es ist nicht viel mehr über die Lächerlichkeiten der Virtuosen hier zu reden, wenn Dichter, die als die ersten Lehrer der Nation angesehen sein sollten, über diesem Schimmer alles andere vergessen können.» Anlass ist ein Zwischenfall, über den Bettina von Arnim berichtet: Goethe und Beethoven gehen in Teplitz spazieren, es naht das österreichische Kaiserpaar – und während der Meisterdichter zur Seite tritt und artig seinen Hut zieht, macht der Meisterkomponist keineswegs Platz, sondern drängelt sich mitten durch die Entourage hindurch. Ob das so stattgefunden hat oder nicht: Die Charaktere sind gut getroffen. Kurz darauf beschleicht Goethe Mitleid mit dem Komponisten: «Sehr zu entschuldigen ist er … und sehr zu bedauern, da ihn sein Gehör verläßt, was vielleicht dem musikalischen Theil seines Wesens weniger als dem geselligen schadet. Er, der ohnehin lakonischer Natur ist, wird es nun doppelt durch diesen Mangel.»

Ich finde, die Goethesche Lakonie hört man in der Achten. Nehmen wir den sogenannten langsamen Satz. Wenn Beethoven *Allegretto scherzando* darüberschreibt, dann ist das eine Unverschämtheit. Es gibt keinen langsamen Satz, der *Allegretto scherzando* heißen könnte. Oder umgekehrt: Kein *Allegretto scherzando* der Welt ist langsam. Beethoven nimmt uns auf den Arm. Er tut so, als kredenzte er uns seine nächste große Symphonie – und spielt mit der Tradition wie mit einem Mobile im Wind. Achtel = 88, sagt das Metronom, 2/4-Takt, und man weiß gar nicht, was das für ein Satz sein soll. Hat Beethoven hier das Ticken des Metronoms selbst vertont, wie man Haydns Symphonie Nr. 101, genannt «Die Uhr», unterstellen könnte (obwohl es das Metronom damals noch nicht gab)? Es ist jedenfalls eine gewisse Mechanik am Werk, die hin und wieder aus dem Tritt gerät. Im Grunde könnte dieser Satz auch in der zweiten Symphonie stehen mit seinem barockisierenden Gestus. Vielleicht führt Beethoven uns diesen Rückgriff aber auch nur als Rückgriff vor.

Die Uraufführung der Achten Ende Februar 1814 im Wiener Redoutensaal macht «kein Furore», wie die *Leipziger Allgemeine Zeitung* schreibt. Das mag an der starken Konkurrenz liegen, die Beethoven sich macht. Im selben Konzert nämlich erklingen die siebte Symphonie und das musikalische Schlachtengemälde *Wellingtons Sieg*. Beethoven reagiert mit Trotz: In Wahrheit sei die Achte viel besser als die Siebte.

Vielleicht sollte man diese Selbstauskunft ernst nehmen. Die Achte stiftet Verbindungen, schlägt Bögen. Wenn man die Achte hört, denkt man unwillkürlich an die Zweite oder an die Erste zurück – und weiß natürlich, was an Höhen und Tiefen dazwischen liegt. Die Achte ist ein Kurzresümee von Beethovens kompositorischem Leben. Es gibt darin etliche Anklänge und Selbstzitate, an die Fünfte, die Vierte, die Sechste. Wobei Beethoven uns einmal mehr nicht den Gefallen tut, dieses Resümee so zu schreiben, wie wir es uns denken würden. Als eine Art «Wünsch Dir was» der Symphonien 1 bis 7, in dem die besonders Schlauen auf Themen- und Motivsuche gehen könnten. So verhält es sich eben nicht. Eher ist die Achte eine Selbstpersiflage, insofern muss man sehr genau hinhören, was er hier wie zitiert. Beethoven führt uns an der Nase herum. Er spielt mit den Erwartungen, um sie zu täuschen – das ist nichts Neues. Neu ist, dass die Täuschungsmanöver sich zum ersten Mal nicht aufs große Ganze beziehen, auf die Tradition, sondern auf sein eigenes Werk. Ihr denkt, ihr kriegt hier als langsamen Satz einen Wiederaufguss des Trauermarsches aus der Eroica? Oder ein *Allegretto* wie in der Siebten? Dann habt ihr euch geschnitten. Ihr bekommt etwas ganz anderes – nämlich gar keinen langsamen Satz. Oder die Negation eines solchen.

Was ich Beethoven am Ende seines Lebens wahnsinnig gerne gefragt hätte: Haben Sie das alles von Anfang an so geplant, die Abfolge Ihrer neun Symphonien, den Kreis, den sie ausschreiten? Oder war es Zufall, war es Eingebung? Ich denke, Beethoven hatte nicht die Wahl, der hat sich das nicht am Reißbrett ausgedacht. Genies haben selten die Wahl. Die *müssen*, weil sie *können*. Beethoven braucht die Selbstpersiflage in der Achten, um Distanz zu gewinnen. Die Achte ist ein Abstandhalter, mit der Siebten im Rücken und der Neunten im Blick.

Und sie ist die einzige Symphonie, die Beethoven konsequent in Dur schreibt. Eigentlich steht in einer Dur-Symphonie mindestens der langsame Satz in Moll. Nicht so in der Achten, auch das ist ein kleiner Traditionsbruch. Die Achte ist eine helle Symphonie, in F-Dur (der Tonart der Pastorale), was man auch so auslegen könnte, dass alles, was geschieht, bestmöglich zu erkennen sein soll. Hört her, sagt Beethoven, jetzt denke ich über mich selber nach. Ich drehe mich um und rekapituliere, was ich bis hierhin alles gemacht habe. Und über manches mache ich mich sogar ein bisschen lustig. Das Originelle, ja Originäre an der Achten ist, dass sie aus der Retrospektive heraus zu neuen Ufern aufbricht. Sie nimmt kritisch unter die Lupe, was an musikalischem Material da ist – und baut, wo sie kann, kleine Störfeuer ein, Irritationsmomente. Etwa wenn die Mechanik des zweiten Satzes plötzlich aus dem Takt gerät; oder wenn zu Beginn des dritten Satzes (*Tempo di Menuetto*) die Trompeten und die Pauken zu früh einsetzen und dafür die Holzbläser prompt zu spät. Gegen Ende der Reprise gerät dann vollends alles aus den Fugen, jede und jeder macht scheinbar, was sie oder er will, Blech, Holz, Streicher, als tanzte das ganze Orchester auf dem Tisch. Bemerkenswert finde ich bei all dem, dass sich in der gesamten Symphonie nicht die kleinste Spur oder Keimzelle der Neunten findet. Weder harmonisch noch atmosphärisch noch sonst irgendwie.

Wie soll man die Achte interpretieren? Ich würde sagen: grotesk! Man kann das eine oder andere ruhig ein bisschen zuspitzen. Auch um dem Publikum klarzumachen: Nehmt nicht alles für bare Münze! Und glaubt bloß nicht, ihr könnt die Achte unterschätzen oder gar übergehen! Die ist viel witziger und doppelbödiger, als ihr das mit euren Beethoven-Ohren gerne hättet. Den langsamen Satz hat Beethoven euch genommen, das Menuett hinkt, und den letzten Satz, passt auf, den verdirbt er euch auch noch. Das Finale (*Allegro vivace*) fängt nämlich gar nicht richtig an. Das hat keinen Beginn, sondern wirft einen mitten hinein in ein quasi rossinöses

Geschehen (à la Rossini). Das schrubbt so in Sextolen vor sich hin, und gleich in Takt 17 macht Beethoven *bäääh*: Auf das Hauptthema nämlich – unisono, C-Dur und im dreifachen Pianissimo – folgt, ebenfalls unisono, ein *Cis*-Dur-Akkord, und zwar *fortissimo*! Den Hieb vergisst man nicht so schnell, auch wenn es dann in der Grundtonart weitergeht, in F-Dur. Ich könnte schon, wie ich wollte, gibt Beethoven uns zu verstehen, aber ich tu's nicht. Noch nicht. Ich schreibe lieber am Ende eine Stretta und besiegle die mit nahezu dreißig Schlussakkorden. Die Fünfte und die Siebte können nicht aufhören mit dem Aufhören? Die Achte setzt das Nicht-aufhören-Können in Anführungszeichen!

Man fragt sich auch bei diesem Finale: Haben wir es mit einem Sonatensatz zu tun oder mit einem Rondo? Weder noch, wahrscheinlich. Oder beidem. Und was sollen eigentlich diese Anflüge von Melodie zwischendurch? Versöhnlichkeit an den Tag legen? Rossini nachäffen, Donizetti, den italienischen Belcanto, der in Wien gerade zu Beethovens Ingrimm in Mode war? Beethoven wollte offensichtlich, dass man seiner Musik nicht traut. Die Achte ist eine Anti-Symphonie. Im Grunde lässt Beethoven sie auf *sehr* hohem Niveau gegen die Wand fahren. Er lässt sie verunglücken und hat seinen Spaß daran. Die Achte ist wie ein Maskentanz, ein Commedia-dell'Arte-Auftritt. Oder wie ein später Banksy: nett anzuschauen (anzuhören) – und hat es doch faustdick hinter den Ohren. Das reicht bei der Achten bis ins Trio des Menuetts hinein, das zunächst so melodisch und hörnerselig daherkommt, dass man sich schon wieder zurücklehnen möchte. Schaut man in die Noten, sieht man, dass es auch hier unter der Oberfläche zu Verwerfungen und Unruhen kommt. Die symphonische Oberfläche kriegt Risse, kleine feine Haarrisse – die Tage der klassischen Symphonie, sagt Beethoven, sind gezählt.

Der Bissigkeit der Achten tut es übrigens keinen Abbruch, wenn man sie auf eine freudige Weise etwas leichter nimmt. Sie soll ja nicht pompös sein, daher ist es in jedem Fall gut, sie vor der Pause zu spielen. Nach der Pause, als Schlussstück, wäre die Verführung groß, wesentlich mehr auf die Pauke zu hauen. Und trotzdem wäre die Achte nicht der große Publikumsbrüller, der dazu führt, dass die Leute am Ende auf den Stühlen stehen. Das liegt auch an den unheimlichen Generalpausen, die Beethoven im letzten Satz komponiert. Die Musik versiegt, nimmt Anlauf, versiegt wieder, als fragte sie die Zuhörer: Wollt ihr, dass es weitergeht, oder wollt ihr das nicht? Beethoven karikiert. Er karikiert sogar noch die Ratlosigkeit, die er mit seiner Musik auslöst. All das, was er in seiner Achten reflektiert und Revue passieren lässt, muss er offenbar hinter sich lassen, um zu wirklich neuen Ufern zu gelangen. Er tut dies mit Humor.

Symphonie Nr. 9 d-Moll Opus 125

Als Symphonie ist Beethovens Neunte ein Mythos, ein ästhetisches Drehkreuz. Sie ist ein so starkes Omen für die Zukunft, dass allein die Zahl neun für viele Komponisten nach Beethoven etwas Magisches hat. Hätte es die Neunte nicht gegeben, wäre die Musikgeschichte anders verlaufen. Beethoven ist ein Provokateur, aber ein guter, ein konstruktiver. Ist das nicht großartig, wenn eine Provokation dazu führt, dass etwas Neues, Tolles entsteht? Bruckners Neunte jedenfalls steht auch in d-Moll, Mahlers Neunte steht in D-Dur, Brahms hat nur vier Symphonien geschrieben, Sibelius sieben (und seine Sechste in d-Moll). Dvořák tritt in seiner Neunten («Aus der Neuen Welt») tonartlich beiseite, nach e-Moll, und

Schostakowitsch komponiert zwar gleich zwei Symphonien in d-Moll, die Fünfte und die Zwölfte, beide sehr schicksalsträchtig – die Neunte aber steht bei ihm in Es-Dur. Als wollte er sagen: In die Falle tappe ich nicht, den Gefallen tue ich euch nicht, ich veranstalte lieber ein kleines Satyrspiel. So wie Claude Debussy mit *Pelléas et Mélisande* den Anti-*Tristan* schreibt.

Meine speziellste Neunte? Wahrscheinlich die in Bayreuth, 2001, zum 125. Geburtstag der Festspiele und 50. Jahrestag von Neu-Bayreuth. Zwei Dinge waren merkwürdig: in Bayreuth *nicht* an Wagner zu denken – und sich in der Garderobe gleich richtig anzuziehen (Wagner dirigiere ich in Bayreuth in T-Shirt und Jeans, erst zum Schlussapplaus werfe ich mich in den Frack). Die Neunte hat bei den Bayreuther Festspielen immer wieder eine Rolle gespielt. Sie wurde zur Grundsteinlegung des Hauses 1872 aufgeführt, mit Wagner selbst am Pult (im kleinen Markgräflichen Opernhaus), dann zu Wagners 50. Todestag 1933 unter der Leitung von Richard Strauss, 1951 unter Wilhelm Furtwängler zur Neugründung der Festspiele, 1953 unter Paul Hindemith und 1963 zu Wagners 150. Geburtstag unter Karl Böhm. Auch zum Beethoven-Jahr 2020 stand die Neunte auf dem Spielplan, der Kollege Marek Janowski hätte dirigieren sollen. Doch dann kam Corona.

Meine erste Neunte? In Venedig, im Dogenpalast, Freiluft, ich war Anfang zwanzig. Danach ging's mir richtig schlecht, überhaupt habe ich mich nach meinen ersten Neunten oft ziemlich mies gefühlt. Ich dachte: Ich kann gar nichts, überhaupt nichts. Dem Scherzo und dem Finale habe ich mich zwar halbwegs gewachsen gefühlt, der erste und der dritte Satz aber haben mich restlos überfordert. Wo geht dieser Kopfsatz hin, habe ich mich gefragt, was will dieses *Adagio*? Die Neunte zu dirigieren, das war für mich lange alles andere als ein Vergnügen.

Warum? Weil man in einem riesigen Spannungsbogen denken und dabei durchaus gegen die Angewohnheiten des Orchesters handeln muss, auch gegen eigene Angewohnheiten. Das geht gleich mit der Einleitung des monströsen ersten Satzes los, *Allegro ma non troppo, un poco maestoso.* Sechzehntel-Sextolen in den Streichern, *pianissimo*, und nicht etwa in d-Moll, sondern in A-Dur, auf der Dominante also (wir erinnern uns an die Eroica!). Die Frage ist: Lässt man die Sextolen mit springenden Bögen spielen? Dann wird es schnell zu laut. Oder *alla corda*, mit liegendem Bogen – dann darf es aber nicht undeutlich werden. Ich habe es in Wien so gemacht, dass die Streicher in der Steigerung bis Takt 17, also bis zum ersten Fortissimo, immer mehr zur Mitte des Bogens wandern, um dann leicht zu springen. Sonst ist es nur so ein Brucknerscher Nebel zu Beginn. Hätte Beethoven den Nebel gewollt, die Ursuppe, hätte er Tremolo geschrieben (was er selten tut). Er schreibt aber Sextolen, das heißt, er will die Sextolen auch hören. Besonders die zweiten Geigen erfreut das in der Regel nicht, denn das ist ausgesprochen schwer zusammenzubekommen. Man muss es leise pochen hören, fast mehr oszillieren. Nach einer Weile verfestigt es sich – und dann ist es da, das Thema in der Grundtonart. So wenig wie Nebel und Suppe können aber spitze Nadelstiche, *ti-ti-ti-ti-ti-ti*, in Beethovens Sinn gewesen sein – die töten nämlich jedes Mysterioso. Für meinen Dresdner Zyklus habe ich mir überlegt, dass ich Folgendes ausprobieren könnte: Die Hälfte der Musiker spielt liegend, die andere Hälfte springend. Das könnte gut klingen, nicht zu weich, nicht zu hart, transparent und doch mit Atmosphäre.

In der Neunten wimmelt es nur so vor musikalischen Details, die mich vor Entscheidungen stellen und die ich handwerklich, stilistisch und interpretatorisch lösen muss. Das ist die eine Seite. Die andere Seite ist der utopische Gehalt dieser Musik. Der speist sich daraus, dass Beethoven mit den Mitteln der Symphonie die Grenzen des Symphonischen hinter sich lässt. Das hat meiner Ansicht nach nicht nur, aber auch mit seiner Taubheit zu tun. Beethoven konzipierte und komponierte die Neunte in einem langen Zeitraum, zwischen 1817 und 1823. Seit 1816, so wird berichtet, konnte man sich nur noch schriftlich mit ihm unterhalten, 1818 begann er Konversationshefte zu führen, in die seine Gesprächspartner schrieben, was sie ihm sagen wollten, in die er selbst sich aber auch Notizen machte. Das heißt: Die Arbeit an der Neunten vollzog sich in absoluter Taubheit. Hören zu können war für ihn nur noch Erinnerung. Und wir wissen, wie sehr die eigene Erinnerung einen trügen kann. Manchmal stelle ich mir vor, Beethoven hätte nach Jahren der Taubheit plötzlich wieder hören können, seine eigene Musik hören können: Wäre er darüber erschrocken gewesen, oder hätte er gesagt, ja, genauso habe ich mir die Neunte oder die Missa solemnis oder das cis-Moll-Streichquartett vorgestellt?

Das Faszinosum des späten Beethoven besteht in seiner Schrankenlosigkeit. Der späte Beethoven zeigt weit über sich selbst und das frühe 19. Jahrhundert hinaus. Im Grunde hat er bereits so etwas im Sinn wie Schönbergs *Moses und Aron* oder Bernd Alois Zimmermanns *Soldaten*. Partituren, die so komplex sind, dass sie sich jeder unmittelbaren Wahrnehmung entziehen. Insofern verwirrt der späte Beethoven auch uns Interpreten: Zeige ich die Entstehungszeit oder den Zukunftscharakter? Lese ich Beethoven von Haydn her oder von Schönberg? Ich würde immer dafür plädieren, das Utopische der Musik zu zeigen, aber mit Geschmack. Man darf solchen Meisterwerken keine Gewalt antun.

Und ich muss es noch einmal sagen: Man sollte die Neunte möglichst früh in seiner Karriere dirigieren – um sie früh in den Sand zu setzen. Denn man braucht ein halbes Dirigentenleben, ehe man vor dieser Symphonie die Angst verliert. Mindestens ein halbes Leben.

Zurück zum ersten Satz. Wenn das Thema zum ersten Mal im Fortissimo erklingt, fragt man sich sofort: Wohin will diese Phrase? Das Thema zielt nach unten, und da Musiker dazu neigen (was Beethoven wusste!), hohe Töne lauter zu spielen und tiefe Töne leiser, muss ich als Dirigent hier auf das Gegenteil dringen. Das Ende der Phrase sollte nämlich in der Vorstellung lauter sein als ihr Anfang, was so wiederum nicht in der Partitur steht. Jetzt erklären Sie aber mal einem Orchester, das brav fortissimo spielt, dass dieses Fortissimo prospektiv gemeint ist und erst nach fünf Takten erreicht sein sollte. Bitte nicht gleich volle Pulle geben! Für solche Sachen gibt es keine Notation, das ist Erfahrung, musikalische Aufführungspraxis, und hier kommt auch so etwas wie eine Urtext-Ausgabe an ihr Limit.

Das zweite Thema setzt in Takt 80 ein, holzbläserselig-lyrisch in B-Dur. Ich nehme das im Tempo gerne etwas zurück, das heißt, ich werde langsamer, einfach um die Musik im Kontrast schöner singen zu lassen. Wobei viele Kollegen im Tempo bleiben, das ist auch legitim. Ich persönlich habe dann das Gefühl, der Sache etwas schuldig zu bleiben. Der Knackpunkt im ersten Satz aber ist die Reprise in Takt 301 (bei Buchstabe K in der Del-Mar-Ausgabe). Das sind fast zwanzig Takte Fortissimo mit Donnergrollen in der Pauke, die sollte man auf keinen Fall *ff* durchbrettern. Da muss man klug disponieren und einen imaginären Höhepunkt setzen. Mit Ritardando oder ohne? Meiner Erfahrung nach funktioniert beides. Ich sehe dieses Fortissimo eher als bittere Konsequenz aus dem Vorangegangenen denn als katastrophischen Einbruch von außen. Die Musik hat so viel Spannung, einen solchen Schrecken angehäuft, dass sich das irgendwann entladen muss. Für diese Entladung sorgt

Beethoven durch Übersteigerung: Ihr fürchtet euch, ihr haltet das nicht aus? Wartet nur, das geht mit noch dickerem Pinselstrich, das geht noch schrecklicher! Über diese Reprise lässt sich sehr lange philosophieren. Was wiederholt sie, den Symphonie-Anfang selbst oder dessen Wirkung? Und was feiert die zweite (!) Durchführung in der Coda, wenn nicht die Tatsache, dass sich bereits im Laufe des ersten Satzes, im Laufe dieser Viertelstunde vieles so grundlegend verändert, dass es zum Satzschluss einer neuerlichen Reflexion und Verarbeitung bedarf?

Apropos Längen: In meiner Wiener Aufnahme der Neunten absolviere ich den Kopfsatz in gut siebzehn Minuten. Bernstein in seiner Einspielung von 1979 – die mir gefällt, weil sie texttreu ist und schön «nadelig» in den Sextolen, ohne das Klangliche preiszugeben – braucht fast zwei Minuten weniger! Wie Karajan in seiner ersten Aufnahme aller neun Symphonien 1963 übrigens auch. Die Einspielung der Neunten ist ziemlich technokratisch, aber von einer irren Logik. Ich glaube, beide Kollegen hatten grundsätzlich einen etwas schnelleren Pulsschlag als ich. In Dresden werde ich noch mehr auf das Pochen achten, wobei es natürlich auch eine Frage der Akustik ist, was ich da vorne an meinem Dirigentenpult höre.

Ein Konzert mit der Neunten verträgt übrigens nichts anderes als Beethoven. Die Achte vor der Pause, das geht. Aber keine Alte oder Neue Musik, wie es sich eingebürgert hat, das lehne ich ab. Viele Programmmacher denken heute offenbar, die Neunte brauche Dialektik. Schlimmer noch: Sie denken nicht in Musik, sondern in Rezeption und glauben, dem Missbrauch der Symphonie etwas besonders «Kritisches» entgegensetzen zu müssen. Als hätte die Neunte keine kathartischen Kräfte! Als würde an Beethoven nicht jede Propaganda zerschellen!

Bevor ich den ersten Einsatz gebe, schließe ich meist kurz die Augen und denke an die letzten Takte des Finales, an das *Prestissimo* ab Takt 920, das schneller und immer schneller wird. Dahin muss ich! Dahin zieht es mich – doch was liegt nicht alles dazwischen! Die Abgründe des Kopfsatzes, das rasende Scherzo, der langsame Satz – *der* Beethoven-Prüfstein schlechthin – und ein Finale, das viele Fragen aufwirft.

Das Scherzo, das hier an zweiter Stelle steht, ist der unproblematischste Satz der ganzen Symphonie. Den kann man nehmen, wie man möchte, man kann ihn rasen, man kann ihn brettern, man kann ihn aber auch dezidierter angehen. *Molto vivace* schreibt Beethoven, d-Moll, punktierte Halbe = 116. Mir persönlich ist das zu schnell. Und später, beim Trio, heißt es *Presto*, D-Dur und Ganze = 116. Das Trio klingt zunächst wie eine etwas barsche Fuge, die ist mal dichter, mal loser gestrickt. Auch das Trio ist ziemlich statisch, wie eine Spieldose, die man aufzieht, und dann läuft es eben in den Holzbläsern. In seiner vermeintlichen Einfachheit nehme ich das Trio sicher eine Spur zu langsam, das fühlt sich für mich sonst zu verhetzt und hampelmannig an. Im Übrigen gilt auch hier: volle Freiheit! Und gerne auch wilde Jagd.

Sehr oft hört man, dass im Scherzo, etwa gleich zu Beginn, *Jja-pa-pa, Bba-ba-ba* gespielt wird. Also punktierte Viertel mit Drall, Achtel superkurz. Pikanterweise steht nichts davon in den Noten, auch nicht in der Urtext-Ausgabe von Jonathan del Mar. Da steht einfach gar nichts. Die Keile auf den Vierteln – *marcato* – kommen erst im nächsten Takt. Das entspricht interessanterweise genau dem, was ich mir immer dachte, dass man nämlich *Jaa-pa-pa* spielen sollte, das punktierte Viertel nicht kurz. Denn wenn Beethoven es denn so genau nimmt mit den Vortragszeichen, wie der Urtext mir suggeriert, dann hätte er andernfalls einen Punkt oder Keil oder Akzent auf die Punktierte gesetzt oder *staccato* druntergeschrieben. Hat er aber nicht. Schreibt einfach gar nichts. Überhaupt frage ich mich: Bedeuten Keile in der Neunten eigentlich das Gleiche wie Keile in der Ersten oder Zweiten? Man könnte sagen: Keile sind nun einmal Keile. Hat Beethoven am Ende doch nicht so eine rasante Entwicklung durchgemacht, wie wir glauben? Hat er natürlich, insofern sind gerade Vortragszeichen immer eine Frage des Kontextes – und des Tempos. Wenn ich die Viertel mit den Keilen jagen lasse, dann kriege ich kein *marcato* hin. Das geht technisch nicht, dann sind das nur kleine Nadelstiche. Also brauche ich mehr Gewicht auf den einzelnen Tönen und muss im Tempo innerlich eher bremsen.

Wieso steht das Scherzo eigentlich an zweiter Stelle und der langsame Satz an dritter? Beethoven ist der Erste, der das bei einer Symphonie macht, soweit ich weiß. Die Begründung dafür geht übers reine Provozieren-Wollen hinaus. Er tut mal wieder etwas gegen die Regel, gewiss, im Blick auf die Gesamtproportion der Symphonie aber ist das ein schwaches Argument. Das stärkere geht so: Um das quasi übergewichtige Finale (940 Takte!) in der Balance zu halten, muss der Kopfsatz durch das Scherzo verstärkt werden. Das *Allegro ma non troppo* allein taugte nicht als Widerpart, die Symphonie hätte zum Ende hin eine schwere Unwucht.

Nun also: das *Adagio*. Für mich der Kulminationspunkt des Dirigierens überhaupt. Bei Beethoven und über Beethoven hinaus. Es ist ein sehr fragiles Stück Musik: Wer hier zu viel macht, verdirbt's; wer zu wenig macht, auch. Dieser Satz muss eine unverschämte Selbstverständlichkeit ausstrahlen – was so ziemlich das Allerschwerste ist, nachdem man aus so einer großen Erregung kommt, mit dem Scherzo und dem ersten Satz im Rücken. Den Ausdruck des *Adagio* zu treffen und auch gestisch umzusetzen, das

K. K. Hoftheater nächst dem Kärnthnerthore.

Große musikalische Akademie

von

Herrn L. van Beethoven,

Ehrenmitglied der königl. Akademie der Künste und Wissenschaften zu Stockholm und Amsterdam, dann Ehrenbürger von Wien.

Die dabey vorkommenden Musikstücke sind die neuesten Werke des Herrn Ludwig van Beethoven.

Erstens. Große Ouverture.
Zweytens. Drey große Hymnen, mit Solo- und Chor-Stimmen.
Drittens. Große Symphonie, mit im Finale eintretenden Solo- und Chor-Stimmen, auf Schillers Lied, an die Freude.

Die Solo-Stimmen werden die Dlles. Sontag und Unger, und die Herren Haizinger und Seipelt vortragen. Herr Schuppanzigh hat die Direction des Orchesters, Herr Kapellmeister Umlauf die Leitung des Ganzen, und der Musik-Verein die Verstärkung des Chors und Orchesters aus Gefälligkeit übernommen.

Herr Ludwig van Beethoven selbst, wird an der Leitung des Ganzen Antheil nehmen.

(Die Eintrittspreise sind wie gewöhnlich.)

Freybillets sind heute ungültig.

Der Anfang ist um 7 Uhr.

Anschlagzettel für das Konzert am 7. Mai 1824,
in dem die neunte Symphonie uraufgeführt wurde

ist irre anspruchsvoll. Im Grunde sagt Beethoven (überspitzt formuliert): Du hast zwei Sätze lang den Rotlicht-Bezirk abgegrast, jetzt zeig mal, dass du trotzdem noch die Unschuld vom Lande bist!

Adagio molto e cantabile lautet die exakte Satzbezeichnung, B-Dur, Viertel = 60. Zum ersten Mal seit seiner vierten Symphonie schreibt Beethoven überhaupt wieder ein echtes Adagio. Und was ist das jetzt? Die pure Idylle, in die die Instrumente selig nacheinander einstimmen, Fagott, Klarinette, Streicher, Hörner? Oder trügt der Schein (wie später bei Mahler)? Erzählen die beiden Variationenketten – das zweite Thema steht in D und ist etwas schneller, *Andante moderato* – vielleicht eine ganz andere Geschichte? Von Selbstvergessenheit und irgendwelchen Tagträumereien? Ich würde das nicht überfrachten wollen, auch die berüchtigten Fanfaren-Stellen in den Takten 120 ff. und 130 ff. nicht. Das sind heftige Kontraste, ja, Rufe von außen, wenn man so will, ein Klopfen an der Tür, doch wie Beethoven die Stimmung gleich wieder beruhigt, so demütig und melancholisch, das gehört mit zum Schönsten, was jemals komponiert worden ist. Spätestens in Takt 157, wenn die Fanfare zum dritten Mal ertönt (im Pianissimo!), begreift man, was sie im Schilde führt: das Finale ankündigen. Quasi *attacca*! Ein typischer Beethovenscher Theatermoment: Fanfare, *ta-ta-ta-taa* (rhythmisch wie in der Fünften, aber eben *pp*) – und Vorhang auf! Für eine andere, neue Welt. Eine tolle Geschichte, dass dieses einmalig schöne Adagio auf so rüde Weise unterbrochen wird und trotzdem keinen Schaden zu nehmen scheint.

Von dem amerikanischen Regisseur Peter Sellars wird der schöne und sicher richtige Satz überliefert, man dürfe die Neunte nur spielen, wenn man an sie glaube. Also wenn ihre Botschaft der eigenen Überzeugung entspricht, wenn Beethovens «Alle Menschen werden Brüder» einem auch jenseits der Kunstausübung etwas bedeutet. Nun kann man sich kaum vorstellen, dass jemand etwas gegen Schiller hätte. Aber prompt gehen die Überzeugungen, die mit der Neunten verbunden werden, in extreme Richtungen. Diese Symphonie ist politisch kontaminiert. Daran führt kein Weg vorbei. Sie stellt eine zeitgeschichtliche und rezeptionsästhetische Hypothek sondergleichen dar (und eine musikalische, aufführungspraktische sowieso). Dieser Hypothek müssen sich Dirigenten wie Musiker stellen, ob sie wollen oder nicht. Denn unser musikalisches Gedächtnis lässt sich so wenig auf Knopfdruck löschen wie gewisse Traditionen. Das gilt für Furtwänglers berüchtigtes Händeschütteln mit Goebbels nach einer Aufführung der Neunten im April 1942 genauso wie für Bernsteins Ode «An die Freiheit» zum Mauerfall-Weihnachten 1989 oder für die alljährliche Silvester-Durchnudelei von Tokio bis Paderborn.

Hat Beethoven selbst eigentlich an «Alle Menschen werden Brüder» geglaubt? Ich bin mir da nicht sicher. Musikalisch fühlt sich das für mich eher gequält an. Das ist kein Triumph, das ist nicht der Sieg der Utopie über die Gräuel der Gegenwart. Das Finale der Neunten hat etwas Hysterisches. Die Musik ist hysterisch, weil sie ihre eigenen Zweifel nicht loswird – und trotzdem etwas anderes vertonen muss. Schönste Dialektik! In der Missa solemnis löst Beethoven dieses Dilemma, indem er uns ganz klar zeigt: Ich glaube nicht dran. Ich folge dem Ritus, aber ich fülle ihn nicht mit Bekenntnis. In der Neunten übertreibt er. Ich bin unschlüssig, ob ihm wirklich etwas am Text liegt. Er hat einen tollen melodischen Einfall, und aus dem macht er etwas. Wie er das «Freude»-Thema variiert durch die verschiedensten Rhythmen, das ist grandios. Das hat ihm Spaß gemacht, das merkt man richtig.

Die Textfrage in der Neunten ist grundsätzlich heikel. Die Schiller-Ode hat Beethoven schon ziemlich lange mit sich herumgetragen, seit 1793. Auch bei der Chorfantasie scheint er überlegt zu haben, sie zu verwenden. Und dann fällt sie ihm bei der Neunten wieder ein, ursprünglich hat er wohl einen instrumentalen Schlusssatz im Sinn gehabt (der schließlich ins Streichquartett Opus 132 wandert). Beethoven vertont nicht die gesamte Ode, das ist wichtig, er benutzt den Text eher als Material, er nimmt ihn zum Anlass, um seine kompositorischen Kapriolen zu schlagen. Vielleicht hatte er zuerst die Melodie im Kopf, und dann erinnerte er sich an Schiller? Interessante Frage. Mich hat es jedenfalls immer gestört, dass gesagt wurde, beim *Fidelio*, ja, da hat er in Stoff und Libretto schwer daneben gegriffen, bei der Missa, ja, da komponiert er über alle unliebsamen Stellen hinweg – und jetzt mit einem Mal soll er der große Text-Exeget sein und ein Weltverbrüderungsprogramm verkünden? Eben nicht.

Die Frage ist freilich berechtigt: Warum überhaupt Text, warum Gesang? Es gibt einen äußeren Anlass, die Krönung Friedrich Wilhelms III., also musste etwas Repräsentatives her, etwas Prächtiges, und Stimmen sind ja prächtig. Eine Symphonie aber, in der vier Sänger und ein Chor aufmarschieren, gibt es eigentlich nicht. Die sprengt jedes Konzept. Beethoven durchbricht damit alles, was vorher gewesen ist. Aus diesem Grund hat er auch keine Zehnte mehr komponiert. In welche Richtung hätte eine weitere Symphonie gehen sollen? Es war ja quasi nichts mehr übrig an zu Sprengendem, zu Revolutionierendem. Die Neunte ist absolut revolutionär. Vielleicht wäre ein neuerlicher Anlauf in Sachen Oper die einzige Konsequenz daraus gewesen. Die x-te Revision des *Fidelio* oder etwas ganz anderes, ein früher *Rienzi* oder *Fliegender Holländer*. Wagner wäre nach seinem letzten Musikdrama, seinem «Bühnenweihfestspiel» *Parsifal*, vielleicht in die absolute Musik gegangen, umgekehrt hätte Beethoven sich dem Theater zuwenden können. Oder er wäre, wenn er länger gelebt hätte, zum Erfinder der symphonischen Dichtung geworden. Alles in einem Satz und nur siebzehneinhalb Minuten lang.

Wie wichtig (oder unwichtig) ihm der Text in der Neunten ist, lässt sich vielleicht daran erkennen, wie viel von dem Text man in der Musik versteht. Natürlich artikulieren Sänger und Chöre besser oder schlechter. Aber natürlich können Komponisten auch so schreiben, dass man etwas versteht – und so, dass man nichts versteht. Bis auf das Rezitativ «Freunde, nicht diese Töne» versteht man in der Neunten in der Regel kaum ein Wort. Dieses Bass-Rezitativ ist sehr gelungen, auch die Idee, vorher die Kontrabässe die Melodie spielen zu lassen und dann mit der Stimme einzusetzen, ist ein Knaller. Doch danach singen eigentlich alle nur noch durcheinander. «Freude, Freude, Freude, Freude», das hört man noch. «Hoch überm Sternenzelt muss ein lieber Vater wohnen» geht schon nur noch so halb. Allein wegen der Höhe! Das ist eine Lage, in der können Sängerinnen und Sänger Konsonanten nicht mehr gefahrlos deklamieren. Entweder war Beethoven also wirklich kein Stimmenkomponist – oder er wollte es genau so. Von wegen «Alle Menschen werden Brüder»! Alle Menschen schreien erst einmal durcheinander!

Es gibt viele Details, die Fragen aufwerfen, ja, die regelrechte Zweifel wecken an diesem Finalsatz. «Freude, Tochter aus, Freude, Tochter aus Elysium» – warum müssen die das zweimal singen, wozu dieser doppelte Ansatz? Oder, eine Stelle, die kein Mensch versteht: «Deine Zauber, Deine Zauber, Deine Zauber, Deine Zauber, Deine Zauber, Deine Zauber, Deine Zauber»! Da muss man als Dirigent dem Chor immer sagen, singt bloß leise, damit ihr die Solisten vorne nicht völlig fertigmacht. Gibt es eine inhaltliche

Notwendigkeit dafür? Ich finde keine, außer einer gewissen Hysterisierung und Übersteigerung. War Beethoven die Stimme an sich schon genug, ganz egal, was gesungen wird?

Ich habe den letzten Satz zum ersten Mal zu Hause gehört, da lag eine Karajan-Aufnahme von der Neunten auf dem Tisch. Gefallen hat er mir nicht. Das war etwas ganz anderes als bei der Egmont-Ouvertüre oder Coriolan. Es hat mich einfach nicht gepackt, und das gilt bei aller Professionalität und Erfahrung bis heute. Ich frage mich oft: Wie kann ich trotz meiner Zweifel mit dem Satz pfleglich umgehen? Interpretatorisch lässt sich da nämlich gar nicht so viel machen. Das hört man auch im Vergleich, letztlich sind alle Aufnahmen ziemlich ähnlich. Auch im Tempo.

Dirigentisch ist der vierte Satz nicht schwer. Sicher stellen sich Fragen: Soll ich das Rezitativ straffer im Tempo nehmen oder mit den üblichen Ritardandi? Aber danach, also nach «O Freunde, nicht diese Töne!/Sondern lasst uns angenehmere anstimmen,/Und freudenvollere», läuft der Satz ohnehin in einem mehr oder minder klaren Tempo durch. Am Schluss kann man ein irres Accelerando machen, warum nicht, dann klingt das Finale ungemein marschmäßig. Das muss man allerdings wissen. Der vierte Satz braucht vor allem Koordination. Offen gesagt: Man ist eigentlich froh, wenn man das zusammenbekommt. Und wenn die Sopranistin einen guten Abend hat und den «sanften Flügel» Flügel sein lässt und sanft.

Ich lehne mich jetzt weit aus dem Fenster, aber das Finale hat nicht dasselbe Niveau wie das *Adagio*. Womöglich hat Beethoven gespürt, dass ihm mit dem langsamen Satz etwas Unglaubliches gelungen war. Womöglich dachte er: Ich komme an dieser Stelle nur weiter und bis zum Ende durch, wenn ich mit einem starken Effekt dagegen arbeite. *Attacca* also – und Chaos. Die Irrsinnsatmosphäre des *Adagio*, das Besinnliche, Zurückgenommene, Reflektierende, prallt hier auf eine große Theatergeste. «Attacca» heißt ja wörtlich «verbinde», «keine Pause machen». Wobei Beethoven hier erstens nicht *attacca* schreibt, was er hätte tun können, und zweitens sehr wohl eine Pause macht, eine Sechzehntel nämlich. Er will, dass wir kurz Luft holen – und dann das Publikum aus dem Wohlfühlmodus des *Adagio* reißen. Das ist ziemlich brutal, schon weil es mit der Atmosphäre radikal bricht. Und weil der letzte Satz, der in D-Dur steht, nicht etwa in D-Dur beginnt, «per aspera ad astra», sondern in d-Moll und noch dazu mit einer Dissonanz, einem Sekundakkord. Höchste Spannung also, erneute Täuschung der Erwartungen – und bis das «Freude»-Thema endlich kommt und uns erlöst, dauert es und dauert es.

Vorhang auf also, *Presto, fortissimo*, jede Menge Achtel mit Keilen drauf. Ein toller, vielsagender Beginn – der toll und vielsagend bleibt, wenn die Celli und Bässe einsetzen. Unisono und so ein bisschen näselig, och nö, nicht schon wieder Kampf und Schöpferchaos, hier geht es um etwas Größeres. Etwas, das erstmal nur die tiefen Streicher kennen. Es folgen ein wortwörtliches Zitat aus dem ersten Satz mit Abfuhr durch die tiefen Streicher, ein zweites Zitat aus dem zweiten Satz samt Abfuhr und ein drittes aus dem dritten Satz samt Abfuhr. Nichts taugt mehr, nichts Bisheriges hat Bestand – bis Beethoven endlich mit der Wahrheit herausrückt, mit «Freude schöner Götterfunken». Ein Thema, das die Welt seit 1824 als Gassenhauer und seit 1985 als Europahymne kennt (übrigens von Karajan persönlich arrangiert). Wie sich das Thema Bahn bricht, erst zögerlich, tastend und anflugweise in den Holzbläsern ab Takt 77, dann *piano* und expressis verbis wiederum in Celli und Bässen, schließlich nach und nach im vollen Orchester-Ornat bis Takt 164 – das ist phänomenal gebaut. Dieser gesamte Beginn ist genial, bis und mit dem Bass-Rezitativ. Dieser Beginn ist von einer musiktheatralischen, geradezu Wagnerschen Extraklasse! Nur kann Beethoven das nicht durchhalten, er schreibt ja keine Oper, sondern ein Symphoniefinale.

Ich hatte immer das Gefühl (und habe es bis heute), dass er mit dem Ende des Bass-Solos in eine Art *Fidelio*-Ton zurückfällt, Finale erster Akt. Und dabei bleibt es. Sicher hat der Satz Ecken und Modernitäten, das Fugato zum Beispiel ab Buchstabe K (Takt 431) ist großartig, aber relativ schnell kippt die Musik auch wieder ins weniger Gewagte und Vielschichtige. Sie sucht den sicheren Hafen, und der, mit Verlaub, ist konventionell. Die Neunte ist eines der größten Stücke, das jemals geschrieben wurde, aber sie hat Höhen und Tiefen. Besonders beim Schlusssatz würde ich sagen: Er hat ganz außerordentliche Stellen – und umso mehr haben andere Stellen ersichtlich nicht das gleiche Niveau. Wobei diese Heterogenität auch schon wieder genialisch ist. In dem Moment aber, in dem die Stimmen hinzutreten, wähnt Beethoven sich in der Oper – und die ist, wie wir gesehen haben, nicht sein ureigenstes Metier. Ich finde, wir sind es ihm schuldig, das auch auszusprechen.

Wenn man die Partitur mal durchblättert, dann müsste die vollständige Satzbezeichnung für dieses Finale lauten: *Presto – Allegro ma non troppo – Tempo I – Vivace – Tempo I – Adagio cantabile – Tempo I Allegro – Allegro assai – Tempo I Allegro – Allegro assai – Poco Adagio – Tempo I – Presto – Recitativo – Allegro assai – Allegro assai vivace/Alla marcia – Andante maestoso – Adagio ma non troppo, ma divoto – Allegro energico, sempre ben marcato – Allegro ma non tanto – Poco Adagio – Tempo I – Poco Adagio – Poco allegro, stringendo il tempo, sempre più allegro – Prestissimo – Maestoso – Prestissimo.* Das ist natürlich vollkommen irre! Daran sieht man schon, wie Beethoven die Prinzipien der Symphonie ad absurdum führt. Es gibt kein charakteristisches Tempo mehr, nicht langsam oder schnell, sondern schnell *und* langsam samt aller Spielarten dazwischen. Tempo nach Bedarf, Tempo *to go*!

Meistens heißt es, das Unkonventionelle an der Neunten seien die Stimmen und der Chor. Das stimmt und stimmt nicht. Der Einsatz der menschlichen Stimme ist unkonventionell, ja, aber wie Beethoven damit umgeht, ist so konventionell wie selten in seinem Werk! Als würde er sagen: Ja, ja, ich weiß schon, was ihr eigentlich haben wollt, und ich gebe es euch auch – wenn ihr mir ein paar Stellen zugesteht, an denen ich mich verwirklichen kann. Lasst mich vor «und der Cherub steht vor Gott, vor GOTT» in Takt 330 eine Fermate machen, die euch den Atem raubt – dann kriegt ihr danach einen richtig schön spieldosenartigen Marsch. Janitscharen-Musik, würde man bei Mozart sagen, nur ohne typisch «türkisches» Kolorit. Das ist wahrscheinlich das missratenste Stück des ganzen Satzes. Und der arme Tenor bei «Froh, wie seine Sonnen»! Undankbar ist gar kein Ausdruck für diese Lage. Ich bin mir nicht sicher, ob Beethoven so ein Ironiker war, dass er das wirklich alles mit Absicht macht und uns die Konvention nur so um die Ohren haut: Das habt ihr jetzt davon! Vielleicht ist ihm hier ganz einfach weniger eingefallen. Im Sinne von: Die Konstellation ist unerhört genug, da können nicht auch noch musikalisch unerhörte Dinge vor sich gehen. Oder sie hat ihn nicht so inspiriert, die Konstellation, wie er sich das vorgestellt hat.

Kompositorisch sind große Teile des Satzes alles andere als Avantgarde. Stellen wie «Seid umschlungen, Millionen» (ab Takt 595), wenn die hohen Stimmen dazukommen und die Geigen ihre Girlanden flechten; oder gleich im Anschluss: «Brüder! Überm Sternenzelt muss ein lieber Vater wohnen». Der fürchterliche, Musik gewordene Zweifel, der mit Takt 627 anhebt, *Adagio ma non troppo, ma divoto* («nicht zu viel, aber demütig») auf «Ihr stürzt nieder, Millionen?/Ahnest du den Schöpfer, Welt»: Das ist wieder grandios. Auch phänomenal instrumentiert, Bratschen und Flöten, mäandernde Harmonien, schleichende Schritte, nur ganze und halbe Noten, *ff* und *pp* im Wechsel. Und am Schluss, im gleichen Gestus: «Über Sternen muss er wohnen» – ja, wohnt er da denn nicht, der Vater? Und gleich im Anschluss wieder Fugato, Fuge, eine der strengsten musikalischen Formen überhaupt.

Was sagt uns dieses Finale? Es zeigt, ex negativo, dass das *Adagio*, der langsame Satz, das Zentrum der Symphonie ist und bleibt. Der Anker. Für den Chor ist der Schlusssatz nicht wirklich gut zu singen, für die Solisten sogar ausgesprochen schwer. Der Dirigent hingegen sagt sich: Der Satz funktioniert eigentlich immer. Man kann ihn auch einzeln spielen, schöne Melodie im Hauptthema, rassig auf Stretta hin komponiert am Schluss. Man kann die Wirkung gar nicht verfehlen – und genau das stört mich daran, wenn ich ehrlich bin. Das Finale der Neunten bleibt mir ein Geheimnis schuldig. Fängt mit einem Rezitativ an, hört mit einer Stretta auf: Vielleicht sollten wir das Ganze mehr als Kurzoper begreifen, als Einakter, der sich in eine Symphonie verirrt hat? Der Schluss könnte fast bei Rossini stehen, in *Il viaggio a Reims* oder so. Ganz abgesehen von Schillers Versen «Wer ein holdes Weib errungen/Mische seinen Jubel ein», die die *Fidelio*-Librettisten Sonnleithner und Treitschke recht schamlos geklaut haben («Wer ein solches Weib errungen/stimm' in unsern Jubel ein»).

Man hat mir vorgeworfen, ich würde diesen Schluss zu marschmäßig dirigieren. Dazu kann ich nur sagen: Es ist leider ein Marsch. Den kann ich betonen, indem ich ihn sehr zackig und sehr schnell angehe, mit Punktierungen wie Sprungfedern und gleißenden Flöten – oder ich nehme ihn eben nicht ganz so schnell und zackig. Ich neige in letzter Zeit eher zum nicht ganz so. Das ist interessanter. Und ich denke mir manchmal, der Beethoven hat gewollt, dass wir Interpreten ihn gelegentlich gegen den Strich bürsten.

Was bei der Neunten besonders schnell vergessen wird, finde ich, ist die Sache mit dem Gehör. Beethoven war taub, er konnte nicht hören, was er da für die Stimmen angerichtet hatte. Das müssen wir berücksichtigen in all unserer Kritik, denn vielleicht hätte er es ja verworfen, wenn er gehört hätte, wie «Alle Menschen werden Brüder, alle Menschen werden Brüder» klingt! Wissen wir nicht, können wir nicht wissen, bleibt Spekulation. Natürlich hat er auch Klaviersonaten oder Streichquartette komponiert und war längst völlig taub. Aber – großer Unterschied – damit hatte er Erfahrung! Mit Stimmen hatte er so gut wie keine Erfahrung.

Die Taubheit, wie gesagt, wischt die Rezeption der Neunten gerne beiseite – um das Programmatische, das Weltanschauliche am Text umso stärker zu betonen. Ist ja auch offensichtlicher als sich mit der Musik auseinanderzusetzen. «Alle Menschen werden Brüder», «Wir betreten feuertrunken, Himmlische, dein Heiligtum», «Wollust ward dem Wurm gegeben» – das ist großartige Dichtung, der man natürlich nur zustimmen *kann*! Auch in der Aussage. Doch was macht die Rezeption daraus? Eine Botschaft, eine Art Revolutionsprogramm à la '68, misskennend, wie konventionell es musikalisch dabei zugeht. Aber Beethoven war ein Fuchs. Erste mögliche Lesart des Konventionellen, allzu Konventionellen: Er packt uns bei unserem Weltverbesserungswillen – und gibt uns gleichzeitig zu verstehen: So, wie ihr euch das vorstellt mit der Utopie und der Revolution, läuft das sowieso nicht. So einfach ist das nicht. Zweite mögliche Lesart: Die Musik ist so unanstößig, damit ihr niemand widersprechen kann – und somit auch nicht Schillers

Text und seiner *message*. In diesem Fall, finde ich, hätte Beethoven die Rechnung ohne Beethoven gemacht. Denn das Stachellose um jeden Preis weckt, was ihn angeht, natürlich den allergrößten Argwohn.

Es ist jedenfalls ein gewaltiges Missverständnis, dass man meint, die Neunte müsse bei jeder halbwegs staatstragenden Gelegenheit herhalten. Pure Konvention, passt eigentlich immer, bei Kim Il-sung genauso wie bei Hitler, Stalin, Honecker oder Helmut Kohl? Damit überfrachtet und unterschätzt man die Symphonie. Ich habe Schwierigkeiten damit, d-Moll mit einem spezifischen politischen Zustand zu verbinden. D-Moll ist in meiner Wahrnehmung grau, ja, so ein bisschen grau, aber mehr auch nicht.

Was die Sängerbesetzung betrifft, so ist vor allem wichtig, dass die Stimmen erstklassig sind und dass sie gut harmonieren. Und noch wichtiger ist es, dass der Sopran und der Tenor ihre Partien wirklich schaffen, die hohen Töne, die oft unbequeme Lage, die fiesen Sprünge und Verzierungen. Im Grunde müssen die vier Solisten selbständig aufeinander hören, ich kann das gar nicht dirigieren. Die müssen miteinander atmen, phrasieren, intonieren. Schwer genug! Umso froher ist man, wenn es glückt. Die Mezzosopranistin hört man eigentlich gar nicht, nur Mittellage, keine exponierten Stellen. War da überhaupt ein Mezzo dabei? Und an die Sopranistin erinnert man sich auch nur, solange das hohe H am Schluss auf «dein sanfter Flü-hü-gel weilt» schön ist. Davor ist die Partie gar nicht so prominent und eher tief gelagert. Ich stelle mir das schlimm vor: Da sitzt du als Sängerin den ganzen Abend herum, hast eiskalte Hände bis hoch zu den Schultern – und hoffst, dass dir dieses einsame H gelingt. Wenn das der Fall ist und die Kollegen ein bisschen stützen und der Dirigent den Boden bereitet, gehen die Leute hinterher raus und sagen: Oh, wer war denn der Sopran? Wenn's schiefgeht, ist es natürlich eine Blamage, für alle.

Die Solisten der Uraufführung der Neunten am 7. Mai 1824 im Kärntnertortheater hießen Henriette Sontag, Caroline Unger, Anton Haizinger und Joseph Seipelt. Große Namen, vor allem die Damen waren in der italienischen Oper der Zeit, bei Rossini und Donizetti, über die Maßen erfolgreich. Der Abend, der mit der Ouvertüre *Die Weihe des Hauses* begann und danach Auszüge aus der Missa solemnis präsentierte, wurde zum Ereignis. Besonders nach der Neunten wurde frenetisch applaudiert. Wie der Komponist und Klaviervirtuose Sigismund Thalberg berichtet, drehte man den tauben Beethoven nach dem Scherzo zum jubelnden Publikum hin und um, laut Schindler war dies auch nach dem Chorfinale der Fall. Das Ganze war ein so großer Erfolg, dass das Programm zwei Wochen später wiederholt wurde, eine Seltenheit, diesmal im Redoutensaal der Hofburg.

Im Grunde ist die Neunte nicht schwer verdaulich. Der letzte Satz ist ausgesprochen zuträglich, dem langsamen Satz kann man sich ohnehin nicht entziehen, dem Scherzo auch nicht. Einzig der Kopfsatz in seiner Düsternis ist keine ganz leichte Kost, dafür dauert er auch nicht lange. Mir ist das schon relativ früh aufgefallen: dass der Symphoniker Beethoven populärer schreibt als der Kammermusiker oder der Pianist. Hat er sich das so überlegt? Ist die Symphonie von vorneherein eine öffentlichere Gattung, bei der er mehr Rücksicht übt? Mehr Rücksicht, weil mehr Risiko? Schwer zu sagen. Das bürgerliche Musikleben mit seinen Institutionen und Sälen war in der Beethoven-Zeit erst im Entstehen. Alle Räume, in denen Musik gespielt wurde, waren private bis maximal halböffentliche, das gilt für große wie für kleinere Besetzungen. Aber tendenziell hatten größere Stücke natürlich ein größeres Publikum.

In seinen späten Streichquartetten hat Beethoven sich jedenfalls nicht genötigt gesehen, sonderlich verständlich zu komponieren. Das cis-Moll-Quartett oder die Große Fuge sind absolut unverdauliche Ware. Und auch bei der Hammerklaviersonate scheint ihm, flapsig formuliert, so ziemlich alles wurst gewesen zu sein. Wer um alles in der Welt soll 1818 den langsamen Satz, *Adagio sostenuto, Appassionato e con molto sentimento*, begriffen haben? Der ist ja heute noch schwer zumutbar in seinen seltsamen Variationen. Das *Adagio* (an dritter Position!) ist die totale Disparatheit in fis-Moll, die vollkommene Melancholie, ein romantisches Vor-sich-hin-Meditieren der Musik lange vor Schumann und Brahms. Kein Wunder, dass die Sonate vor Franz Liszt als unspielbar galt.

Am Klavier scheint Beethoven als der hervorragende Pianist, der er war, seine Utopien am stärksten ausgelebt zu haben. Auch die 33 Diabelli-Variationen von 1823, sein letztes großes Klavierwerk, gehören in die Abteilung schwere Kost. Selbst heute werden sie im Konzert nur selten gespielt. Zu sperrig, zu programmatisch wohl auch in der Gegenüberstellung von Altem und Neuem. Und der Schluss bleibt offen, der verharrt auf der Terz! Unglaublich. Seht selber, wie es weitergeht, scheint Beethoven damit zu sagen, ich habe die Tür so weit aufgestoßen, wie ich kann! Das tun seine Symphonien nicht, jedenfalls nicht in dieser Radikalität. Der Symphoniker Beethoven ist ein gemäßigter Visionär. Vielleicht hatte er Angst, sich mit großen oder größeren Besetzungen angreifbar zu machen. Es gab einfach zu viele Beteiligte, von denen jeder Einzelne versagen und der Sache hätte schaden können, durch Verweigerung oder Unfähigkeit. Der Pianist sitzt alleine am Klavier, das Streichquartett beschränkt sich auf vier Spieler. Die kann man in die Extreme schicken, denn die lassen sich in der praktischen Arbeit auch wieder einfangen oder überzeugen. Wenn es Ängste vor dieser Art Kontrollverlust gewesen sind, die Beethoven geleitet haben, seine Visionen gattungsspezifisch zu verteilen, dann kann ich das gut nachvollziehen.

Was bei den Symphonien dominiert, ist ein untrügliches Formgefühl. Beethoven kennt keine Längen (im Gegensatz zu Bruckner oder Mahler!), keine Missproportion. Und: Er schreibt nie gegen das Orchester, in den ganzen neun Symphonien nicht. So wie er erstaunlicherweise auch nie gegen das Klavier schreibt oder gegen die Geige, allen Schwierigkeiten und Abstrusitäten zum Trotz. Er schöpft die Tonalität voll aus, das wohl, an diese Grenze geht er, und danach kann eigentlich nur noch Zwölftonmusik kommen. Oder, als Zwischenschritt, so etwas wie später Schumann, *Gesänge der Frühe*. Nur noch Dreiklänge, lang gehaltene Töne, mit lila Tinte geschrieben, parsifalesk. Beethoven atmet buchstäblich «Luft von anderem Planeten», wie es in Arnold Schönbergs enorm schwierigem zweiten Streichquartett nach Stefan George heißt (ein Streichquartett mit Stimme!): «Mir blassen durch das Dunkel die Gesichter/die freundlich eben noch sich zu mir drehten». Diese Verse inspirieren einen als Beethoven-Interpreten ungemein. «Die Gesichter»: Das kann Haydns freundliche Miene sein, die einem vor dem inneren Auge tanzt, das sind aber auch Schönbergs Sorgenbitterfalten. Dazwischen steht Beethoven. Und zündet eine Explosion nach der anderen.

Missa solemnis D-Dur Opus 123

In Wien erklingen Teile der Missa zum ersten Mal in jener musikalischen Akademie im Kärntnertortheater, in der auch die neunte Symphonie uraufgeführt wird, am 7. Mai 1824. Das Publikum hört das

Kyrie, das Credo und das Agnus Dei, die drei Sätze werden als «Hymnen» angekündigt, da weltliche Aufführungen von Messen verboten sind. In Russland scheint das nicht das Problem gewesen zu sein. Exakt einen Monat zuvor nämlich findet dort ebenfalls eine Aufführung der Missa statt, in St. Petersburg, die Petersburger Philharmonische Gesellschaft macht es möglich. Die Initiative geht auf den Mäzen und glühenden Beethoven-Verehrer Nikolai Borissowitsch Galitzin zurück. Einzelheiten des Abends sind nicht bekannt, noch nicht mal, ob die ganze Messe erklang oder ebenfalls nur Teile daraus. Die Wiener Reaktionen sind verhalten, man kritisiert, Beethoven habe Neuerungen vielfach um der Neuerungen willen geschrieben – ein Vorwurf, der sich bis weit ins 19. Jahrhundert hinein hält.

Um kaum ein anderes Werk hat Beethoven so gerungen wie um die Missa solemnis. Zu keinem anderen Werk existieren auch so viele Skizzenbücher. Ich denke, das hat verschiedene Gründe. Zum einen hatte Beethoven den Plan, bei seinem Gönner und Freund Erzherzog Rudolph als Kapellmeister anstellig zu werden – der zum Erzbischof von Olmütz ernannt werden sollte. Die Missa sollte zunächst bei seiner Inthronisation aufgeführt werden. Dieses Vorhaben scheiterte jedoch, weil das Werk alle Dimensionen sprengte und Beethoven mit der Partitur nicht rechtzeitig fertig wurde, was der Erzherzog-Erzbischof ihm übel nahm. Möglicherweise kühlte sich das Verhältnis der beiden Männer daraufhin ab, was erklären könnte, dass sich die berühmte Widmung «Von Herzen – Möge es wieder – zu Herzen gehen» einzig in der Handschrift der Missa findet, weder aber in der Widmungspartitur noch im Erstdruck. Zum zweiten hat Beethoven hier sehr gründlich recherchiert: Das Feld der Kirchenmusik war ihm wenig vertraut (die C-Dur-Messe lag über zehn Jahre zurück). Und zum dritten und außerdem tat er sich mit dem Gottesbegriff der katholischen Liturgie schwer.

Für mich war die Missa immer ein Herzensstück. Da ist der ganze Beethoven drin. Die Missa hat mich immer mit am meisten in den Bann gezogen. Beethoven zwingt mich nicht zur Messe, zur Liturgie, das ist schön. Er zwingt mich nicht in die Beichte (zumal es natürlich nichts zu beichten gäbe). Die Partitur breitet seine gesamte Gefühlspalette aus. Ich glaube, es ist ganz banal so: Entweder man kapiert dieses Stück oder man kapiert es nicht. Ich kenne viele Kollegen, die würden die Missa niemals anrühren. Aus Angst, aus Unverständnis, aus Ehrfurcht, ich weiß es nicht.

Was Anton Schindler über die Messe schreibt, leistet einer sehr durchsichtigen Mystifizierung Vorschub. Beethoven habe in einem Zustand «völliger Erden-Entrücktheit» komponiert, und er, Schindler, sei dabei Zeuge gewesen: «Bei verschlossener Türe hörten wir den Meister über die Fuge zum Credo singen, heulen, stampfen. Nachdem wir dieser nahezu schauerlichen Szene lange schon zugehorcht und uns eben entfernen wollten, öffnete sich die Tür, und Beethoven stand vor uns mit verstörten Gesichtszügen, die Beängstigung einflößen konnten. Er sah aus, als habe er soeben einen Kampf auf Tod und Leben mit der ganzen Schar der Kontrapunktisten, seinen immerwährenden Widersachern, bestanden. Seine ersten Äußerungen waren konfuse, als fühle er sich von unserm Behorchen unangenehm überrascht.» Das kann ich mir vorstellen, dass Beethoven nicht gerne belauscht wurde! Der «Kampf auf Tod und Leben» aber, die «verstörten Gesichtszüge», das ist das alte Titanen-Klischee. Prometheus ringt mit dem Feuer – und Beethoven offenbar mit Gott.

Dabei ist die Missa in gewisser Weise sogar antireligiös. In der Vertonung des Messetextes hebt Beethoven Dinge hervor, die nie hervorgehoben worden sind. In der Missa ist alles anders. «Credo, credo, credo …», das sagt er so oft, dass es einen stutzig macht. Als

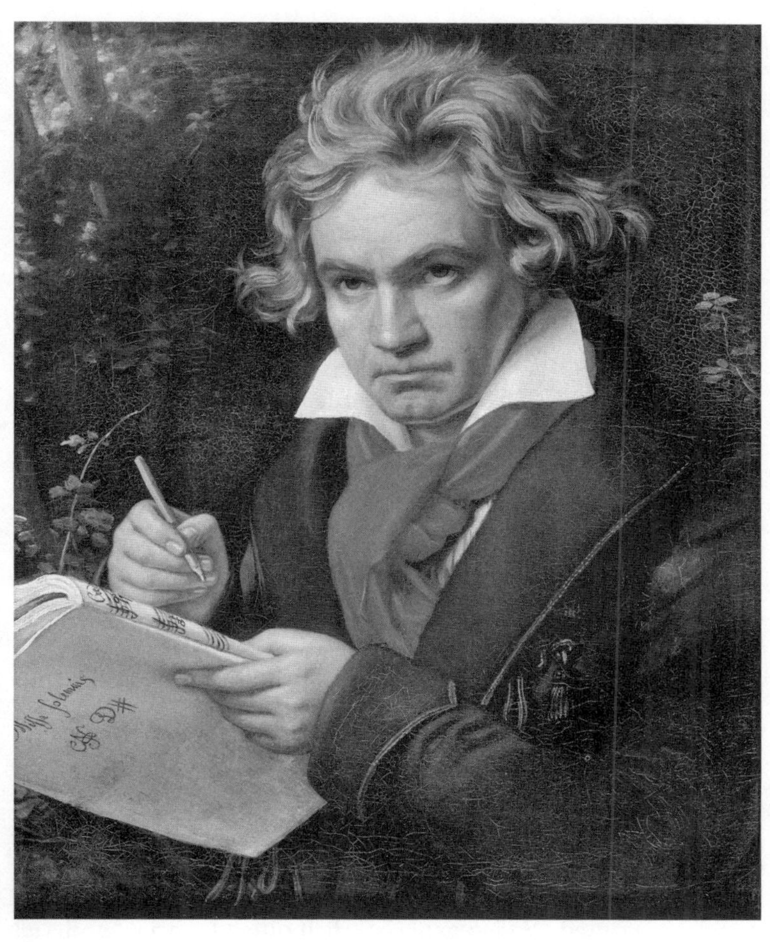

Mit wildem Haar: Das wohl berühmteste Beethoven-Porträt,
1820 gemalt von Joseph Karl Stieler. In der Hand hält Beethoven
das Manuskript der Missa solemnis

ob er eigentlich nicht gläubig ist und dennoch mit aller Macht versucht, es zu sein. Das herrliche Violinsolo im Benedictus, der wunderbar transzendentale Beginn des Sanctus (*Adagio. Mit Andacht*) – sehr ungewöhnlich, oft wird gerade das Sanctus mit viel Prunk und Pracht ausgestattet. Beethoven aber nimmt es ganz zurück, den Schluss lässt er regelrecht flüstern. Ich muss da immer an «Ihr stürzt nieder, Millionen» aus der Neunten denken. Der Anschluss mit «Pleni sunt coeli» gerät ihm dagegen fast konventionell, das arbeitet er ab, auch seltsam. Normalerweise will man das doch hören: «Erfüllt sind Himmel und Erde von deiner Herrlichkeit»! Nö, er will das nicht, er setzt auf andere Textzeilen, auf das Benedictus zum Beispiel. Mit Macht gegen jede Gewohnheit? Letztlich macht er uns auf diese Weise zuhören. Wir kriegen die Vertonung eines Textes, den wir als Beethoven-Zeitgenossen in- und auswendig können, den leiern wir an sich im Schlaf herunter – und dann kommt er und sagt: Das kann man aber alles auch ganz anders hören und verstehen!

Die Textfrage bei Beethoven war schon bei der Neunten Thema. Das störende und verstörende Element scheint für ihn in erster Linie das Wort zu sein, gar nicht so sehr die Stimme als Instrument. Aus dieser Bredouille, möchte man meinen, ist er bei der Missa raus, denn lateinischer Messetext ist lateinischer Messetext, da gibt es nichts zu rütteln. Von wegen! Natürlich rüttelt Ludwig – und wie! Sogar am Katholizismus. Die Glaubensbekenntnis-Zeile «Credo in unam sanctam catholicam et apostolicam ecclesiam» etwa («Ich glaube an die eine heilige, katholische und apostolische Kirche») klingt bei ihm überhaupt nicht nach Glauben. An die Kirche hat Beethoven nicht geglaubt, das wird hier unmissverständlich klar. Schubert hat diese Zeile in seinen sechs Messen konsequenterweise sogar ganz gestrichen – auch eine Art, Widerspruch anzumelden.

Beethoven lässt sie in den Tenören richtig litaneihaft abspulen, vier Takte, mehr oder weniger gleiche Tonhöhe, Hauptsache schnell wieder vorbei. Sehr mutig! Wer's jetzt nicht kapiert, kapiert's nimmermehr, dass der Kirche nicht zu trauen ist.

Und die Friedensbitte am Schluss des Agnus Dei «Dona nobis pacem», in jeder normalen Messe ein sonniger, glanzvoller Schlussstein, mit Riesenfermate und Knall-Effekt, daraus macht Beethoven etwas Gespenstisches: eine letzte, sehr schöne und flehentliche Chorkantilene, gib uns Frieden, *crescendo – decrescendo.* Dann mit einem Mal Trommel allein, Fetzen eines Marschrhythmus wehen, *sempre più p*, immer leiser werdend bis zum dreifachen Pianissimo, die Streicher so ganz fahl dazu, Hörnerakkorde, immer *pp*, und der Chor murmelt nur noch «pacem, pacem – pacem, pacem» vor sich hin. Sehr formelhaft und sehr leer. Ein so monumentales Werk so zu beenden, mit einem solchen Fragezeichen, das ist eine irre Provokation. Beethoven, der Watschenmann, streckt uns selbst hier noch einmal die Zunge heraus und sagt: Wenn ihr ehrlich seid, dann glaubt ihr selber nicht daran, dass es jemals Frieden geben wird! Schaut euch doch um, hört euch doch um, überall Unterdrückung, Verbote, Zensur. Napoleon war schrecklich, aber Metternich ist auch nicht besser. Die Kriegstrompeten im Agnus Dei sagen es ja, fast hämisch: Krieg wird immer sein, und die Mezzosopranistin und der Tenor verstehen das sofort und antworten rezitativisch *timidamente*, ängstlich, verängstigt. Sicher, am Ende kommen dann noch zehn Takte mit der obligatorischen Schlussvolte, aber die fallen so kurzatmig aus, dass sie sich im Grunde selbst verraten. Im Übrigen fehlt der allerletzten Friedensbitte das Objekt, «dona pacem» – ja, wem denn bitte schön?

Beethovens Verhältnis zum Katholizismus ist jedenfalls gebrochen. Fast fragt man sich, wie er überhaupt noch eine Messe komponieren konnte. Vielleicht haben ihn das liturgische Gerüst und die übermächtige Tradition besonders gereizt? Bach, Händel, Mozart, alle haben große Messen geschrieben. Beethoven hat immer die Erwartungen unterlaufen – hier hatte er die Gelegenheit, so deutlich Stellung zu beziehen wie nie. Das Neuartige an der Missa ist ja, dass sie den liturgischen Rahmen zwar benutzt und zitiert, ihn gleichzeitig aber sprengt. Allein durch die schiere Aufführungsdauer von zwei Stunden! Diese Messe taugt nicht für den Gottesdienst, die gehört in den Konzertsaal. 1824 war das wie gesagt verboten. Beethoven setzt sich mit seinem Opus magnum also gehörig in die Nesseln. Das hat die Nachwelt lange nicht begriffen oder begreifen wollen.

«Kyrie eleison», der Beginn der Messe, das ist echter Beethoven. *Assai sostenuto*, «ziemlich getragen», schreibt er und fügt schon hier hinzu: *Mit Andacht*. Ein herrlich durchwebter musikalischer Satz, Choralpassagen wechseln mit Kontrapunktischem, die Sängersolisten wachsen förmlich aus dem Chor heraus. Noch kein Grund zu erschrecken. Höchstens dass das Ganze *pianissimo* endet, ist ungewöhnlich. Auch im Gloria, das sehr klar und deutlich ist, gibt es interessante leise Stellen. Immer wenn «in terra pax» kommt zum Beispiel – dem Frieden scheint von Anfang an Beethovens besonderes Ohrenmerk zu gelten. Friede auf Erden, das ist die große Frage nach all den Kriegen. «Qui tollis peccata mundi» wiederum nimmt er überraschend gesanglich, *Larghetto* steht darüber und *dolce*, eine wunderbare Stimmführung – in der das «Miserere nobis» prompt untergeht. In der Musikgeschichte ist das Miserere immer der Moment der großen Klage und Anklage, ganz große Oper. Nicht so bei Beethoven. Er nimmt es zurück, als würde er die Bedeutung demokratisieren wollen. Vor Gott ist alles gleich, sagt er, unsere Sünden, unser Leid. Auch die Musik wertet nicht. Am Ende des Glorias steht dann die erste von zwei großen Fugen der Missa. Das hat Wirkung, vor allem harmonisch, ist auf der anderen Seite aber auch recht klassisch.

An den lauten Stellen in der Missa solemnis ist vor allem das Orchester gerne zu laut. Dem Chor gegenüber ist es nicht wirklich praktisch instrumentiert. Man darf deshalb vieles einfach nicht so kräftig spielen lassen, wie es eigentlich in den Noten steht. Lieber forte, auch wenn es *fortissimo* heißt. Sonst beschwert sich der Chor, mit Recht. Beethoven denkt hier sehr instrumental, und das heißt: Erneut ist alles Stimmliche eher entrückt. Weil es per se utopisch ist, dass der Mensch mit seiner Stimme etwas zu sagen hat? Das halte ich als Interpretation für überfrachtet. Im Gegenteil: Die ihm wichtigen Stellen hat Beethoven ausgesprochen gesanglich genommen oder fast tonlos. Das ist auffällig. Und sehr visionär, auch im Vergleich mit anderen Messe-Kompositionen.

Die Missa hat mich harmonisch von Anfang an unglaublich angesprochen, ich kann gar nicht recht sagen, warum. Nehmen wir das Crucifixus, *Adagio espressivo*, sechsmal *sfp* (*sforzato piano*) in acht Takten, dazu doppelt punktierte Achtel und unglaublich finstere Harmonien! Und «et resurrexit» dann a cappella! Oder die berüchtigte Abendfuge «Vitam venturi», die für den gesamten Chor ein absoluter Kalvarienberg ist, eine Station peinigender und heikler als die andere. Im Kontext kriegt diese Fuge fast etwas Irreales, und doch entspricht sie dem Beethovenschen Status quo. Die späten Quartette, die Große Fuge, die Diabelli-Variationen: Das war sein ästhetischer Gemütszustand 1823/24. Und davon erzählt die Missa.

Letztlich sind alle seine verrückten Ideen unglaublich logisch und unglaublich ehrlich, wenn man sie sich unvoreingenommen ansieht oder anhört. Ich fand die Missa immer sehr logisch, wobei ich nicht weiß, wie Beethoven auf eine Idee kommt wie die, das A von «Amen» über vier oder fünf Takte hinweg in den Chorstimmen melismatisch aufzulösen. Ist das festlich? Steht es für eine gewisse Leere? Soll es ein Zugeständnis an die Koloraturen der italienischen Oper sein? Oder möchte er zeigen, wie sehr er die Kirchenmusik bis hin zu den gregorianischen Chorälen studiert hat?

Eines der besten Stücke, das Beethoven je komponiert hat, ist das Benedictus. Erst dieses tolle orchestrale Präludium, ganz ruhiger Atem, Holzbläser und Streicher, viele liegende Noten. Die Instrumentierung ist ausgesprochen dunkel, geteilte Celli, tiefe Flöten, geteilte Bratschen. Und dann schwebt buchstäblich aus dem Himmel, aus der allerhöchsten Lage die Solo-Violine herab. Der Konzertmeister steht auf, ihm wird ein extra Notenpult hingestellt, und er spielt das kleine Beethovensche Violinkonzert. Das hat es im Rahmen einer Messe nun wirklich noch nie gegeben. Außerdem gehört es natürlich zu den größten Gemeinheiten, die sich ein Komponist einfallen lassen kann, nach einer knappen Stunde so ein Solo zu schreiben! Nicht umsonst ist dieses Solo ein berüchtigtes Stück bei Geigenprobespielen. «Benedictus, qui venit in nomine Domini», gesegnet ist, der kommt im Namen des Herrn. Spricht so der Heilige Geist persönlich? Ja, wenn es nur so wäre! Das ist eine Utopie, sagt Beethoven, und es bleibt Utopie. «Utopos» bedeutet im Griechischen das, was *nicht* ist. Deshalb schreibt Beethoven hier die schönste, süßeste, überirdischste Musik aller Zeiten. Weil er sich nichts so sehr wünscht wie Erlösung. Und weil er genau weiß, dass es keine Erlösung gibt.

Der Interpretations- und Verwirklichungsspielraum bei der Missa ist recht eng gesteckt, viel enger als bei den Symphonien. In der Egmont-Ouvertüre, in der Eroica oder der Fünften, da blüht die Interpretenwiese. In der Missa braucht der Dirigent von Anfang an zwei Seelen in seiner Brust: Er sollte ein Gespür für das

Atmosphärische, Geheimnisvolle, Metaphysische haben – und muss im nächsten Augenblick der eiskalte Taktierer sein, der dafür sorgt, dass die Soprane mit den Geigen zusammen sind. Man muss genau das machen, was in der Partitur steht. Das reicht eigentlich, das ist knifflig genug. Die Missa ist heiß und superkalt zugleich. Aus der Strandsauna springt man raus in die eisige Nordsee. Die innerlichen, leisen Stellen erfordern Beseelung und Poesie – und die motorischen brauchen Berechnung, Präzision. Viele Kollegen kommen mit dieser Schizophrenie (die in Wahrheit keine ist) nicht zurecht. Die Missa ist ein echtes Kapellmeister-Stück. Es hat mich deshalb immer gewundert, dass selbst so viele von den «objektiven» Dirigenten die Finger davon lassen. Im Grunde steht alles in der Partitur, wie später bei Mahler, bis hin zu den Tempi, die immer so gewählt werden müssen, dass sie singbar sind.

Der Chor darf in der Missa nicht permanent zu viel geben, sonst singt er sich müde. Wenn man dabei mit dem Rundfunkchor Berlin arbeiten darf oder mit dem Chor des Bayerischen Rundfunks oder dem Chor der Sächsischen Staatskapelle, dann ist man froh. Denn das sind die besten Chöre der Welt. Es braucht nicht viel, dass ein Chor an der Missa scheitert. Jedenfalls muss man alles sehr genau austarieren. Ich kenne kaum ein anderes Stück, bei dem es auf einem so schmalen Grat so viel um Disposition geht, um Koordination. Da greift ein Rädchen ins andere, und kaum dreht man an einer winzigen Stellschraube, hat das die fürchterlichsten Konsequenzen. Auch rein dirigentisch ist es ein schweres Stück. Durch Schwierigkeiten, die kaum zu meistern sind, ist die Missa im Grunde ein Dirigenten-Stück übers Dirigieren. Das macht für mich einen Teil ihres Faszinosums aus. Das Kunstwerk spiegelt die Realität der Ausübenden wider, was für ein moderner Gedanke!

9

«Von Herzen – Möge es wieder – zu Herzen gehen»

Schluss

Wenn man jung ist, hat man wirklich keine Ahnung von der Weite des Weltalls. Man erklimmt einen Berg, von dem man sich einbildet, es sei der einzige und allerhöchste – und dann blickt man sich um und sieht die Alpen, das Weltgebirge, das einem noch bevorsteht. So ähnlich verhält es sich mit Beethoven.

Warum begleitet Beethoven uns das ganze Leben, als Musiker wie als Zuhörer? Wegen seiner Wahnsinnskontraste, zwischen denen alles Platz findet. Zarteste Unschuld und wildes Wühlen, frenetischer Jubel und tiefste Trauer. Deshalb wirkt Beethoven auch so human, er bleibt immer menschlich, er fühlt mit. «Von Herzen – Möge es wieder – zu Herzen gehen», schreibt er über die Missa solemnis, und ich habe immer gefunden, dass das mehr ist als eine Widmungsinschrift für seinen Freund und Schüler, den Erzherzog Rudolph. Das ist eine Menschheitsinschrift. Beethoven hat alles durchmessen, alles ausgeschritten in seiner Kunst, vom Verspieltesten bis zum Komplexesten. Das kann kaum ein Komponist von sich sagen. Bach vielleicht; Mozart ist nicht alt genug geworden; auch bei Wagner wäre nach dem *Parsifal* wohl noch etwas gekommen. Bei Beethoven wäre nichts mehr gekommen. Da bin ich mir relativ sicher.

Furtwängler hat einmal sehr richtig gesagt, die Klassiker schlagen zurück. Die Klassiker sind gnadenlos, allen voran Beethoven. Das fühlt sich dann so an, dass man nach einem Konzert nach Hause geht und kreuzunglücklich ist, weil man sich sagt: Ich weiß nicht, was ich machen soll, ich fühle mich machtlos. Der langsame Satz war wieder nicht gut. Und das ist noch der weniger schlimme Fall. Noch viel schlimmer ist es, so ein unbestimmtes Gefühl zu haben: Ich spüre, ich habe ihn nicht im Griff, und ich kriege ihn nicht in den Griff. Beethoven hat zurückgeschlagen, indem er mir zeigt, du hast nicht genug Talent. Du verstehst mich nicht, weil du nicht gut genug bist. Das war für mich immer ein gewaltiger Ansporn.

Als junger Dirigent bin ich relativ langsam aufs Podium gegangen. Doch dann hat der amerikanische Agent Ronald Wilford mir einmal gesagt: «You know, you have to show energy when you go on stage!» Seither trete ich schneller auf. Außerdem lasse ich am Pult eigentlich immer mehr weg. Ich mache kleinere Gesten. Und ich träume davon, gar nichts mehr zu machen. Nichts mehr zu machen, weil ich alles schon gemacht habe, weil ich irgendwann künstlerisch und musikalisch so viel weiß, dass ich die Musik aus jeder Pore ausstrahle. Bei großen Dirigentenpersönlichkeiten kann man das gut beobachten. Beim alten Böhm, bei Knappertsbusch, bei Günter Wand, auch bei Bernard Haitink. Da wirkt die Aura.

Schon wie die Alten ans Pult gehen und so ganz in der Musik sind, jeder auf seine Art, beeindruckt mich unglaublich. Wand mit seinen spitzen Fingern, Karl Böhm, der mit dem Taktstock ins Orchester sticht, Furtwängler mit seinen rudernden Bewegungen,

Karajan mit den geschlossenen Augen. Das haben die ja nicht im Bewusstsein des Gesehen-Werdens gemacht, sondern weil es ihr Ausdruck war, ihre Körpersprache. Deshalb bin ich auch immer für den Frack als Berufskleidung: weil er objektiviert. Ich finde es grauenvoll, wenn Kollegen nur im Hemd oder Rollkragenpullover auftreten. Das lenkt ab, denn beim nächsten Mal fragt sich das Publikum natürlich, was hat er denn heute wieder an, welche Farben haben seine Schnürsenkel diesmal? Musikalisch helfen solche Mätzchen gar nichts. Wie gestalte ich diesen oder jenen Übergang, nehme ich den zweiten Satz der Siebten schneller oder langsamer, wie kriege ich die Pizzicati zusammen: Das sind die Fragen, die Beethoven mir stellt. Unerbittlich. Beethoven, der romantische Klassiker, der klassische Romantiker, enthebt einen jeder Äußerlichkeit. Mit Macht.

Wenn man dreißig Jahre jünger ist, dann ist man noch anders gepolt. Nicht dass man auf Show dirigieren würde oder extra fürs Publikum. Aber man ist schwer begeistert von sich selbst, dass man diese tolle Musik überhaupt dirigieren darf. Und übertreibt, auch gestisch. Mir persönlich macht das Älterwerden mit Beethoven Spaß. Die Qualen liegen hinter mir. Jetzt geht es darum, sich die größtmöglichen Freiheiten zu nehmen. Ich kann das und ich darf das, denn ich habe seine Stücke alle präsent, Tag und Nacht. Dabei habe ich nie versucht, berühmte Beethoven-Interpreten zu kopieren. Aber ich habe mich von Künstlern wie Mengelberg, Furtwängler und Knappertsbusch inspirieren lassen, auch von Horowitz oder Cortot oder von der Callas. Das ist es, habe ich gedacht, so frei wie die möchte ich sein! Dass das im Falle Beethoven nicht immer leicht herzustellen ist, liegt auch an den Orchestern. Heutige Musiker haben den Umgang mit der musikalischen Freiheit oftmals verlernt. Die sind gut in Texttreue und Präzision. Vor dem Moment haben sie eher Angst.

Meine Beethoven-Sternstunde? Bislang eine Eroica mit den Wiener Philharmonikern 2013 in Moskau. Da hatte ich das Gefühl: Heute stimmt alles. Das Hotel taugte nichts, aber die Tempi waren exzellent. Hinterher kamen viele Musiker zu mir und waren aufrichtig begeistert. Das ist selten, dass die Meinung auch unter den Ausführenden so einhellig ist. Und dann das Publikum! Das Moskauer Publikum ist wundervoll, ganz besonders warmherzig. Das hat übrigens keinen geringen Einfluss auf ein Konzert, wenn man das Gefühl hat, das Publikum geht mit, es trägt einen. Dann kann es passieren, dass einen die Atmosphäre so beflügelt, dass man förmlich abhebt. Das setzt allerdings voraus, dass man die musikalische Architektur absolut verinnerlicht hat.

Beethoven ist die Essenz der Symphonie als Gattung. Wenn ich ihm genüge als Interpret, genüge ich allen. Das mag arrogant klingen, ist es aber überhaupt nicht. Gerade *weil* ich um Beethoven gekämpft habe. Ich weiß, ich habe den Nanga Parbat und den Mount Everest bezwungen. Ich war in der Todeszone. Und es treibt mich immer wieder hin, das weiß man auch von Extrembergsteigern, dass so etwas süchtig macht. Halte ich die Todeszone noch aus? Man tritt aus der Sphäre, die einen eigentlich am Leben erhält. Das ist ein unglaublicher Reiz. Magie. Das kann man nicht erklären. Aber ich weiß, wenn ich das schaffe, fällt mir nichts anderes jemals schwer. Nicht einmal die neunten Symphonien von Bruckner oder Mahler. Für die Neunte von Bruckner braucht man am Pult etwas Transzendentes, ich glaube, das ist auch eine Altersfrage. Ich habe diese Symphonie schon dirigiert, aber ich werde sie so schnell nicht wiederholen. Und die Neunte von Mahler muss ich überhaupt noch nicht machen. Mahler feiert da ein Rendezvous mit dem Sensenmann. Davor darf man keine Angst haben, und das erreicht man, indem man sich mit diesem Rendezvous intensiv auseinandersetzt. Dafür fühle ich mich noch zu jung. Ich will das nicht. Noch nicht.

Zum Alter und zur Erfahrung als Dirigent gehört auch, dass Dinge sich verändern. Der zweite Akt des *Tristan* macht mich inzwischen mehr kaputt als der dritte. Wobei es im zweiten buchstäblich *nichts* zu dirigieren gibt. Das geht im Takt entweder auf Halbe oder auf Drei oder auf Vier. Das ist der mit am leichtesten zu dirigierende Akt im gesamten Wagner-Repertoire, da braucht man eigentlich nur Musik zu machen. Und trotzdem bin ich hinterher mit den Nerven fertig und frage mich, um Himmels willen, wie soll ich bloß den dritten Akt schaffen? Das Einzige, was in diesem Augenblick hilft, ist ruhig Blut zu bewahren. Man darf sich einfach nicht so aufregen. Besser innerlich dagegen arbeiten und gestisch und mental einen Gang herunterschalten. Und dann beobachte ich mich dabei, wie ich bei den Riesenausbrüchen mit einem Mal ganz klein dirigiere. Plötzlich geht der Herzschlag runter und ich atme durch. Genauso sollte es bei Beethoven sein. Das wäre schön.

Meiner Ansicht nach ist das Authentische bei Beethoven schwer im Kommen. Bei vielen Vermarktungsstrategien von Musikern hat man ja das Gefühl, dass man die Personen, um die es geht oder gehen soll, kaum wiedererkennt. Das mögen die Leute nicht. Es gibt aber Kollegen, und das sind oft die besten, die sind einfach, wie sie sind. Da hilft kein Marketing, da braucht es kein Marketing. Bei Mariss Jansons war das der Fall, bei Andris Nelsons ist es so, auch bei Teodor Currentzis oder Igor Levit. Man muss heute nicht seine Seele verkaufen, um Erfolg zu haben. Das ist einfach nicht wahr.

Beethoven hat seine Seele nie verkauft, so angespannt seine Situation auch war, mit oder ohne Lebensrente. Beethoven ist wie gesagt der Universellste von allen. Er bricht mit der Tradition und verbindet Haydn mit Schönberg. Er hat eine atemberaubende

Weite in allem, was er tut. Strawinsky hat einmal gesagt, Vivaldi habe nicht 500 Konzerte geschrieben, sondern 500 Mal dasselbe Konzert (was sehr, sehr böse ist). Bei Beethoven ist das Gegenteil der Fall. Auch auf die Gefahr hin, dass ich mich wiederhole: Beethoven hat sich nie wiederholt! In neun Symphonien, 32 Klaviersonaten, sechzehn Streichquartetten, fünf Klavierkonzerten und einer Missa solemnis kein einziges Mal. Das ist für mich mit das größte Wunder. Und dass alle, die nach ihm kommen, sich von ihm nähren. Natürlich leiden sie auch unter seinem Schattenwurf, seiner Stiefellänge. Jede Symphonie, die nach der Neunten im Nebel beginnt (bei Bruckner zum Beispiel), ist unweigerlich wie die Neunte, *will* wie die Neunte sein. Und Mahlers Zweite, seine berüchtigte Auferstehungssymphonie, nimmt Anleihen bei der Fünften, bis in die Tonart hinein. Beethoven eint die unterschiedlichsten Lager, auch das spricht für seine Universalität: Strauss *und* Schönberg, Furtwängler *und* Toscanini, Karajan *und* Harnoncourt. Sie alle schätzten und verehrten ihn.

Hatte Beethoven Feinde? Im persönlichen Umgang bestimmt. Er konnte ein rechter Grobian sein, wie wir wissen, und launisch war er auch. Eine falsche Bemerkung – und man hatte es sich mit ihm verscherzt. Die Kunst machte da vieles wieder wett. Wobei es etliche Zeitgenossen gab, die seine Musik nicht verstanden oder nicht verstehen wollten, aus Neid oder weil sie am musikalischen Gesetzestext klebten. Da hatte es die Nachwelt leichter. Sagen wir so: Beethovens Bedeutung wurde sehr schnell erkannt und ist bis heute unumstritten. Man findet wahrscheinlich keinen ernstzunehmenden Menschen auf der Welt, der sagen würde, Beethoven taugt nichts, olle Kamellen, dem hört man nicht mehr zu. Es gibt erbitterte Wagner-Feinde und nicht ganz so erbitterte Mahler-Gegner, auch gegen Bruckner oder Strauss lassen sich tausend Einwände erheben, aber gegen Beethoven? Das liegt daran – toller Grund! –, dass er sich nicht hat vereinnahmen lassen. Es gibt sie nicht, die Beethovensche Weltanschauung, die politisch-ideologisch so konkret wäre und so unumstößlich, dass praktisch alle, die sie nicht teilen, automatisch auch gegen seine Musik wären. Das ist ja der Wagner-Effekt. Gibt es nicht bei Beethoven. Freiheit, Gleichheit, Brüderlichkeit, die Ideale der Französischen Revolution, das waren auch seine. Unmöglich, dagegen zu opponieren.

Hat Beethoven etwas *nicht* beherrscht? Nun ja, das Leichte, Lustige ist nicht seine Stärke. So wie es mir seit Jahren nicht gelingen will, junge Komponisten dazu zu überreden, mir eine Lustspiel-Ouvertüre zu schreiben. Ein gutes zeitgenössisches Stück, das ich mit auf Tournee nehmen kann. Will keiner. Eine Ouvertüre, in Anmutung und Besetzung irgendwo zwischen Mendelssohns *Sommernachtstraum* und den *Meistersingern*, keine komplizierten Taktwechsel, viel gute Laune. Ist nicht zu machen, ist einfach nicht deren Ding. Eigentlich wie bei Beethoven. Seine Musik kann bissig sein, ironisch, hintersinnig – richtig witzig oder albern im guten Sinn ist sie nie. Beethoven hat Humor. Leichtsinn aber kennt er nicht.

Was ich Beethoven gerne fragen würde? Die Sache mit dem symphonischen Bauplan, wie gesagt: Gibt es ein Wissen über das Gesamtwerk vor dem Werk? Eine innere Ahnung? Diese Vorstellung fasziniert mich. Das wäre der Schlüssel zum ganzen Beethoven. Manchmal denke ich, gleich der erste Takt seiner ersten Symphonie lässt den Blick weit schweifen. Ganz weit! Wer fängt das Symphonien-Schreiben denn mit einem Septakkord an, der sich auch noch zur vierten Stufe hin auflöst? Das sagt doch nichts anderes als: Ich kann mir die schrägsten Töne vorstellen, ich habe die alle bereits in meinem Kopf! Das ist der Bogen, den Beethoven schlägt, bis zu seinen späten Fugen. In der Klaviersonate E-Dur Opus 109, in der As-Dur-Sonate Opus 110, in der neunten Symphonie, wo immer. Da wird er richtiggehend atonal. Angelegt ist das bei ihm aber schon früh. Auch bei Bach hat man das Gefühl, das Schaffen runde sich mit Spätwerken wie der *Kunst der Fuge* oder dem *Musikalischen Opfer*. Mozart dagegen kennt so etwas nicht, Schubert auch nicht, Schumann und Mendelssohn nicht. Die gehen ihren Weg und drehen sich nicht um. Beethoven dreht sich um – und eilt der Zukunft entgegen.

Was ist in ihm vorgegangen, als er die Große Fuge schrieb? Das hätte ich ihn auch gerne gefragt. Genialität ist, nicht wirklich zu wissen, was man tut. Und dabei einen Bauplan zu verfolgen. Was für ein Widerspruch! Hans Pfitzner sagt: Da kommt etwas. Man muss nur bereit sein. Beethoven war bereit. Fürs Atmosphärische, Heroische, Beharrliche, Dunkle, Griffige, Bissige, Rasende und Gesangliche. Für alle Farben und Fährnisse der Kunst und des Lebens. Wer sich mit Beethoven beschäftigt, dem kann nicht mehr viel passieren. Dafür bin ich tief dankbar.

L v Beethoven

Dank

Dieses Buch geht auf Gespräche zurück, die zwischen Sommer 2016 und Anfang 2020 hauptsächlich in Berlin stattgefunden haben. Mein Dank gilt Christine Lemke-Matwey für viele Fragen, die mich meinen Beethoven-Kosmos haben neu bedenken und durchleuchten lassen – und für die sprachliche Rasanz und Leidenschaft, mit der sie aus den Protokollen den vorliegenden Text geformt hat. Außerdem danke ich Stefanie Hölscher für ihre umsichtige Organisation, ihr feines Lektorat und ihren langen Atem. Dass dieses Buch trotz der Corona-Krise im Herbst des Beethoven-Jahres 2020, in dem so viele Konzerte ausfallen mussten, erscheinen kann, erfüllt mich persönlich mit großer Dankbarkeit.

Anhang

Bildnachweis

S. 20 London, The Royal College of Music, © bpk/Hermann Buresch
S. 26 © Ali Schafler/First Look/picturedesk.com
S. 37 Staatsbibliothek zu Berlin – PK, Mus.ms.autogr. Beethoven, L. v., Mendelssohn-Stiftung 8, http://resolver.staatsbibliothek-berlin.de/SBB000056C600000000
S. 48 Stich von Johann Joseph Neidl nach einer Zeichnung von Gandolph Ernst Stainhauser von Treuberg, © Beethoven-Haus Bonn
S. 71 Holzstich von August Neumann nach einer Zeichnung von Ludwig Schnorr von Carolsfeld, © Beethoven-Haus Bonn
S. 75 Nachguss von H. Leidel, © Beethoven-Haus Bonn
S. 98 © Barbara Pflaum/Imagno/picturedesk.com
S. 114 kolorierte Radierung, Wien, Wien Museum, © akg-images/Erich Lessing
S. 123 © akg-images
S. 137 © ullstein bild – ullstein bild
S. 139 © ullstein bild – ullstein bild
S. 157 © Beethoven-Haus Bonn
S. 163 Lithographie, Historisches Museum der Stadt Wien, © akg-images/De Agostini Picture Lib./A. Dagli Orti
S. 181 © Clemens Fabry/Die Presse/picturedesk.com
S. 204 Wien, Kunsthistorisches Museum, Sammlung alter Musikinstrumente, Leihgabe der Gesellschaft der Musikfreunde Wien, Foto: Andreas Praefcke (Wikimedia Commons)
S. 226 © akg-images
S. 243 © Beethoven-Haus Bonn
S. 259 © bpk

Bildnachweis

Personenregister